基础教育教学
课题研究

十八问

（方法篇）

杨伟东　胡新颖　主编

修订版

中原出版传媒集团
中原传媒股份公司

大象出版社
·郑州·

图书在版编目(CIP)数据

基础教育教学课题研究十八问. 方法篇 / 杨伟东，
胡新颖主编. — 修订版. — 郑州：大象出版社，
2022. 10
ISBN 978-7-5711-1584-5

Ⅰ.①基… Ⅱ.①杨… ②胡… Ⅲ.①基础教育-教学研究 Ⅳ.①G632.0

中国版本图书馆 CIP 数据核字(2022)第 159709 号

基础教育教学课题研究十八问（方法篇） 修订版
JICHU JIAOYU JIAOXUE KETI YANJIU SHIBA WEN(FANGFA PIAN) XIUDINGBAN

杨伟东　胡新颖　主编

出 版 人	汪林中
策划编辑	刘慧静
责任编辑	刘丹博　陈　洁
责任校对	陶媛媛　倪玉秀　张迎娟
特邀设计	刘　民
美术编辑	付锬锬

出版发行	大象出版社（郑州市郑东新区祥盛街27号　邮政编码450016）
	发行科　0371-63863551　总编室　0371-65597936
网　　址	www.daxiang.cn
印　　刷	新乡市豫北印务有限公司
经　　销	各地新华书店经销
开　　本	720 mm×1020 mm　1/16
印　　张	16.5
字　　数	269 千字
版　　次	2022 年 10 月第 1 版　2022 年 10 月第 1 次印刷
定　　价	48.00 元

若发现印、装质量问题，影响阅读，请与承印厂联系调换。
印厂地址　　新乡县经济开发区富兴路东段
邮政编码　453000　　　　电话　0373-5635065

编委会

顾　问：邵水潮　李海龙
主　编：杨伟东　胡新颖
编写者：柴红森　李　雯　鲍冬冬　李继兵　许银萍　王茂义
　　　　晁忠强　李艳丽　庞如月　周　敏　马洁玉　杨卫平
　　　　王新丽　郭楸红　马智勇　赵建成　盛红雯　宋　薇
　　　　韩瑞煜　高爱红　高红霞　吴存霞　李斩棘　李凤梅
　　　　韩爱华　刘　芬　闫艳丽
审　读：申宣成

修订说明

《基础教育教学课题研究十八问(方法篇)》集河南省18个地市优秀教研员和骨干教师之力,历时一年研发、编著,于2017年8月出版。这本书结合课题研究的一般流程,直面中小学教师教科研中存在的诸多问题,精选案例并以例说法,是一本实用的课题研究指导用书。本书面世以来,以其内容提纲挈领、语言通俗易懂、案例分析精准、方法可行性强等特征受到读者的好评。但由于编写者能力和时间所限,本书也存在一些问题,在使用过程中,一些读者朋友提出了非常中肯的批评和建议。

本次修订,我们根据近年来收集到的问题和建议,按照课题研究的逻辑对十八个问题的顺序做了一些调整,删除了个别不合时宜的案例;增加了最新的政策要求;从提高研究者的可操作性出发,替换了一些生涩的表达;在一些重要章节中,剔除了逻辑上有缺陷的部分,使内容表述更加精准。

本次修订由杨伟东、胡新颖主持,柴红森、李继兵、鲍冬冬、李雯等老师参加了修订工作。虽然我们付出了很多时间和精力,但难免存在问题与不足,恳请广大读者批评、指正。

我们衷心感谢为本书再版付出心血和努力的大象出版社编辑,衷心感谢所有为此付出辛勤劳动的同事和朋友们!

编者
2022 年 3 月 21 日

前　言

中共十八大为教育确立了立德树人的根本任务。乘着十八大的春风,河南省基础教育课程改革不断走向深入,课题研究有了飞速的发展,取得了不小的成绩。在2014年全国首届基础教育教学成果奖评选中,河南共获得十项二等奖,但美中不足,没有获得一等奖、特等奖这样重量级的奖项,这与我们人口大省、教育大省的地位是不相符的。

近几年,不管是出于自身专业发展还是职称评审的需要,广大中小学教师开始重视课题研究,愿意做课题了。但是身边懂课题、能指导的人少,适用的参考书籍少,能将课题研究与自身工作实际有机结合的成功范例更少。这些都严重阻碍了广大教师投身教育科研的积极性。因此,打通课题研究与工作绩效之间的瓶颈,发现、汇集、提炼问题,以科学理论为指导,精选贴近中小学教师科研实际的案例并以例说法,集全省精英之力开发编著一本实用的辅导用书,很有现实意义。本书的编写坚持"从群众中来,到群众中去",借鉴河南西峡"疑探教学"的路子——通过设疑自探、解疑合探,让编写者自己明白;通过文字叙述,让读者明白;通过质疑再探、典例实例剖析、晓畅简约的讲解,让初做课题者容易明白。

课题研究是一项复杂的系统工程,三两句话说不清,但分解成十八个子课题来研究分析就可以说得比较清楚。我们本着一种"知者不惑,仁者不忧,勇者不惧"的精神,同心同德,群策群力,众志成城,众智成书,为众人揭开课题研究神秘的面纱。

"十"与"八"合起来是个"木"字,所谓"十年树木,百年树人"。愿我们河南省基础教育教学研究之树根深叶茂,茁壮成长;愿这棵大树能为广大教师提供清凉的树荫、新鲜的空气、甘美的果实！

  本书在编写过程中借鉴参考了大量相关文献，为方便读者进一步学习研究，在每一问后以"主要参考文献"的形式予以呈现。在此，我们向所有参考文献的作者和出版单位一并表示衷心的感谢！

  虽然本书的编写经过了长期酝酿、广泛学习、精心组织、反复修改，但因编写者均为一线教师或教研员，平时做的是教育教学实践研究，学术功底不深、理论水平有限，所以书中错漏之处在所难免，恳请广大读者不吝赐教。

编者
2017年6月

目 录

第一问　为什么要进行课题研究？ ………………………………… 001
第二问　如何选题和拟订课题名称？ ……………………………… 010
第三问　如何阐述课题研究的理论意义和实践意义？ …………… 023
第四问　如何界定核心概念？ ……………………………………… 034
第五问　如何确定研究意义、研究目标、研究内容，并将三者巧妙融合？
　　　　…………………………………………………………………… 044
第六问　如何进行国内外相关研究文献的综述及呈现参考文献？ …… 059
第七问　如何选择合适的研究方法并将其规范合理地实施到课题研究中去？ …………………………………………………………………… 070
第八问　课题研究的一般流程是什么？ …………………………… 085
第九问　课题研究团队应具备怎样的课题意识和基本素养？ …… 096
第十问　如何做好开题工作？ ……………………………………… 109
第十一问　如何做好中期检查与报告撰写工作？ ………………… 122
第十二问　如何收集、整理课题材料？ …………………………… 138
第十三问　如何撰写研究报告？ …………………………………… 149
第十四问　如何推广课题研究成果？ ……………………………… 164
第十五问　如何选定课题评议专家、开展评议活动？ …………… 175
第十六问　如何扎实有效地开展课题研究？ ……………………… 187

第十七问　立项课题重要内容变更的程序和要求有哪些? ·············· 199
第十八问　如何将创新意识贯穿到课题研究全过程? ·············· 212

附录 ·· 226
后记 ·· 252

第一问 为什么要进行课题研究？

为什么要进行课题研究？从理论层面看，课题研究是教育发展的需要，是教育教学改革的需要；从实践层面看，课题研究是解决教育教学疑难问题的需要，是教师专业发展的需要。中小学教师在教育教学过程中会遇到很多困惑，大多可凭借多年的教学经验得到解决，而用科学严谨的课题研究来梳理出解决问题方案、形成成果、得以推广的则相对较少。本书所说的课题，特指基础教育教学研究课题。

一、什么是基础教育教学研究课题？

（一）什么是教育教学研究？

1. 教育教学研究的概念

如何定义教育教学研究这一概念，不同学者从不同角度做出了不同回答。有的侧重从目的角度定义，认为教育教学研究是"旨在对教育工作者所关心的事情形成一种有机的科学知识体系的活动"；有的侧重从过程特征定义，认为教育教学研究是"为了解答某种特定的问题，由非常精通某种思维方式的人所进行的系统而持续的探究"……观点不一。结合学者们对教育教学研究做出的多种论断，笔者认为教育教学研究是以教育现象和教育问题为对象，在教育理论的指导下，运用教育教学研究的原则和方法，遵循一定的研究程序，探寻教育规律的一种教学实践活动。

2. 教育教学研究的特点

（1）方向性

教育教学研究要以立德树人为基本导向，面向全体学生，促进学生健康成长，减轻学生过重课业负担；要符合国家教育发展的方向、政策和制度要求；要围绕课改重点、难点问题进行实践探索，突出对学生核心素养、社会责任感、创新精神和实践能力的培养，强调学生生动、活泼、主动地发展，使学生成长为具有家国情怀、国际视野的新时代少年。

（2）科学性

教育教学研究的本质在于探求教育事物的真相、性质和规律，以便更深刻地认识教育事物，运用教育规律，进一步提高教育教学的质量，从而获得科学的认识，形成科学的理论或观点。解决问题的思路要清晰，研究的目标、内容、材料、方法、过程等要明确，结论要科学、合理，使教育教学研究成果成为本真的科学探索。

（3）创新性

教育教学研究是在已知的基础上探索未知的过程。创新是教育教学研究的源泉和动力，也是教育教学研究的目标与追求。研究者要具有创新意识，研究方法和过程要具有创新性，研究成果追求创新性。没有创新就谈不上研究。

（4）应用性

教育教学研究的主要目的和任务是研究教育工作中亟待解决的问题，为教育实践、教育改革服务，促进教育教学质量和效益的提高。实践—研究—实践是中小学教育科研发展的轨迹。教育教学研究只有依托教育教学实践，服务教育教学改革，才会有强大的生命力。来源、生成于教育教学实践，服务、指导教育教学实践，乃教学研究之主旨。

（二）基础教育教学研究课题的含义

《现代汉语词典》（第7版）对"课题"的解释是：研究或讨论的主要问题或亟待解决的重大事项。通俗地讲，课题即问题。凡教师们在教育教学中遇到的问题都可以作为研究课题。这样的课题大致可分为三种类型：一是直接性问题，就是明显存在、需要我们直接面对又必须想办法加以解决的问题，如学生成绩差、纪律松散等；二是探索性问题，就是将教育理论、教育观念、教育成果转化为具体的教学实践活动时所遇到的问题，如"情境式教学应该怎样操作""综合实践活动应该怎样实施"等；三是反思性问题，这是具有"问题意识"的教师为提升自己的专业水平，通过对自己或他人的教学行为进行回顾和反思所发现的问题，如"为什么会这样""应该做哪些调整和改进"等。

因此，所谓课题，就是从研究方向所指示的问题中确立的研究项目。课题不应仅是个名称，它应体现研究对象、研究范围，展示研究的目的、意义。如课题"初中语文课堂教学语言品析的研究"，其中"初中语文"是研究对象和范围，"课堂教学"是研究内容和途径，"语言品析"是研究目的和意义。笔者认为基础教育教学研究课题是在基础教育教学实践中发现的、真实的、主要的、需要研究解决的、能够研究解决的问题。

（三）课题研究应具有的正确态度

课题研究是做出来的，不是写出来的。研究真问题、扎实做研究是进行课题研究应有的态度。

1. 研究真问题

课题研究不是告诉人们一个众人皆知的道理，而是就一个被世界上绝大多数人忽略的事实提出问题进行研究。

研究需要创新思维，需要找到隐藏在偶然现象背后的必然规律，进而从感性认识上升到理性认识。

一个孩子把苹果放在桌子上，拦腰切开，他惊奇地发现"里面有颗星星"。这启发我们在做课题时要从司空见惯的教育现象中发现有创新价值的研究课题，学会变换角度去思考问题，打破思维定式，基于学校，根植于自身的教育教学实践，切口要小，立意要真，选题要实。

2. 扎实做研究

首先，课题研究者要有执着的探索精神。通过做课题，"亲自尝尝梨子的滋味"，学会以前不懂的东西。这就需要静下心来，耐得住寂寞，认真地反思自己工作中有哪些亟待解决的问题，然后怀着浓厚的兴趣、美好的愿望去科学预设、小心求证，去粗取精，去伪存真。

其次，要把课题研究常态化。教育教学工作是在不断发现问题、解决问题中发展的，教师应该面对新常态，解决新问题，拿出新成果，不能把课题研究和教育教学工作割裂开来。课题研究只有成为常态，才能有长久的生命力。

最后，课题研究要注重实践。教师要做课题研究，就要比别人多想一点儿，多做一点儿，多记录一点儿，多坚持一点儿。这样，就会多积累一点儿经验，多提高一点儿能力，离问题的解决、成果的取得就更近一点儿。"图难于其易，为大于其细"，课题研究尤其应当如此。实际工作中可以教研组活动为课题研究的平台，通过在集体教研活动中提出困惑，切磋解决困惑的设想、方案，学习分享，共同成长，促进教研活动课题化，课题研究教研化，教研活动专题化，提高教师业务能力和科研水平。

二、为什么要进行课题研究？

（一）这是理解和把握课标、教材的需要

课标是教师从事学科教学工作的标准和纲要，教材是课标的细化和教学的蓝本，课标与教材是纲举目张的关系。课标、教材是教师接触最多、最熟悉的教学资源，因此也最容易从中发现问题、提出问题。如：对课标、教材编纂上存在的问题，可以质疑指正；对课标、教材分析中存在的分歧，可以多元理解；对课标、教材使用中存在的问题，可以提出改进意见；等等。课标、教材是教育教学研究的重要领域，有广阔的研究空间。

（二）这是优化教学设计的需要

教学设计涉及教学理论的应用、教学规律的认知、教学实践的创新及同行经验的共享、个体事件的反思等。教学设计没有最好，只有更好。20世纪90年代初期兴起的说课活动，在很大程度上说的就是教学设计。新一轮课程改革以来，围绕教学设计开展校本教研、说课大赛、上微型课等活动，更有利于教师主体意识的觉醒。与之相适应，许多教科研课题围绕教学设计展开，如"如何分析学情""如何设置教学环节""如何选择使用教学方法""如何设计板书""如何设计作业""如何进行大单元(大概念)教学设计"等，开展"草根式"研究，逐步实

现从"经验型"教师向"研究型"教师的转变。

（三）这是推进课堂教学改革的需要

全面推进素质教育、深入实施课程改革的主渠道是课堂教学,利用好这块阵地,教育教学质量就有了保障。如何使课堂教学高质高效?这就需要研究。比如,课堂教学实施与教学设计之间总会有差距,差距在哪里?为什么会产生这样的差距?如何改变它?课堂教学实施过程中总会出现一些意想不到的事件,为什么会出现这样的事件?应该怎样预防或应对?课堂教学中会有许多值得总结的经验,也会存在这样或那样的不足,经验是什么?如何传承?不足又是什么?为什么会产生?怎么改进?这都是需要研究的问题,也是课题研究的对象。课堂教学中的问题,是最贴近教师日常工作的问题,也是最值得教师关注、最有价值的问题。

（四）这是提高教学反思质量的需要

古人云:吾日三省吾身。思广则能活,思活则能深,思深则能透,思透则能明。在课题研究中,教师要回到一种本真的状态看待自己日常教学中的点点滴滴,反思低效教学行为的症结所在。反思能使教师以研究者的心态对待教学中的每一个细节,不只是为了完成教学任务,而是作为一个自觉的反思者,在不断的自我追问中对自己的教学进行反思。反思自己的教学实践、教学观念、教学行为及教学效果,通过反思、研究,不断更新教学观念,改善教学行为,提升教学水平。同时形成自己对教学现象、教学问题的创造性见解,使自己真正成为教学和教学研究的主人。

（五）这是满足学生发展的需要

"教为学服务,学为生发展"是课堂教学的价值选择与定位。一线教师需要厘清课题研究的核心内涵,分别从"教"与"学"、"主导"与"主体"方面加以协同。教师若能从现实教育的真实问题中(如过于关注学生劣势不利于学生成长)寻找教育研究的契机(如开发智力优势,为学生幸福人生奠基),就找到了课题研究的意义和价值所在,定能促进学生的发展。

近年来,有相当一部分教师的课题都能以教育现象为研究对象,有研究教师角色转换和教学重心转移的,有研究如何引导学生主动参与课堂的,有研究课堂教学如何设计的,有研究如何引领学生达成素养培育目标的,等等。这些研究课题都体现了以学生发展为本的教育理念。

(六)这是适应社会发展的需要

"教育必须为社会主义现代化建设服务、为人民服务,必须与生产劳动和社会实践相结合。"《中华人民共和国教育法》开宗明义地提出"两个必须",不仅为教育提出了纲领性的要求,也为我们进行课题研究提供了源头活水。从课题研究主题的分布看,不少教师能从家庭教育、家长学校、关爱留守儿童行动、家长评教评学、学生社会实践等"社会需求与教育回应"之中选择研究主题,同时,各种教育新思潮或新理论的输入对教育教学的冲击,科学技术的新发展对教育教学提出了新要求、提供了新支撑,也激发着新课题的诞生。

三、开展课题研究的重要意义

开展课题研究是扎实推进课程改革的一项重要举措,它对于促进教师专业成长,优化学校管理,引领学校可持续发展,提升学生核心素养,具有示范性、指导性、实用性意义。

(一)课题研究促进教师专业成长

1. 课题研究滋养教师的底蕴与灵气

苏霍姆林斯基说过:"如果你想让教师的劳动能够给教师带来乐趣,使天天上课不至于变成一种单调乏味的义务,那你就应当引导每一位教师走上从事研究的这条幸福道路上来。"教师的作用不仅在于系统地传授知识,更重要的是"启发"与"指导"。课题研究有利于教师及时捕捉那些无法预见的教学因素、教学情境等动态信息,从而利用可生成的资源不断创新课堂教学生态。许多有关课堂教学方面的课题研究表明,积极探索新课程理念的教学策略,构建多样化的新型教学模式,可使课堂处在动态和不断生成的过程中,这样学生的知识建构自然得以实现,课堂价值也不断得到提升。

课题研究促使教师把学习变成内需。教师发现一个教学问题,可以通过读书或与同事研讨来解决。对研究型教师而言,学习是生活、是工作、是生命的重要组成部分。教师学识的广度、厚度决定着教师把学生托起的高度。研究型教师会养成终身学习的习惯:向书本学习,向学生学习,向同事学习,向名师学习。教师把学习真正融入生活,就会使教书育人生涯有汩汩的春水流淌,有浓浓的绿意萌发。

2. 课题研究引领教师的专业成长

通过课题驱动,新老结对、城乡结对,结合校本教研、课题组互助等形式,可最大限度地发挥学科技术带头人的作用,减少教师培养所固有的重复性、盲目性。广大教师通过课题研究,把专业当成学术来探究,化教育科研为教学实践,转变了教育理念,促进了专业成长,使教师教的创造性和学生学的积极性得到了有效提高。课题研究能够使教师胸中有丘壑,学生脚下有山水。

3. 课题研究实现教师队伍的整体优化

教育是群体的事业,教学是需要交流、切磋的。教师在不断的研究过程中开放自己,与同伴切磋、协调和合作,彼此支持,实现共同成长。课题研究的结果不仅是一节好课、一个好策略,更是如何开阔教师的视野,丰富教师的精神世界,打磨教师的教育智慧和教学技巧。课题研究不仅成就了几节代表课,而且促进了教师专业化的快速成长。每一次成功的体验,教师们都将收获快乐,积累热情,充满信心地前行,逐步由经验型教师成长为研究型教师,最终必将促进教师队伍的整体优化。

(二)课题研究优化学校管理

1. 课题研究促使学校决策科学化

科教兴国,科研兴校,不是纸上谈兵。科研兴校表现在学校管理中,就是要坚决摒弃过去那种拼体力、拼汗水,高消耗、低效益的落后做法,转而以科学的方法达到理想的效果。教育教学研究能以其综合的知识体系和科学的研究方法,帮助教师观察、分析复杂多变的教育现象,做出符合教育规律的鉴别、判断和预测,因此具有促进中小学校长领导职能转变和教育决策科学化、民主化的功能。

2. 课题研究激发学校管理活力

当今部分学校组织机构缺乏内部活力,没有建立自我变革机制,使学校组织变革陷入止步不前的困境。如何走出困境,增强学校组织的适应力和发展力呢?课题研究这一学习型组织形态为学校组织变革提供了新的视角。研究者通过对学校组织特征的分析,结合学校的实际,从结构、文化、制度和理念等几个方面对学校组织变革进行科学研究,不断调整学校管理方式,使管理者自身的适应能力和发展能力不断提升,实现管理创新。

3. 课题研究提高教育教学质量

课题研究与教育教学实践紧密结合,是造就实践型教育家和高水平教师的主要途径。当前,越来越多的学校都明确提出"向教育科研要质量",倡导教师结合本职工作进行专题研究,学习教育理论,总结经验,改进教学。作为一名教育工作者,不仅应该较为系统地掌握基本的教育理论和教育教学技能技巧,还必须掌握开展教育科研的基本理论和方法,通过课题研究不断探索教育科学新领域,取得新发现。在探索研究过程中,教师不断积累经验,改革创新,丰富成果,并加以推广应用,大大促进了教学质量的提高。

(三)课题研究引领学校可持续发展

确立正确的教育观、发展观,规范学校管理职能,全面深化教育改革,是学校的发展方向。课题研究引领学校可持续发展,已成为广大中小学校长的共识。

1. 课题研究促进学校改革发展

近年来,国家提出办人民满意的教育、均衡教育、有效教学等要求,许多中小学校长围绕这些要求进行课题研究。以教育科研作为学校发展的第一推动力,这是被许多学校实践并证明了的有效做法。

学校发展是建立在学生和教师发展的基础上的。课题研究为教师的专业发展提供了可能,更为学校的可持续发展提供了动力。诸多实践证明,中小学校长的"龙头课题",不仅打造了优秀教师群体,构建了研究型学校文化,而且有助于校长清楚地认识到学校发展中面临的各种问题,从而对学校进行有针对性的科学规划,促进学校可持续发展。

2. 课题研究引领学校特色的创建

课题研究有利于中小学办学特色的形成。学校文化是学校特色的重要表征,是学校的生命所在,是学校的重要资源,是催生教师专业成长和学生生命发展的深厚土壤,是学校人文传统和优良校风的根本之源。多年来,许多中小学以地域风貌、人文传统等创建学校特色,如军校文化、黄河文化、太行文化、国粹文化,甚至球类文化等,与之相适应的多元科研课题应运而生,形成了学校人人参与、理论与实际相结合、教师与学生共同行动的生动局面。校本化的课题研究成果不仅成就了一批教有所成的教师,也造就了一批特色鲜明、富有活力的特色学校。

总之,广泛开展教育教学课题研究,走科研兴校的道路,是学校发展的客观需要,也是教师自身发展的需要,同时还是学生成长的需要。只有高度重视教育教学课题研究,并把教育教学课题研究摆到重要且正确的位置上,脚踏实地,真抓实干,不断提高教育教学课题研究能力,深入探索教育教学规律,才能真正发挥课题研究的实践、指导、引领作用,实现立德树人的根本任务。

主要参考文献

[1] B. A. 苏霍姆林斯基. 给教师的一百条建议[M]. 周蕖,王义高,刘启娴,等译. 天津:天津人民出版社,1981.

[2] 胡东芳. 教育研究方法:哲理故事与研究智慧[M]. 上海:华东师范大学出版社,2009.

[3] 张掌然. 问题的哲学研究[M]. 北京:人民出版社,2005.

[4] 杨小微. 教育研究方法[M]. 北京:人民教育出版社,2005.

[5] 郑金洲. 教师如何做研究[M]. 上海:华东师范大学出版社,2005.

第二问　如何选题和拟订课题名称？

课题研究的第一道工序就是"选题"，也就是选择合适的研究主题。良好的开始是成功的一半，选定一个有研究价值的问题是课题研究的重中之重。

选择课题都有一个过程，是在有所准备的基础上精心筛选的，所谓"千淘万漉虽辛苦，吹尽狂沙始到金""凡事预则立，不预则废"。只有选题精准，拟题正确，符合教学实际，能解决教学工作中的实际问题的课题，才能称得上是好课题。

一、如何选择教育教学研究课题？

选题既不能盲目跟从，也不能只顾自己喜好而无视客观规律和社会需要，应根据教育教学需要，结合自身实际情况，充分发挥主观能动性。选定课题研究主题前需要了解何为课题，了解选题的方法及常见途径，掌握选题技巧等。千里之行，始于足下。只有不断提高自己的选题水平，才能使教育教学研究不断地在新的起点上发展。

（一）认识选题意义

我们通常所说的课题往往是研究者感觉有意义的、亟待解决的、通过研究能够解决的问题。提出有价值的问题（选题）是进行课题研究关键的一步。选题可以使研究目的具体化，初步明确研究的对象和内容。选择合适的课题才能使研究更有实效和意义，因此我们必须对选题给予高度重视。

（二）了解课题类型

基础教育教学研究课题从不同的研究角度，可以分为不同的类型。

1. 理论性课题和应用性课题

从研究的性质划分，可分为理论性课题和应用性课题。理论性课题包括教育规律的探索、方法论的研究、有关现象特点的揭示、某些教育观念及教育思想的分析等，如课题"八年级学生分化现象研究"。针对教育的具体实践，为解决教育实践中某一个领域或某一方面具体问题的研究课题，属于应用性课题，如课题"小学语文创新教育实施研究"。

2. 实验性课题和描述性课题

从研究的手段划分，可分为实验性课题和描述性课题。前者主要指在一定教育理论或假设指导下，通过实验探究变量关系，揭示教育规律的课题，如课题"初中学生层次化教学实验研究"。这类课题需要用实验所获得的数据来验证效果。后者主要通过调查研究、资料分析、案例描述、逻辑推理等手段来实现研究目的，如课题"初中学生心理健康状况调查与对策研究"。

3. 综合性课题和单一性课题

从研究的内容划分，可分为综合性课题和单一性课题。综合性课题主要指同时涉及教育若干领域或若干方面内容的课题，如课题"河南省基础教育课程改革问题研究"。单一性课题是指对教育中某一现象、某一学科、某一领域的研究，如课题"高中学生物理学习方法指导研究"。

4. 重大课题、重点课题和一般课题

从研究的难易程度划分，可分为重大课题、重点课题和一般课题。重大课题是指具有全局性、战略性意义，价值高、影响大、综合性强、难度大的课题。重点课题是指有一定难度，一般需要由几所学校或单位联合攻关的带有区域性研究的课题。除重大课题、重点课题外的课题称为一般课题。

（三）遵循选题原则

一般来说，选题应该遵循以下六项原则：

1. 有价值性

衡量选定课题有无意义及意义的大小，主要看课题是否有应用价值。选题应从教育教学发展的实际出发，选取那些针对性强、有代表性的、被普遍关注的、争论较大的、亟待解决的问题来研究。不要研究毫无价值的问题，如"××初中学生穿皮鞋和穿布鞋的比例研究"。

2. 有科学性

课题研究必须遵循科学规律，研究真命题而非伪命题，有违科学规律的研究是不可能被认同的。例如"高中学生洗澡频率与情商之间关系的调查研究"，从哲学上讲这个选题属于胡乱联系，这样的课题是不可能被立项的。

3. 有可行性

选定的课题应能被研究，存在现实可能性。现实中具有必要的资料、设备、时间、经费、技术、人力、理论准备等客观条件；研究者具有知识、能力、基础、经验、专长，能发挥自己的优势。

4. 有现实性

选题的现实性集中表现为选题依据要充实、合理，且有一定的事实依据。

5. 具体明确

选定的课题一定要具体化，界限要清，范围宜小，不能太笼统。不宜选太宽、太大、太复杂的问题作为课题。

6. 新颖独创

选定的课题要有一定的新发现、新观点、新见解，在应用研究领域有新内容、新途径和新方法。应是前人未曾解决或尚未完全解决的问题，通过研究应有所创新，与时俱进。

（四）掌握选题方法

掌握了科学的选题方法，就会达到事半功倍的效果。一般的选题方法有六种：

1. 问题筛选法

先对众多的教育教学实际问题进行归类整理，再分析其重要程度和研究这些问题的意义，确定其研究价值，并广泛听取意见，从中选取价值明显且适合自己研究水平和能力的问题作为课题。

2. 经验提炼法

把教育课堂实践中探索出的经验上升到理论高度，在提升的过程中，就可提炼出一个个课题。

3. 资料质疑法

古人云："尽信书，则不如无书。"在日常教学中，通过对有关教学材料的分析，比较不同观点，对前人的结论提出质疑，揭示理论与实践的差异等，也可产生研究课题。

4. 完善选题法

找出他人研究中不完善的方面、研究不充分的地方作为课题，或以之前由于条件不具备没有完成的项目作为自己的研究课题。还可以是在研究过程中发现选题不精练，又做进一步修改的选题。

5. 空白选题法

针对教育教学研究中的空白点、他人尚未涉足的研究点进行探索和研究，以此作为自己研究的对象和课题加以探索。

6. 列举缺点法

实际教学中运用的教学方式、教学成果，有其优点也存在不足，找出不足进行研究，使其更加完善。

（五）熟悉选题技巧

1. 选题宜小不宜大

中小学教师由于开展教育科研时间不长，宜选择教育教学中的小问题作为研究对象。问题越小，目标越集中，就越容易把问题讲清楚。要以小见大，把课题做深做透。随着研究能力的提升，再做大一些的课题。

2. 选题宜实不宜空

要选择实实在在具体的教育教学问题，忌选抽象空泛的问题。如"关于素质教育的研究"或"××学科核心素养有效教学研究"，都是过于抽象空泛的问题。

3. 选题宜重不宜轻

这是从课题与教学实践的密切程度、意义角度来考虑，是选题时必须重视的方面。应选择与教学实践密切相关的问题，而不是可有可无或与教学关系不大的问题作为选题。总之，要选择重要的问题来研究。

4. 选题宜准不宜偏

选题的方向要明确，角度要准确，内容要确切，明确要解决的主要问题，且不能偏离教育改革与发展的方向。

5. 选题宜深不宜浅

应从纷繁复杂的教育现象和变化莫测的教学情境中发现和提出有意义的课题，并进行从特殊到一般的提炼，逐层深入挖掘问题，突出问题的中心和主要方面，突出聚焦点，不必面面俱到。

6. 选题宜熟不宜生

选题不要超过自己力所能及的范围。"不熟不做"，即选择自己比较熟悉且有一定基础的问题作课题。

7. 选题宜新不宜旧

应提出新的问题、新的可能性，或从新的角度来分析旧的问题，以获得突破性进展，或展示新的见地。不能人云亦云，简单地重复别人的研究，或进行简单的事实和经验堆砌。

（六）把握选题步骤

选题的过程一般分为三步：

1. 明确方向——发现问题

注意对日常教育教学实践中遇到的问题进行记录、整理。一线教师做的课题研究主要涉及教育教学的实际问题，因此对日常教学中出现的问题进行研究就可以。这样一方面有效，立项的可能性比较大；另一方面有成就感，因为研究所得可以直接应用到教学中去。

2. 压缩范围——经验分析

在对实际问题归类整理后，分析其重要性程度和研究意义的大小，确定其研究价值，并广泛听取专家、同行意见，从中选取价值明显且适合自己研究水平和能力的问题。

3. 提炼焦点——形成课题

对提出的问题进行分析,查阅资料,对有价值、有意义、能破解教学难题的问题进行梳理转化,细化为课题。

(七) 找准选题途径

对于一线教师而言,课题研究应从解决实际问题出发,所选课题应立足实践、意在创新、大小合适、目标明确。比较常见的选题途径有下面八个:

1. 从理论学习中选题

每一个课题都召唤理论与思想。不断的理论学习是教师发现问题的重要源泉。因为教师容易对自己周围的教育现象熟视无睹,但当学习一些新的教育理论的时候,教师就会从新的视点出发看待这些教育现象,从而发现问题,而且这些问题往往是教育中普遍存在的、深层次的问题。比如,一个教师在学完《中学生心理学》后,对"注意"内容很感兴趣,结合自己所教班级学生注意力不集中的现象,选择"提高初一学生注意稳定性的策略研究"作为自己研究的问题。还有一个学校邀请一位专家来校做了一场学习理论方面的报告,一些教师对"学习理论"很感兴趣,并进一步学习,在此基础上提出了一个研究项目——"义务教育阶段小学生学会学习的策略研究"。

2. 从课程标准中选题

2022年4月,教育部颁布了义务教育课程标准(2022年版)。新课程标准在旧版的基础上进行了一系列的优化和改进,一经发布便引起了广泛讨论。

其中,《义务教育语文课程标准(2022年版)》做了这样的表述:"构建语文学习任务群,注重课程的阶段性和发展性"。它设置了三个层面的学习任务群,即基础型的"语言文字积累与梳理",发展型的"实用性阅读与交流""文学阅读与创意表达""思辨性阅读与表达",拓展型的"整本书阅读"与"跨学科学习"。学科实践是一线教师在课堂上使用教材对学习任务群进行"教"与"学"的重要策略与方法。为什么要设置学习任务群呢?如何"教"?如何"学"?学习任务群的"教"与"学"将如何落实语文核心素养?这一系列的问题都可以作为课题来研究。不仅可以撰写"语文学习任务群的构建与实践""任务群视域下初中语文大单元教学项目化学习策略"等论文,还能以"基于任务群学习的小学语文跨学科学习实践研究"为题进行课题研究。课程标准的新理念,需要一线教师去实践,去验证。因此,从课程标准中选题不失为一种好的办法。

3. 从教材中选题

教材是教师实施课程标准的基本载体,是最基本的课程资源。在研读教材的过程中,教师一般都会产生很多问题,也会尝试着去解决这些问题。而在这产生问题和解决问题的过程中,就存在着许多可研究的课题。

如初中语文教师在教学中通常要对统编教材文本中描述的人物形象进行分析,那么如何做好教材中的人物形象分析,全面、系统、准确地把教材中呈现的人物形象的特点、角色、心理等提炼出研究课题呢?研究后就可以形成"初中语文教材中领袖人物研究""初中语文教材中英雄人物研究""初中语文教材中正反面人物角色研究""初中语文教材中女性人物角色研究""初中语文教材中人物描写方法研究"等课题。同样,数学、英语、物理、化学、历史、地理等学科教材也都可以结合自身教育教学实践,从不同的角度提炼出许多可研究的课题。

4. 从教育教学实践中选题

从教育教学的问题及困惑中选题。留心观察日常教育教学工作中的各种现象,并针对这些现象进行思考,发现问题,解决问题,促进教育教学实践。这类课题具体可以分为以下五类:

(1) 从成功的教育经验中选题

随着教学时间的推移,教师在教育实践中会积累许多经验,但这种在实践中形成的经验往往是"缄默"的,教师可以意会却难以言说。这导致许多教师很难找到自己的表达方式,也很难发出自己的声音,或者即使能表达出来,也只是停留于"经验总结"的层面,无法与专业人士展开对话。如果能深入经验的内核,发现其中蕴含的本真概念,尝试推断不同概念间的相互关系,就会逐渐摆脱狭隘的个人主义,得出有普遍性、有价值的课题。因此,对教育经验的总结和提升是找到研究课题的重要方式。

(2) 从教育教学发现的问题中选题

对于一个任课教师来说,自己的教学问题是最好的课题。备课、上课、作业、辅导、评价等过程中肯定有不少问题,要善于把自己的教学问题提升为课题来研究。如小学课堂教学无效劳动至少有 10 种表现：零敲碎打的提问、烦琐无聊的对话、浅层庸俗的探究、形式主义的合作、有口无心的傻读、嘻嘻哈哈的表演、眼花缭乱的课件、哗众取宠的板书、随心所欲的导语、絮叨没完的结语。其实，如果在自己的教学中发现有这些无效劳动的话，就可以拿来进行研究，调查出现不良现象的原因，探索改变现状、解决问题、提高效率的对策。

(3) 从教学过程里有争议的问题中选题

从课改前的照本宣科、"满堂灌"，到现在的以学生为本、教学互动；从以前的一支粉笔、一块黑板，到现在的多媒体、PPT 课件。这些教学方式、教学手段的改革，一直存在着许多争议。哪种教学方式、教学手段更好呢？从这里面也可以提炼出研究的问题。

如新课程标准倡导自主、合作、探究的学习方式，大多数教师在课堂上采用分组讨论的方式来体现自主合作的精神。可有的教师在实施过程中就出现了问题，诸如讨论次数过多、组织过于随意、教学效果不佳等。于是就有人说"自主学习不等于放任自流"，有人说"课堂上应以讨论为主"，还有人说"课堂上应以讲解为主"，各执一词。这让一线教师眼花缭乱，不知道课堂上应该是讨论多一点，还是讲解多一点。在争议处选题，是个不错的方法。

(4) 从对某教育现象的调查中选题

在实践中，若能对某些教育现象悉心思考，深入调查，也会从中发现和形成颇有价值的研究课题。如学生厌学、辍学、出走和青少年犯罪的调查及教育对策，中学生理想、学习目的、学习兴趣、自主意识、职业意识以及价值观、道德观的调查与教育研究，学生劳动观念、劳动习惯、文明习惯的现状调查研究等，这些都可以形成课题来研究。

(5) 从班级管理中提炼课题

班级管理方面的课题经常被中小学教师忽略，但班级管理也是中小学教师遇到问题较多的方面，包括学困生问题、学生心理健康问题、学生不良行为习惯问题、厌学问题、早恋问题、网络游戏成瘾问题等，这应该是中小学教师挖掘课题的又一方向。如某所学校针对班级晨会教育存在盲目性和随意性的现状，开展"晨会教育系列教材开发与实施"的课题研究，组织有经验的教师，围绕道德观点、规范训练、生活常识、心理辅导等方面编写晨会系列教材，并在班级中组织实施，取得了很好的教育效果。

5. 从教育教学反思中选题

一线教师经常写教学反思，对自己的教学过程、教学行为、教学理念、教学效果等方面存在的问题进行分析、思考和研究，其实质是对自身教育教学实践的再认识和再实践。若将反思上升到研究的高度，将每一次反思的问题都当作一个课题来研究，就能真正找出问题的关键，突破问题的瓶颈，实现教学经验的升华和专业成长向更高层次迈进。如通过对初中毕业班数学试卷讲评课低效率的反思，确定课题"九年级数学试卷讲评课有效策略研究"。所以教师应注意对日常教育现象进行反思，注意热中求冷、同中求异、"小"题"大"做。

6. 从实验研究中选题

从来就没有十全十美的实验。一项教育改革和实验推开后，常常会暴露出实验课题的某些缺陷，需要人们对原实验课题加以调整改造，不断总结经验，使之更加完善。在教育实验课题研究的过程中，人们会提出多种方案，可以从中"择优录取"，形成新的实验课题。如全国闻名的李吉林"情境教育"实验，就是从当初的小学语文情境教学发展到其他学科的情境教学，而后顺其自然地发展为整个小学的情境教育。现在的情境课程开发也随着情境教学、情境教育的实验不断发展。

7. 从课题指南中选题

从国家教育部到各县级教育行政部门，常常在一定时期内结合工作实际或教育改革发展需要，制定课题指南，提供多领域、多层次、多类型的科研系列课题，供各级各类学校及各教育科研部门选择申报。围绕这些研究项目，结合本地和学校的实际，可以分解出很多大小、难易适中的研究课题，教师可以从中选择适合自己研究的课题。

8. 从文献资料中选题

教育理论文献、教育类报刊、教育论文集或获奖论文集、专题研究资料、教育信息或教育网站中都有基础教育教学研究成果及其动态的反映，认真阅读，可以从中发掘出研究课题。要么是别人尚未注意到的问题，要么是尚有争论的问题，或是虽有进展但仍可作进一步研究的问题。

总之，选题的思路是多向的，原则应是从自己的工作实际出发，重点应是以问题为出发点,以解决问题为归宿,这样就容易选准题、选好题了。

二、如何拟订课题名称?

题目是一篇文章的眼睛,拟订一个合适的课题研究题目,是非常关键的一步。题目是对整个课题的简要概括,从中可以反映出研究者对整个课题研究目的、方向、内容、重点、方法等的整体把握。因此,题目的表述用语一定要准确、明白、具体,要科学规范、高度概括,以最简洁的语言表述所要研究的问题和主要内容,恰当地揭示出课题名称与课题中心论点之间的关系。很多课题名称欠准确、不恰当,从而影响了课题的形象和质量,难以立项。

(一)课题名称的特点

一个课题立项申报能否成功,一定程度上取决于研究课题名称表述是否正确。一个好的课题名称,要简明具体,准确反映研究范围、内容和要达到的目标,要符合表述准确、用词规范、语言简洁、具体完整的要求。

1. 表述准确

课题名称要把课题研究内容是什么、研究的对象是什么交代清楚。例如"九年级英语课堂写作技巧教学实践研究"就清晰地告诉我们研究对象是九年级英语课堂,内容是写作技巧教学,课题类型是应用性研究。这样的表述就很准确。

2. 用词规范

课题所用的词语、句型、符号等规范、科学,似是而非的词语不能用,口号式、结论式的语句不能用,也不能用易引起歧义的词。例如"高中好学生行为习惯培养的行动研究"这个课题名称,对象也明确——高中好学生,内容是行为习惯的培养,但是这里的"好学生"有歧义,究竟是指成绩好,还是指品德好,抑或是品学兼优? 莫衷一是。再者,关键词"行为习惯"内容宽泛,包括了学生课堂上的行为和课下行为,也包括学生校外行为和校内行为等。因此,这样的表述不规范、不准确。如果把题目改为"高中生良好课堂学习习惯培养的行动研究",就显得较为明确、规范了。

3. 语言简洁

题目不能过长，应以直接、简练的语言叙述。可要可不要的字尽量不要，不设副标题，一般不要超过 20 个字。

4. 具体完整

课题题目的表述要具体、完整，其表述一般包括三个要素，即研究的问题、研究的对象、研究的方法。如课题"初中化学教学方法的实践研究"，其中的"教学方法"范围太大，太笼统。教学方法多种多样，有讲授法、讨论法、小组合作法等。若把课题名称改为"初中化学实施××教学法的实践研究"，就显得具体完整了。

（二）课题名称命名方法

要准确地给课题命名，需要在整体上把握课题，弄清楚各个要素之间的关系，特别是要能够准确把握研究对象、研究目标、研究内容和采用的研究方法，准确把握课题名称中的关键词及课题的核心概念。

课题名称的基本结构可表示为：研究范围（对象）+研究内容（途径、结果、状态）+研究方法+研究。

如"濮阳市初中家长教育方式的调查研究"，可以分解为：研究范围是濮阳市，研究对象是初中生的家长，研究内容是家庭教育方式，研究方法是调查研究。再如"小学高年级学生个性化阅读能力培养的研究"，可以分解为：研究对象是小学高年级学生，研究内容是个性化阅读能力培养。

列举这两个例子是说明并不是每个课题名称都严格按照这个基本结构命题，可以灵活运用，进行有机组合，以获得一个具体准确的名称。

还有一种命名就是对课题指南中的名称进行命名。初做课题的教师往往因为准备不足，没有足够的积累，不能从自己的日常教学中寻找合适的教育课题，这时就可以从间接来源中获取。如果参阅课题指南中的题目，就要学会用加定语缩小范围的方法进行命名。常用的缩小范围的方法有限定研究对象的范围、限定研究方法、限定研究内容等。如"小学高年级学生学习方法的研究"可以改写为"小学高年级学生语文学习方法的研究"，进一步可改写为"小学高年级学生语文阅读方法的研究"。

（三）拟订课题名称的注意事项

拟订课题名称需要注意避免出现下面几个问题：

1. 课题需要解决的问题含混不清

如课题"关于开展信息技术教学有益于增强教师教育事业心的研究"，从题目看，开展信息技术教学与增强教师教育事业心之间是没有什么必然联系的。

2. 课题名称外延太大

如"新课程实施过程中的问题与对策的研究"，从题目看就知道研究范围太大，无法操作。这么大的课题应该是国家教育部在多年课程改革中一直思考的问题，一线教师还是知难而退为好。

再如"初中学生创新精神与实践能力的培养研究"，这个题目同时出现两大研究内容，一个是"初中学生创新精神的培养研究"，另一个是"初中学生实践能力的培养研究"，单单研究一个就很不容易了，同时开展两个研究更是难上加难。这是课题研究的大忌。

3. 题目冗长啰唆

如"根据农村特点，重视培养学生学习语文兴趣，搞好农村中学评议教学工作的研究"，题目冗长啰唆，重点不突出。

4. 学科定位不准确

如"小学语文教学中培养学生健康心理素质的研究"，这是课题申报审核中发现的一个比较特殊的课题。这个课题从题目上来看既可以归类为小学语文学科，也可归类为心理健康教育学科，尤其是在翻看了内容之后，更会把它归类为心理健康教育学科，因为内容中基本就没提及语文教学。再如"爱——教育之魂"，很显然，单单从题目上看不出应该属于什么学科，看到了材料才发现学科分类是小学数学，但在看了内容后发现与小学数学教学也没有紧密的联系，不知道应该把它归到哪个学科。所以，不要用这种模棱两可的名称作为课题名称。

5. 把论文名称当作课题名称

如"培养学生自主学习能力，提高课堂教学效率"，这个题目下如果是一篇经验性论文或者是一个研究报告都可以，但作为课题的名称，还是应该做一下修改。因为课题就是要解决的问题，这个问题正在探讨中或即将开始研究，不宜用这种结论性的语句命名课题。

6. 喊口号、炫文采

例如"依法治国势在必行""唤醒主体意识，提高教学成绩"这些口号不适合作为课题题目；"体验式教学让学生成长插上翅膀"这些用比喻炫文采的题目也要不得。

7. 使用问句、做价值判断

课题研究是探究问题、寻求答案的过程，因此不能用问句，更不能对其做价值判断。例如"作业量对高中学生数学成绩有什么影响"一直是个问题，我们就此所做的课题应该是"优化作业量以促进高中学生数学成绩提高的研究"。"小组合作学习是提高课堂教学效率的关键"是一个价值判断，既然你已经确定小组合作是提高教学效率的关键，这个研究还有必要做吗？

课题研究需要根植于我们的教育教学实践中，中小学教师都应该做一个善于发现问题、善于反思、善于研究的人。我们只有踏踏实实地做学问，实实在在地教学，练就一个能发现问题、分析问题的头脑，养成深入思考的习惯，精准选择课题，科学命题，才能将我们的课题工作做得更加扎实、有效。

主要参考文献

[1]李从尼,张少杰.微型课题选题应"四宜"[J].四川教育,2006(10).

[2]赵仁斌.略谈教育科研课题选题思路[J].课程教材教学研究(中教研究),2010(Z3).

[3]伍海云.中小学教师课题选题的十个来源[J].新课程(综合版),2016(3).

[4]卢怡人,韩镁.课题表述与课题选题的基本方法[J].职业技术,2010(8).

[5]冯卫东.今天怎样做教科研:写给中小学教师[M].北京:教育科学出版社,2012.

[6]蔡笑岳.教师专业发展与教育科研[M].广州:暨南大学出版社,2007.

[7]李臣之.教师做科研:过程、方法与保障[M].深圳:海天出版社,2010.

第三问 如何阐述课题研究的理论意义和实践意义?

课题研究的理论意义和实践意义是课题研究的重要组成部分,对课题研究的整体结构和框架起着决定性的指导作用。课题研究理论意义和实践意义的阐述,在课题研究的不同阶段具有不同的意义和作用:在课题研究的开题阶段,它是课题是否可行的依据;在课题研究的结题阶段,它是对课题的理论研究和实践运用的总结、评价和提升,是课题进一步推广的基础。

一、什么是课题研究的理论意义和实践意义?

(一)课题研究的理论意义

1. 什么是课题研究的理论意义?

课题研究的理论意义是指课题研究的自身意义和相关意义,即自身价值和相关价值。所谓理论就是概念、原理的体系,是系统化了的理性认识,具有全面性、逻辑性和系统性的特征。比如数学的算法"+、-、×、÷"是有理论意义的,数与数之间的关系也是有理论意义的。世界是由物质决定还是由意识决定的?回答这类问题也是有理论意义的。可以说,理论是一种思想的发展。

理论是对实践活动的概括,又是"创造性思维"的结果,"它可能'超前'于观察事实而对未来进行预测。因此,理论的功能是解释现实,同时也预测未来,指导未来"。一个好的课题,其研究的理论意义首先是在本学科领域有较好的自身价值,即本领域理论上有创新性和突破性;同时,对其他相关领域,如心理学、社会学、哲学等,有较高的关联价值,即理论研究上的参考价值。一个具有较高理论意义的课题，必须能在相关领域的理论方面具有某种突破，对与课题相关的学术与理论的进步做出贡献。

以《孙子兵法》为例，其总结概括出的经典战争理论，不仅运用在古代军事中，出现了众人皆知的"田忌赛马""明修栈道，暗度陈仓"和"空城计"等故事，还运用在长征过程中，出现了"四渡赤水"和"飞夺泸定桥"等经典战例，而且在当代政治活动和商业活动中同样有着举足轻重的指导价值。近年来，国内外掀起的研究《孙子兵法》的热潮，证明了其在现代经济社会中的自身价值和现实意义。

一项课题研究在理论方面的价值，主要包括以下几个方面：

①在既有理论综合的基础上提出新理论。如对各种不同的思想、模式和思潮进行分析和讨论，提出新的理论。如弗洛伊德根据对人格和认知的分析，创立"精神分析学派"。

②对既有理论适用性的求证。如美国杜威的"儿童中心论"学说，在传到中国以后影响着中国的教育，同时中国教育也不断验证这一学说的适应性。

③对既有理论的发展和丰富。如阿德勒在弗洛伊德"精神分析学派"的基础上，创立了个体心理学。

2. 课题研究的理论意义是确立课题研究的重要依据之一

教育研究的目的是总结并提炼教育实践和教育经验，以形成科学的教育理论。将教育实践问题转化为教育理论问题，并形成一定的理论框架，是现代教育研究的发展趋势。

无论是以发现或是发展相关原理、原则、方法或理论为目的的探索性研究，还是以寻求解决问题的对策性研究，都要求课题研究做出理论的说明和逻辑论证，而不是简单的资料收集或罗列。

教育研究课题，有的强调应用价值，有的强调学术价值，有的二者兼顾。但无论哪一种，都要选择最有意义的教育问题来研究。因此，课题研究的理论意义，是确立课题研究的重要依据之一。

（二）课题研究的实践意义

1. 课题研究的实践意义首先体现在指导意义上

相对于课题研究的理论意义，课题的实践意义就是可以利用理论中的思想方法、观点和定律及一些论断，来分析、指导、判断人们具体实践活动中遇到的问题和现象。

课题研究除了要有一定的理论贡献，还要有很强的实践性、针对性，能对教育改革起一定的指导作用，同时对其他相关学科领域有一定的辐射影响作用。如课题研究能解决什么具体问题，能给实践参与者带来哪些好处。从基础教育教学课题研究方面来看，具体就是在以下层面给予指导：

①教师层面。能帮助一线教师解决具体的困惑，从而促进教师的专业发展，如新课标的解读、因材施教的实施等。

②学生层面。能为接受基础教育的学生的日常学习和成长带来好处，如学习重难点的分析、新式学习方法的推广等。

③教学层面。能在实际教学方面给予指导，如"自主—合作—探究"学习方式如何在不同课型中运用等。

④教学管理、教育技术等其他层面。如教学评的一致性、微课使用、在线教育技术应用等。

2. 课题研究的实践意义还体现在检验课题的理论价值上

无论多么严密的理论，离开实践的基础，都是纸上谈兵。因此，所有的课题研究，都要从实践中来，到实践中去。从这点来说，一个课题研究的理论意义和实践意义是高度关联的，理论意义必须建立在实践意义基础之上，实践意义又必须为理论意义所统领。实际上，两个意义就像手心和手背一样，是一个整体。

二、课题研究的理论意义和实践意义的重要性

课题研究的理论意义和实践意义是任何一个研究课题的生命，缺少了对这二者的分析和把握，课题研究就成了空中楼阁，失去了开展的价值；或者很容易沦为对前人既有课题的简单重复和无意义照搬。所以，阐述清楚课题研究的理

论意义和实践意义的重要性主要体现在以下几个方面：

第一，帮助研究者和评审者对选题的研究价值进行更全面的论证和分析，是研究课题存在的基础和依据。

第二，帮助研究者初步确定课题研究的方向或基调，对课题研究起到定向、规范、选择和解释作用。

第三，帮助研究者厘清开展课题研究的思路，决定课题研究的高度和水平。

三、如何确立课题研究的理论意义和实践意义？

确立课题研究的理论意义和实践意义，是课题论证中首先要解决的问题。首先要从实际问题情境出发，对所选研究课题进行分析和评价，论证其理论架构和实践手段是否有创新和突破；其次是在对文献整理的过程中，多方探究前人的研究成果，在对研究现状的分析梳理中确立课题研究的理论意义和实践意义，找到研究的立足点、突破点、创新点。

（一）如何确立课题研究的理论意义？

1. 从选题的现实意义和社会影响中确立

课题研究所聚焦的问题，应该是关涉社会现实的重大或重要问题，每一个类似问题的解决，都必然会带来思想与理论的一次提升。因此，研究者应对研究对象的理论价值和意义有较为清楚和明确的预判。这种预判应建立在对所选研究课题的充分论证之上，建立在对现实问题的深入分析之上。

2. 从对以往成果的理论价值分析中确立

搞课题研究一定要搞好文献综述。文献是"记载人类知识的最重要手段，是传递交流研究成果的重要渠道和形式"，"是进行教育科研的重要部分"。文献资料中的研究信息，不仅可以使研究者占有充分的研究资料，避免重复劳动，而且可以使研究者根据已有成果和局限，确定最有价值的研究方向和角度，在了解国内外最新理论、手段和研究方法的基础上，建立自己理论研究的突破点和创新点。

（二）如何确立课题研究的实践意义？

1. 从问题的提出中确立

课题研究始于问题困惑而终于问题解决（仅就当轮次研究而言）。因为基础教育涉及的群体除成人外就是青少年，所以其领域内的教育现象及成因更为繁杂，需要研究的问题也很多，有与时俱进的热点问题，有根深蒂固的传统问题，有亟待解决的特定问题……要想精准地把握课题研究的实践意义，必须要在人力、物力、时间及条件都有所限制的情况下，从问题的触发点出发，缩小问题范围，厘清问题诱因，透彻分析问题产生的现象与实质。唯有如此，才有可能对课题研究及教育实践提出有探索意义的新方法、新手段等。

2. 从对以往成果的实践价值分析中确立

搞好文献综述，不仅可以找准课题研究的理论突破点，还可以找准课题研究的实践价值和创新点。研究者根据自己掌握的课题研究文献资料，分析前人已取得的研究成果及尚存在的研究局限，联系当前的实践状况，两相对比和分析，就有可能提出对改进教育实践具有创新意义的新思路、新途径。

四、如何阐述课题研究的理论意义和实践意义？

（一）阐述的原则

1. 突出价值

必须明确点出课题开展的必要性、重要性和可行性。

2. 逻辑严谨

理论意义和实践意义的提出和阐明，必须依托一定的研究背景，必须是在对国内外研究现状的充分把握和分析的基础上，推理论证完整、有效、令人信服。

3. 层次分明

所有理论意义和实践意义要有条理地次第呈现、逐条说明，阐述顺序必须符合研究的一般思路，由浅入深，由表及里，与课题研究的对象、问题和过程有机结合。

（二）常见的几种表述误区

对于一线教师来说，在阐述课题研究的理论意义和实践意义时，往往会受到自身课题研究经验欠缺的局限，陷入各种各样的误区，难以达到应有的效果。

1. 面面俱到，无法聚焦

有研究者在论证课题的时候，收集了大量的文献，列举了各种前人的理论和研究现状，提出很多有关课题研究的理论意义和实践意义，非常"高大上"，但是仔细研读起来，却始终找不出研究者到底提出的是什么问题、要建立什么样的理论框架和实践策略。这就陷入了面面俱到的误区，使自己的课题与他人的研究结论界限模糊，无法聚焦关键问题。

2. 理论与实践相互脱离

基础教育教学研究者由于受自己工作经验的限制，在研究课题的过程中往往会以经验的描述、事实的列举为主要途径，不能把典型的事实经验提升、概括为符合逻辑的理论阐述。而有些研究者还会走入另一个极端，喜欢各种理论论证，推理和逻辑性都很强，听起来很高端，但在实际操作环节却不接地气，难以落实和操作。

（三）规范的阐述格式

1. 善用小标题

有些课题研究列举的理论意义和实践意义很多很长，即使分段阐述也显得内容臃肿、条理不清，这种情况下建议最好能用有逻辑、有条理的小标题加以区分，使人一目了然。

2. 精练中心句

注意使用中心句。抓住重点，用明确、简练的语言阐述理论意义或实践意义，在展开比较详细的论述之前或之后能够言简意赅地提出核心内容，让人能够在短时间内对该课题的意义有一个透彻的了解。

常用表述理论意义的句式，如"研究是对××相关理论的细化和补充""研究是对××理论的具体阐述""用检验性研究设计对现有理论进行了检验"等。

常用表述实践意义的句式，如"为长期教育实践提供了相关知识""通过对某个个案的深入分析,加深了人们对某种广泛存在的现象的理解""为决策者或外部群体提供了具体实践或策略的评估""研究是开创性的、探索性的,为前人所未曾开展过的研究"等。

(四) 阐述案例

1. 在选题后阐述课题研究的理论意义

选定研究课题以后,在文献搜索及对国内外研究现状的分析、比较、概括的基础上,研究者需要阐明本研究是借助哪些理论来支撑的,同时提出自己的理论构想,以此角度阐述研究的理论意义。

一个课题的理论框架,可以是一个新的理论假设,也可以是已有的理论体系,能为课题研究提供必要的性质、方向或工具等。

【案例一】课题"充分开发儿童智慧潜力的研究"。

上海师范大学恽昭世关于"充分开发儿童智慧潜力的研究"课题的理论假设是"儿童具有很大的潜能,特别是有相当一部分儿童受先天和主要是后天的种种因素影响智力发展比较好,只要教学过程组织得比较合理,就能提早打开儿童的智慧闸门,使得中等以上的儿童少年能提前两三年的时间完成中小学所规定的任务,获得良好的发展"。

首先,该理论假设决定着研究的性质和方向,即课题研究的核心在于教学过程的合理组织与少年儿童智慧发展的关系。其次,该理论假设对解决问题的途径做了预估,即立足于课程、教材、教法、管理、评价等综合改革。再次,该理论假设为后来的事实材料的收集、分析和解释提供了框架,即该实验将关注收集儿童智力、潜力获得提前开发的资料,儿童超前掌握学科内容的测试成绩,以及相关的其他全面发展的材料。最后,该理论假设对课题的研究结果和效果进行了预判,即提前两到三年完成十二学年制的教学任务。

【案例二】课题"小学生人文素养教育实验研究"。

河南省实验小学承担的省级校本教研课题——"小学生人文素养教育实验研究"于2004年立项,2011年结项,历时8年,分别在理论研究和实践研究方面,取得了一定的研究成果。课题虽然已经结项,但研究并没有结束,学校的主题实践教育一直在进行着,每个学期都有相应的人文素养教育主题活动,这已经形成学校教学特色。

该课题提出的核心概念是人文素养。人文素养是以人文精神为核心,由人文知识、人文情感、人文意志等要素组成的稳定的个人主体品质。该研究主要的内容在于探讨小学生人文素养的内涵向度,并进一步研究小学生人文素养的教育。该研究认为,小学生人文素养具有一个多维的结构,但具体是由哪些维度构成的,在理论分析的基础上,还需要通过实证去探索。

研究假设1. 小学生人文素养是由多个独立维度构成,且具有自身的特点。

研究假设2. 小学生人文素养自评量表的各个维度在不同人口特征变量、不同变量上存在不同程度的差异。

研究假设3. 在学科教学中渗透人文素养各要素是可行的。

该研究的理论假设也是首先规定了研究课题的性质和方向,并预测了研究成果,同时划定了课题需要收集的材料范围。一个好的理论体系,是探索教育教学规律、推动实践研究的核心。一个好的有价值的理论研究假设,必须建立在理论科学和研究务实的基础上,并具有发展性、预判性,同时表述明确,可以检验。

2. 在开题阶段阐述课题研究的实践意义

理论指导实践,实践检验理论。研究课题的实践意义往往是和理论意义对应的。课题的实践意义可以是"通过本课题研究能解决什么实际问题、带来什么好处",也可以从课题对学生、教师、教学、学校管理或社会教育等的促进和发展来阐述。

案例一中,有关儿童的潜在智慧和潜能的理论假设,同时也是其实践意义所在——"只要教学过程组织得比较合理,就能提早打开儿童的智慧闸门,使得中等以上的儿童少年能提前两三年的时间完成中小学所规定的任务,获得良好的发展"。

再如,案例二中提出的实践意义如下:

在现实生活中,由于受到功利主义、实用主义思想的影响,许多人对科学、技术等理工科的重视程度,远远大于人文学科。人文素养教育受到忽视,重功利轻价值、重工具轻生活、重理性轻人性的认识偏向流行,越来越多的问题暴露出来。很多事实证明,这种不均衡的教育选择不能满足当今社会和未来社会发展的需要。新时代对人的全面健康发展提出了新的要求,呼唤全社会加强人文素养教育。

综上所述,我们提出了自己对基础教育的思考和探究:

1. 什么是小学生人文素养?它由哪些因素构成?

2. 小学生人文素养的有效教育教学途径和方法有哪些?

3. 各学科教学与人文素养教育有什么样的关系?

4. 如何评价小学生人文素养?能否建立稳定的小学生人文素养评价体系?

该课题试图探索适合我国小学生人文素养教育的途径,这一选题符合我国目前教育的现状,具有很强的现实意义和时代特征。课题的研究成果,将为进一步深化基础教育课程改革提供有益的借鉴,将为提高我国基础教育阶段学生的人文素养提供行之有效的样例。

3. 在结题阶段阐述课题研究的理论意义和实践意义

结题阶段,也是整理课题研究资料、准备研究报告阶段。这一阶段理论意义的阐述主要是对整个研究过程和行为的理论收获的提炼与概括,包括相比于立项时的理论验证、理论创新,特别是方法与策略上的突破等。实践意义的阐述,主要是成果的现实价值和创新意义,同时包括研究过程中的不足,以及后续研究的努力方向等。

以案例二为例,在课题的结题阶段,该研究阐述的理论意义和实践意义如下:

第一,本研究的主要成果。

本研究在研究过程中通过对小学生人文素养教育文献的梳理,形成了对人文素养理念内涵和外延的认识。

同时,根据对人文素养教育理念的认识,实施了一系列人文素养教育实践活动,主要有人文学科的全面人文素养教育、经典诗文诵读、思品课体验活动,非人文学科渗透人文知识教育,小学生日常行为习惯的养成教育等。这些实践活动增加了小学生对人文知识的了解,加强了小学生对人文情感的体验,使小学生在不断的阅读体验和讨论反思中提高了人文素养。

同时,量的评价和描述性评价相结合,把数据和观察结合起来,全面了解小学生人文素养的现状,有效地建立了小学生人文素养教育的评价体系,能够有效地评价小学生人文素养教育的效果。

2011年5月,由课题组负责编辑,经河南科学技术出版社出版了"小学生人文素养教育丛书"。本套丛书由九本分册书组成,分别是《小学生人文素养教育理念的构建》、《谦谦君子风——经典古诗文阅读手册》(低、中、高年级段)、《人文教育主题活动设计》、《画出我们心中的世界》、《我们的歌》、《非人文学科中的人文之美》、《小学生体验活动精品课例》。

第二,本研究的创新之处。

①提出小学生人文素养教育的结构维度。

人文素养的结构维度,对实施人文素养教育,建立人文素养的评价体系,有着重要的作用。

②创造性地把实证研究应用于人文素养教育实践之中。

本研究采用量的分析和质的分析相结合的方法,既注重从数据中发现规律,又注重通过观察、对话以及反思进行描述性的分析,揭示教育实践的本质。通过建立人文素养量表,采用 SPSS11.0 及 AMOS4.0 数据分析软件,从量的方面使得人文素养教育实践有事实可以依据,这种可靠的实证分析方法,在我国目前小学生人文素养教育研究中是少见的。

③在把握理念的基础上,运用观察、描述、反思、对话、讨论等方式和途径,践行人文素养教育。

综上所述,阐述课题研究的理论意义和实践意义,根据课题研究的阶段不同,要有所侧重:开题阶段,侧重于文献综述和课题的理论架构;结题阶段,侧重于理论研究和实践研究成果的总结与评价,概括理论研究的基本内容,点明研究的创新点和进一步研究的方向,概括实践策略与实施经验,指出实施效果、不足之处,以及今后的注意事项等。

总之,阐述课题研究的理论意义和实践意义,对于课题研究本身来说是课题存在的基本依据,它制约着研究课题的核心与方向,规定着研究方法,预示着研究成果。研究者必须高度重视,深入分析,精心提炼,清晰阐述。

主要参考文献

[1]裴娣娜.教育研究方法导论[M].合肥:安徽教育出版社,1995.

[2]恽昭世.教育实验科学化的探索[J].教育研究,1992(12).

[3]孙广杰.小学生人文素养教育理念的构建[M].郑州:河南科学技术出版社,2011.

第四问 如何界定核心概念？

在整个课题研究的过程中，课题的选题和申报是非常重要的阶段。然而相比题目拟订、确定研究目标和研究内容等前期选题准备工作而言，很多教师往往忽视了"核心概念"的确定，对"核心概念"的价值和确定方法的了解存在误区。要么认为"核心概念"比较简单，只是课题名称中几个关键词的选择和解释；要么认为"核心概念"没太大作用，只是课题立项申报书和结题报告中的一个形式而已。

"核心概念"是不是课题名称中几个关键词的罗列和简单解释呢？它们对于课题的申报、内容和范围确定到底有什么作用？界定"核心概念"的主要过程和方法有哪些？弄清楚上述几个问题，将有助于我们正确认识"核心概念"的内涵、作用和确定方法，从而更加理性地看待和从事课题研究工作。

一、什么是核心概念？

（一）什么是概念？

人们只要开口说话就必然要用到概念，但是什么是概念却很少有人能够说得清楚。《辞海》（第七版）对"概念"的定义是："反映对象的特有属性或本质属性的思维形式。人们通过实践，从对象的许多属性中，抽出其特有属性或本质属性概括而成。"

现实中很多人对概念存在误解——将概念和表达概念的语词混为一谈，或者认为概念即其反映的客观事物本身。

在逻辑学中，语词与概念是有严格区别的。语词是一种语言形式，是用来表示、标志某个对象的,而概念则是一种思维形式,是语词的思想内容。概念通过语词来表达,但语词并不都表达概念(如汉语中的虚词),概念和表达概念的语词也并不都是一一对应的关系。比如"妈妈"和"母亲"是同一个概念,"医生""大夫""郎中"是同一个概念;"白头翁"则是语词,它可以表示一种鸟,也可以表示一种植物,有时还可以用来表示满头白发的老人。因此,我们不能把概念等同于语词。

概念反映的也不是事物本身,而是人类大脑对事物本质属性进行归纳加工后的思维产物,因此概念反映了人类认识事物的水平和能力,不同时期人们对同一种事物的本质特征会有不同的总结。例如,燃素学说中的"燃素"和氧化学说中的"氧化"这两个概念都是对同类客观现实的解读,二者的不同在于对客观运动信息的把握深浅有别,即反映客观运动规律的能力是随着生产实践活动的提高而同步提高的。

因此,为了准确把握客观事物的特征和范围,不断提高对研究对象的认识水平,需要我们在头脑中不断思考和完善与此事物相关的概念。

(二) 概念与基础教育教学研究课题的关系

一个基础教育教学研究课题往往涉及多个概念,概念的准确性往往对整个课题研究的选题、目标、内容和研究的过程都具有十分重要的影响。在所有对概念的准确把握的工作中,概念的界定尤其具有决定作用。任何一个概念都需要加以界定,概念的边界模糊在一定程度上影响着课题研究目标的确定和完成;概念的边界清晰了,研究内容才有针对性。

然而,概念界定问题在中小学课题研究设计中常被忽略,很多所谓的"界定"仅仅停留在文本方面,可能只是课题研究者为了追求立项和结题工作在形式上的完整而出现,并未真正体现概念界定所应有的价值。研究者或者缺乏通过概念界定去确定研究范围和内容边界的意识,或者缺少准确界定概念的能力。

如在课题"基于培教文化的'培德教养'校园文化建设研究"中,研究者就提出了"校园文化"等概念,但并未严格界定该概念。笔者认为,校园文化从不同视角看可以区分为显性与隐性文化、物质与精神文化、校园环境文化、制度文化、德育文化、课程文化等。该课题到底从哪个角度和层次开展研究就不得而知了。如果概念不在立项之初就界定清晰的话,很容易出现研究范围太大、研究目标过高、缺乏具体性,甚至不能顺利结题等问题。课题研究不在于范围大小,而在于价值大小。

又如课题"提高小学作业有效性实现减负增效策略研究"中,"小学作业有效性"和"减负增效"等概念都不明确,内含双主体,必然会让人产生下列疑问:到底是教师批改、布置和设计作业有效,还是学生完成作业有效?作业是课堂作业,还是课外作业?减负增效是针对学生还是针对教师?实现减负增效是在教学过程中,还是在整个学习过程中?这些都需要课题组界定清晰。

因此,在课题研究中,必须高度重视概念的作用,认真做好概念的界定工作。概念的把握在课题研究的选题立项、开题论证、研究实施、中期评估、结题鉴定和成果推广等各个阶段都有不同的体现,在选题和论证阶段体现得尤其显著。在课题研究的前期准备和初始阶段,我们不仅要区分核心概念和具体概念,还要区分研究概念和相关概念。区分核心概念和具体概念,最好根据研究逻辑形成支架结构;区分研究概念和相关概念,主要考虑概念内涵的适用条件和外延间的关系。要避免在课题论证特别是文献综述部分反复阐释相似概念、相关概念或外围概念,使得课题论证被已有研究牵着走或陷入烦琐的资料分析比较之中,研究的核心问题难以凸显;同时论证分散,难以体现严密的研究逻辑。因为这将直接影响研究思路的确定,进而影响评审者对课题研究价值和可行性的判断。课题论证不能很好聚焦核心概念,研究立意不明确、研究思路不清晰、个性特色缺失等问题,都与对相关概念缺乏深入的比较和分析密切相关。

(三) 研究课题的核心概念

课题的选题中一般包含了一个或多个核心概念,从课题的众多相关概念中遴选出最有意义的核心概念,其本身在广义上也属于概念界定的一种。核心概念的确立和界定是课题论证的关键性内容,是课题选题的具体化,规定着研究的具体内容,是课题从认识走向实践的中介;选题、核心概念和研究方案三者相互联系,使基础教育教学研究课题从抽象变得具体。而在这三者之中,"核心概念"的价值和作用正如其名称一样,居于核心重要位置,直接决定和影响了基础教育教学课题研究的对象、内容、范围、目标和方法、步骤的确定。

二、核心概念的界定

核心概念的界定即对研究的核心概念进行明晰的确定,核心概念的内涵、外延是什么,研究对象包含哪些,研究范围做何限定等。

(一)界定核心概念的基本流程

基础教育教学课题研究者的通常做法是,从课题研究中提出的几个核心概念,通过查找工具书,把词语解释摘录下来,或者搜罗他人提出的概念,直接作为自己的概念界定。这种做法在中小学课题研究中十分普遍,但这种界定方式难以准确确定课题研究目标。

中小学校的每一项课题研究,都是基于不同学校情况,由不同研究者来做,研究所面对的现实条件和依据不同,词典上的概念解释,或者他人对概念所阐述的观点和见解,如果不做加工直接当作自己的概念,可能与研究者期待的研究范围和目标不一致。因此,在界定的工作流程(见下图所示)中,我们必须充分结合自己的实际工作,结合所研究的基础教育教学问题,对文献中的前人论述和研究成果进行科学的梳理和判断,然后提炼出课题的核心概念,并通过与课题内容和课题目标的双向互动,不断完善对核心概念的界定。

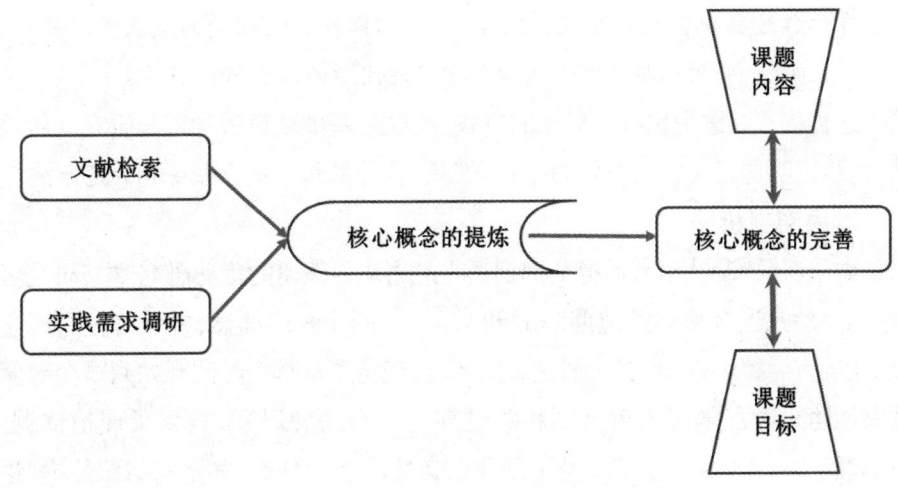

核心概念界定流程图

（二）界定核心概念的常用方法

通常采用逻辑学一般概念的实质定义方法来界定核心概念，如"属+种差"定义法，即被定义项=种差+邻近的属。如"小说"的概念为：通过完整的故事情节和具体环境的描写，塑造多种多样的人物形象，广泛地反映社会生活，是一种叙事性的文学体裁。其中，文学体裁就是邻近的属，即与"小说"这个概念相邻近的属；"通过完整的故事情节和具体环境的描写，塑造多种多样的人物形象，广泛地反映社会生活"这句话为种差，即其在文学体裁中区别于其他体裁的特点。由此可以看出，"核心概念"的界定，主要就是分析和确定该概念与邻近属中其他概念的种差。具体来说，可以采用以下几种方法：

1. 外延递减法

如课题"河南省中小学群文阅读实践研究"确定了三个核心概念：阅读、群文阅读、群文阅读实践。研究者对这三个概念的界定如下：

阅读：阅读是一种信息输入活动，即阅读主体对读物的认知、理解、吸收和应用的复杂的心智过程。

群文阅读：是指围绕着一个或多个议题选择一组文章，而后教师和学生围绕议题展开阅读和集体建构，最终达成共识的过程。

群文阅读实践：围绕着实际参与群文阅读实践的对象，发现群文阅读在运作过程中出现的情况与问题，提炼出阐释群文阅读的观点或理论、相关策略等，并用以指导解决阅读教学实际问题的教育研究实践。

这种依次递进提出核心概念的方式，被很多基础教育教学课题研究者所采用，实践证明这是一种比较好的起到"聚焦"作用的核心概念凝练和界定方法。

2. 内涵剖析法

如在课题"幼儿语言习得关键期语言能力培养策略的行动研究"中，研究者确定了"幼儿语言习得关键期"和"语言能力"两个核心概念，并针对核心概念"幼儿语言习得关键期"界定清楚时间节点，确定了从哪个时间开始到哪个时间结束是幼儿语言学习的黄金期和关键期，并结合文献检索找到了理论依据。"语言能力"的界定主要是清楚了幼儿语言能力包含什么，如语言组织能力、语言表达能力、语言学习能力等。所有核心概念充分界定清楚了，选题确定后，研究内容也就清晰了：幼儿语言发展有三种途径，即在幼儿园课堂中发展语言能力，在幼儿园课外活动中发展语言能力，在社会关系交往中发展语言能力。因此，该课题研究确定为三大块内容，即课堂策略、活动策略和社交策略。

3. 对比和类比法

如在课题"初中语文教师开展微型课题研究的现状调查与对策研究"中，"微型课题"这一核心概念的界定非常重要，可以结合文献调研，对比前人已经做的工作和提出的定义，将"小课题""个人课题"和"微型课题"等概念进行充分的对比和类比，从中找出它们的异同，相对准确地界定该课题的研究对象范围，并提出令人信服的结论。

三、界定核心概念的误区

核心概念规定了课题研究的具体内容，决定着课题研究的工作范围和边界。它是课题研究活动的逻辑根基。界定核心概念是课题研究的重要基础性工作。

核心概念的界定失误通常表现在以下两方面：一是没有揭示问题的本质。有些研究者在设计研究方案时，对核心概念的界定过于随意，或思考不深入，没有把握和揭示问题的本质，从而缺乏对研究问题的深刻思考、认识和分析，于是在研究过程中，缺少计划性、整体性，造成研究前后的实践内容出现矛盾，偏离事先的设计思路。最终，问题概念也无法上升为科学概念，成果缺少坚实的逻辑基础。二是核心概念的界定僵化。核心概念是随着认识与实践的发展而发展的。一般来说，研究者的反思越深刻，实践越深入，对问题的本质也会揭示得越深刻。研究者如果不能根据自己实践工作的推进，自觉地反思和调整对核心概念的界定，明晰核心概念的内涵，那么研究工作就可能停留于最初的认识，无法体现"随着实践的深入而发展"的基本要求。

具体来说，对核心概念的界定主要存在下述几个误区：

（一）厘清核心概念的意识不强

有的研究方案涉及一些一般人不熟悉的术语，或者某些容易引起歧义的概念,如果这些术语或概念在教育科学词典中找不到明确的定义,而它又是本课题研究必须涉及的,那么就应当对这些术语或概念做出界定,即说明此处说的这个词是什么意思,最好能表达其内涵和外延,使读者正确理解作者的真正意思。核心概念的界定是研究方案中的重要组成部分,倘若没有核心概念的界定或核心概念界定存在问题,那么课题研究要研究的对象及其问题就会不明确。然而现实中,一线教师普遍缺少对核心概念进行界定的意识,或没有界定,或凭想当然界定,或有概念界定但不易理解,导致研究思路不清或错误,严重影响课题研究的质量。

例如在"通过典范性文章的深层次阅读提升学生写作能力的研究"课题研究方案中,作者仅仅是在课题研究的主要内容中对课题名称中的关键词"典范性文章"和"深层次阅读"有所涉及,并没有具体解释说明什么样的文章是典范性文章,什么样的阅读是深层次的阅读。本课题研究的切入点仍然在使用没有界定的概念"典范性文章",这不利于课题组成员对概念达成共识。因此,在核心概念的提炼和不断完善过程中,可以做如下陈述:

1. 典范性文章,除指中外名家名篇外,还可以指结构、内容等方面具有示范意义的文章。它们能够深化学生思想,引发高尚情怀,拓展思维,产生美好的想象和丰富的联想。典范性文章的选择与确定需要教师结合自己多年的教学经验做大量的阅读与筛选,并针对被教育者的发展阶段而有所不同。选取的范文应符合学生的认知水平、心理基础及生活经验,但又应高于学生的水平,这样能让学生够得着,学得会,从而激发他们的兴趣。有的文章思想深刻,角度新颖,层层深入,富于变化,摇曳多姿。有的文章在读者眼前如同展现了具体生活的画面,甚至让读者感觉听到了自己的心跳。不同特点的文章适合不同的学生。最终需要教师引导学生深究文章,从中挖到真金,为写作进行储备。

2. 深层次阅读,指对典范性文章进行深入的研究分析,揣摩体悟发掘其价值,发现它的美。深层次阅读方法有很多,可以是对文章做摘录,做旁批,分析文章如何组织材料、组织语言等;研究文章是如何生成的,如情节安排、线索安排、铺垫、照应等手法的使用等。深层次阅读是研究中的关键,这个环节如果不到位,阅读就不能形成"存储",最终造成写作的荒漠化状态。

另外，深层次阅读与浅层次阅读是相反的。读典范性文章的时候如果仅仅远距离欣赏、快速浏览，永远不能发现它的奥秘，读者应走近它，仔细端详，认真研磨，甚至将它积攒下来，反复诵读吟咏，或过一段时间再读。深层次阅读需要学生潜下心来，摒弃功利主义。不同的文章阅读方法不一样。这都是研究中要具体解决的问题。

对典范性文章的研究是我们工作的切入点和前提。通过大量典范性文章的示范效应，让学生学习有样板，为学生构建一种良好的阅读环境，对学生熏陶渐染，让学生学会迁移，先以阅读的规范带动写作的规范，从而提升写作能力，最终提升人文素养。待写作的规范形成之后，再来突破规范、超越规范。通过阅读典范文章，让学生学会从作者的角度思索，体会作者的匠心，看到文章的技巧，读的时候想到写，写的时候想到读，最终将读写结合起来。

（二）概念前后游移

一些申报文本中部分课题题目的核心概念和论证中的核心概念有差异。此外，还存在概念论证避重就轻和概念内涵前后重点不一致的问题。如在课题"初高中衔接语文课教学标准研究"中，论证集中在"初高中衔接""语文课"上面，对"教学标准"这个核心研究对象缺乏思考，后续论证没有主线，前后设计关联性不强。虽然概念界定和研究实施是一个双向互动、相互趋近、逐渐整合的过程，前期的概念界定在研究中可能进一步丰满和适当调整，但就课题论证本身而言，对核心概念的理解越深刻，其他各部分的阐述就会越清晰，研究的设计也更具可行性。

（三）界定不准确

不少课题组对课题核心概念的界定不准确，导致在阐述研究内容时产生了一定的偏差。例如在"农村中学英语课堂合作学习中主体的缺位及矫正对策研究"这一课题中，课题组界定了"主体""合作学习""合作学习中主体的缺位"和"英语课堂"这几个核心概念。其中，对"合作学习中主体的缺位"这一概念的界定是：在小组合作学习的过程中，由于各种原因，小组中的某个或某些学习主体事实上并没有听课或没有参与课堂学习活动，合作学习任务只是由部分成员完成的现象。但对什么是"主体的缺位"，课题组却没有明确说明。

如果我们查阅相关资料，就会发现"缺位"是指职位空缺，而"主体的缺位"则是指应当负责的人或者机构不存在。因此，该课题中的"合作学习中主体的缺位"是指在合作学习中，负责人没有尽到责任，造成了合作学习的个体没有认真地参与到课堂学习活动中去，从而导致合作学习的效率低下。

再如，有个课题组确定的课题名称是"小学生语文素养的培养研究"，那么"小学生"是指一到六年级的哪个年级还是哪几个年级？"语文素养"是指它全部的内涵还是某一方面或某几个方面的内涵？语文素养的培养是指在语文课堂教学中的培养研究，还是在大语文环境中的培养研究，抑或是在各学科之间的融合中的培养研究？这个课题选题界定不准确，教师在以后的实践中怎能胸有成竹？

（四）界定空泛模糊

有些课题貌似很有创意，提出了一些新的概念，如"微德育"。但对于什么是"微德育"，以及本课题研究的"微德育"涉及的范围未做明确的界定。学校德育一般包括思想、政治和道德等方面，如果细分又可分为爱国主义教育、理想教育、集体主义教育、劳动教育、人道主义与社会公德教育、规则与纪律教育、民主与法治观念的教育、科学世界观和人生观教育等方面。一个"微德育"显然不可能涵盖很广。课题如何探寻操作性强、效果明显的德育新模式，也并不是把相关的做法再加上一个"微"字就能够解决的，而且必须说明每一个"微"字的所指。

总之，核心概念与概念体系是理论的基石，也是某种理论观点或一个理论体系是否具有解释力的关键所在。在课题研究中，为了使理论能够更好地解释新的现象，需要对原有各理论流派的核心概念与概念体系进行全面检视，对它们进行修正、抛弃或重新构建。一线教师只有普遍树立起概念意识，准确地界定课题的核心概念，才能充分体现课题设计的规范性、严谨性、科学性和创新性，进而达成所期待的研究目标。

主要参考文献

[1]尧逢品.中小学教育科研课题研究的"脱阈"现象分析[J].当代教育科学,2013(6).

[2]周靖彦.中学教师课题研究中的问题与对策研究[D].北京:首都师范大学,2013.

[3]李倡平.论教育科学规划课题申报的设计与论证[J].中南林业科技大学学报(社会科学版),2010(2).

[4]姜先亮.课题开题报告撰写误区辨析[J].初中生世界:初中教学研究,2014(11).

[5]崔海燕.初中生物学教师开展微型课题研究的现状调查与对策研究[D].烟台:鲁东大学,2015.

[6]刘良华.教育研究方法专题与案例[M].上海:华东师范大学出版社,2007.

第五问　如何确定研究意义、研究目标、研究内容，并将三者巧妙融合？

作为课题研究的重要内容，合理确定研究意义、研究目标、研究内容，并将三者巧妙融合相当重要。有无明确、集中、具体的研究方向、对象、范围、目的和任务，直接关系到课题研究能否顺利实施。

一、研究意义、研究目标、研究内容的概述

（一）研究意义、研究目标、研究内容的定义

1. 研究意义

研究意义是指课题研究的价值、作用，包含课题研究的用途、积极作用或对事物产生的影响、效果、效用等，可分为理论和实践两方面意义。

2. 研究目标

研究目标是指课题研究想要得到的结果。也就是你想通过研究建构的教学模式、教学策略、教学方法等可推广的结论、经验或知识产品，包括具体和抽象两种类型的目标。

3. 研究内容

研究内容是指课题研究里所包括和要解决的问题。它是与研究目标对应的、具体的、可操作的一个个研究点，其基本涵盖课题研究中形式与实体两方面的内在因素。

（二）确定研究意义、研究目标及研究内容的必要性

1. 这是选择路线的指南

有目的地归整研究思路、科学选择并确定一种最佳方案，是课题问题研究和解决的起点、视角和方向，也是整个研究工作的基础、前提和计划，能使研究意义、研究目标和研究内容优化成一种最能有效发挥作用的组织控制。

2. 这是实施研究的核心

有科学根据地选择和确定课题实施的核心，直接关系、统领着整个课题研究的有效开展和落实。明确研究意义、目标和内容，有助于从纷繁芜杂的教育教学问题及设想中去粗存精、去伪存真，提高课题研究任务解决的有效性和实验者时间耗费的合理性。

3. 这是检验效果的标尺

对课题研究效果进行客观的综合评价，往往遵循实事求是原则，依据研究意义、研究目标、研究内容在实践中的落实与达成度来检验，不仅涉及对课题研究人员的劳动、成果、成绩的客观、正确评定，还直接关系到相关研究成果的顺利推广应用。

二、研究意义、研究目标、研究内容的确定

作为一个提高自身教育教学研究能力的抓手，课题研究需要用外在的系列研究形式和动作将研究者自己的内在理念表现出来，创造出让自己和他人可视、可闻、可感的研究成果，拿自己的一系列想法和思路进行展示，跟人交流，跟人合作，给人引领并实现其研究功能。怎么做好课题、回归教育教学，通过教育教学过程进行展示或演示，是每个追求研究效果的课题研究者关心的问题。为实现这一目标，在整个课题研究之初就需先确立研究意义、研究目标和研究内容，把设想的一系列目标、思路想明白、说清楚、做扎实，从整体上拟订一个解决为什么、做什么的方案，这个工作在课题研究过程中是统领和主导。

（一）研究意义、研究目标、研究内容确立的原则

1. 研究的科学性

课题设计要注意概念、思路和设计的层次性与逻辑性，保证概念运用和操作思路科学、严谨。在既定目标、标准的设计导引下，如何确立研究意义、研究目标和研究内容，有效保证整个研究在规定时间内取得预想的效果，节约时间和精力，顺利申报、研究和结题，是评定、选择、实施最优化课题研究方案时必须设计、考虑的因素。

确定研究内容时，应该对收集到的大量材料进行提炼、取舍，应注意选择客观上有科学价值的内容：既要关注教育教学实践中亟待解决的难点、重点、热点，也要关注教育教学实践中的新发现、新创造；既要关注局部、具体的微观现象，也要关注普遍性、整体性、全局性的客观现象。

2. 设计的可行性

课题设计要充分认识到课题研究进行的基础和难度，必须保证课题研究是自己的、真实的、有用的、可操作的，不能盲目主观或随心所欲。

保证研究的可行性，需要从课题研究的必要性、研究主题的筛选、人员选择、方法运用、结果预测等五个方面对视角、理论、方法、内容、对象、时间、空间、设备、经费等主客观因素进行设计，考虑自己的研究优势、能力、创新点和着力点，选择有利于开展研究的内容，使研究意义、研究目标、研究内容的确立和实施成为一个系统的、理论的、一环扣一环的有机框架。

保证研究的可行性，需要根据实际课题进行的可能性将三方面的任务具体化，从众多教育教学现象中找出那些最主要的、最值得实践的研究任务，综合设计，统筹兼顾，互相渗透，全盘考虑如何在一个课题研究项目上综合完成所有本项课题研究对理论、实践的探索和总结，据此拟定使这些可能性得以发展的切实措施，使课题研究的可能性和研究者积极性完全吻合。

保证研究的可行性，需要根据自己的理论条件、资料信息、设备工具、氛围环境，从专业特长、爱好兴趣、研究能力出发，看看自己是否有浓厚的兴趣，能否发挥自己的业务专长，是否能得到师友同行的指导，是否占有资料或有获取资料的条件，是否有实现的可能性，课题大小是否适中，是否符合伦理道德、法律

规范,量力而行,最终选择那些体验深、实践多、研究透、与自身工作相结合相适应、主客观条件比较成熟的内容。

例如,项城市李凤梅老师主持的课题"利用微博日志提高小学生作文水平的有效性研究",研究意义、研究目标和研究内容的确立既具有科学性又具有可行性。

摘录其部分立项申报内容如下:

一、问题的提出(理论意义和实践意义)

(一)理论意义

1. 时代发展的需要

如今,世界进入一个多元化互融的时代,互联网技术蓬勃发展,微博日志作为人们喜爱的表达形式之一,已经成为当前信息化形势下非常普遍的文化载体。而微博日志的方便性与普及性在使用过程中不仅可以培养学生的写作能力,在以后的工作生活中,也可以让人们灵活地运用语言文字介绍成果、交流经验、传播知识。这种有效性研究在当今互联网时代的发展背景下尤为必要。

2. 促进学生个性化发展

《义务教育语文课程标准(2011年版)》(以下简称"新课标")明确规定:要"为学生的自主写作提供有利条件和广阔空间,减少对学生写作的束缚,鼓励自由表达和有创意的表达……提倡学生自主选题"。新课标对写作还作了这样的评价建议:"要重视学生写作的兴趣和习惯,鼓励表达真情实感,鼓励有创意的表达。"这些要求的主旨,就是倡导写作的个性化。因此,利用微博日志促进小学生作文水平的个性化写作,也是开发学生创造潜能的学习方法之一。

3. 拓宽作文领域

陶行知提出"生活即教育""社会即学校""教学做合一"。这为我们用实践活动开启学生习作的大门提供了理论依据。小学阶段作文是起点,又是基础,新课标要求这一阶段学生的写作短、情、真,而微博日志式作文在小学阶段作文中的实践应用是我们在作文教学领域中对陶行知"生活教育思想"的继承与发展,也是在作文教学领域对生活教育理论的实践、探索和创新。

(二)实践意义

当前的小学各年级作文教学基础不一,个别作文训练题目对学生来说难以写作。因为没有真情实感作为依托,所以学生惧怕写、不会写。即使按要求写出来,也是生搬硬套,了无生趣。这导致学生从心理上产生了一定的恐惧。

要想让孩子真正喜欢作文,真正达到"我手写我心",就得从孩子感兴趣的地方入手,融入他们的生活,让他们体验写作的快乐。"利用微博日志提高小学生作文水平的有效性研究"这一课题,旨在运用微博的速写功能、浏览功能、评价功能和互动功能来充分调动学生写作的积极性,使微博日志式写作作为课堂作文训练的有效补充。同时通过班级微博圈,让学生实现写作观点的多元表达,促使每一个学生都能情绪高涨地参与,全身心地投入到练笔的活动中。因此,"利用微博日志提高小学生作文水平的有效性研究"是对网络环境下培养和提高小学生写作能力具有时代特征和现实意义的重要课题。

二、研究目标

第一,通过实践,探究出微博日志在小学作文教学实践中的有效补充作用,激发学生的写作兴趣,促进学生作文水平的提高,更有利于有效教学和优质教学。

第二,通过实践,利用"微博日志"在作文教学中的有效方法,帮助学生发现素材、积累素材、运用素材,使学生目标明确地进行写作,提高教师的课堂教学效率,提高学生的写作能力,为学生语文写作的持续发展打下坚实的基础。

第三,通过研究,提高课题参与者的理论和研究水平与语文素养,使所有参与教师都能通过这一方式,循序渐进掌握这一教学方法,提高学生的写作能力,进而提高课堂写作的教学水平。

三、研究内容

(一)微博日志在作文教学中的优势

首先,有利于激发学生的写作兴趣。学生可以不受内容所限描写自己的感受,也可以对社会热点问题发表自己的看法,这样的文章往往情真意切,也有利于激发学生写作兴趣。其次,可以促进协作学习,培养团队意识,师生参与,共同完成写作任务。

(二)微博日志在作文教学中的主要表现方式

明确每月或每周的作文主题,对学生可以相应分组,题目自拟、体裁不限,不同组的学生作文字数有不同的要求,要求学生将个人见解和观点写在自己的微博上,以最恰当的词汇进行描述,形成日志。

(三)微博日志在作文教学中的点评方式

由于非会员微博字数的限制,学生需要仔细斟酌词句,用最精练的语句表达丰富的内容,并通过它感受文字带来的快乐。写完后,及时上传发布,上午12点和晚上7点两个时间段在老师或管理员的引导下,全班学生进入博友圈浏览,通过跟帖点评、上麦等方式表达自己的意见。加强微博作文的研究,每月不定期利用网络视频功能开展指导写作技巧的讲座和现场写作比赛活动。

(四)微博日志在作文教学中的鼓励方式

由写作水平较高的学生组成微博管理员,按照评价标准由学生管理员给予评分定级,被评为一等、二等的作文向圈内同学推荐并作为范文;教师浏览之后,总结出学生写作中的闪光点和共性问题,在微博公告栏及时发布,让学生赏读。对自己作品不满意的,提倡可根据点评二次修改。公告展示网络写作比赛结果,并给予学生相应的奖励。

(五)微博日志在作文教学中应该注意的问题

首先应该教育学生诚信上网,在网上不能以学习为借口玩游戏,不能剽窃他人的作品等;其次,教师应该注意呵护学生的写作兴趣,消除学生对作文的畏惧心理,自由书写自己的真实内心。

(二)研究意义、研究目标、研究内容确立的步骤

凡事预则立,不预则废。研究意义、研究目标、研究内容的准确定位是课题研究的重要导引,既是课题研究思路的指南针,更是课题研究实施的路线图。这三者聚合了课题研究者对此前所有相关研究成果的承续,也寄托着课题研究

者自己对教育教学问题的深入思考及期待。其确立至少要经过两个步骤：

1. 明确界定

一般来说，内容的界定必须是细致的、没有断层的，真正体现课题研究的过去与未来、设计与操作等要素的有效衔接。不管做什么课题、写什么内容，都先要把涉及研究意义、研究目标和研究内容的关键概念的定义表述准确。界定时可以从《辞海》《辞源》《现代汉语词典》入手，查询并理顺关键概念词义的沿袭和变革，弄清相关核心概念的内涵和外延。

2. 规范分解

在概念的分解界定中，内涵解析一般包括概念的本义、引申义和比喻义。因此，运用关键概念的定义进行表述时，要能准确地反映课题核心概念所研究的意义、目标和内容，要注意斟酌措辞，明白写清此概念在教育教学实际工作中的客观特征及相关呈现。

课题研究的理论意义往往可分解为"课标的要求""时代的需要""专家的认同、引领及看法""学生个性的发展""心理特征和心理特点的需要"等不同层次，课题研究的实践意义往往可分解为"对于学生……""对于教师……""对于学科教研……""对于学校管理及发展……"等不同角度。

课题研究的抽象目标往往可分为"填补空白""补充通说""延伸前说"三大类，可从全新、半新、推陈出新三个角度进行选择或确定。课题研究的具体目标则可分解成所有相关的研究过程或行为所涉及的内容，分解时可依预设结果选择不同类型及程度的表述，如"完善……""改变……""提高……""培养……""锻炼……"等，这些动宾结构词组能准确呈现研究目标的条理性、层次性、总结性。

课题研究的内容分"形式上"与"实体中"两方面的要素，分解时一定要大致涵盖"理论""目标""对象（学段、学科）""内容""研究方式"这几方面课题研究过程中的内容。如"高中生活化作文教学的研究"这一课题，按照规范思路及表述，就可分为"调查高中作文教学的现状和弊端""分析高中作文教学效率不高的原因""作文教学内容策略优化初步尝试""高中作文生活化训练的有效途径的借鉴、探索""高中作文生活化作文序列教学体系的形成""实用主义教学理论作文指导课型的探讨"等研究内容。

三、研究意义、研究目标、研究内容的巧妙结合

在设计研究方案时,研究意义、研究目标、研究内容的确立离不开各自内涵的定位分解和相互区分,但不等于将三者内容简单聚拢和堆积,必须做到三者巧妙结合,统筹兼顾。

(一)明辨异同,把握三者关系

1. 各有侧重

研究意义、研究目标、研究内容三者作为各自独立的存在,其作用各异,确立角度也各有不同特点及着力点。研究意义的确定要突出一个"大"字,须着眼历史沿革、教育需要、课标要求、教材运用、教法探索等方面,自上而下看课题,做"大而上"的思考或阐述。研究目标的确定要突出一个"高"字,需从正面看课题,必须着眼于教育教学所涉及的成长、素养、能力及管理,涵盖学生发展、教师成长、学校管理一直到科研驱动等,从各方面做概括或提炼。研究内容的确定要突出一个"实"字,需把课题拆开看,用具体而微的视角从内到外"解剖麻雀",厘清研究者能做的、会做的、能做好的所有事情,做准确表述即可。需要注意的是,在研究内容的基础上,还附带有研究重点、难点的确定,确定重点、难点时要突出一个"精"字,需针对课题研究的"开门七件事"(政策、选题、立项、开题、中期、结题、推广)所涵盖的全部对象、过程、媒介手段,结合课题组自身的优劣势,有的放矢,一针见血,集中精力,定向解决。

2. 正确区别

在课题申报中,很多教师经常把研究目的或意义、研究目标、研究内容三者相互混淆。那么如何正确区别它们呢?

研究意义就是为什么要做这个研究,研究它有什么价值,主要表达研究的总体意图是什么。一般从理论意义和实践意义两个角度来谈,研究的成果(完成了研究内容,达成了研究预定的目标后)将为教育理论和实践起到什么样的作用?理论意义的写作侧重课题研究给已有理论研究带来的新内容;实践意义的写作侧重课题研究对实践中问题的改进或推动等。研究目标是课题研究最

后要实现的结果,也就是做这件事的具体目的。研究内容是与研究目标对应的具体的可操作的一个个研究点,说明为了实现这个研究目标打算具体做哪几个方面的研究,怎样通过研究去达到研究目标,是研究设计的灵魂和主线。相对于研究目标来说,研究内容要更具体、明确,研究目标一般是简短几句话的浓缩,研究内容则可以展开去说。一般一个目标要对应至少一个内容,有的一个目标要通过几个方面的内容来实现,要一条一条地列出来。各项研究内容之间要各自独立,但又要有联系性和继承性。以"利用微博日志提高小学生作文水平的有效性研究"为例,研究意义写出了研究的总体意图,研究目标写明了本课题具体研究后要实现的结果,研究内容依据研究目标设计,切实可行,列出两者相对应的具体的可操作的一个个研究点,如研究内容1对应研究目标1,研究内容2和3对应研究目标2,研究内容4和5对应研究目标3,各内容之间既独立又相互关联。

3. 三位一体

作为一个有机结合的整体,研究意义要明确,研究目标要准确,研究内容要具体。三者的确立需将所有课题研究涉及的受益者从学生、教师、学校、教学、教研等一直到教育行政管理考虑周全,按客观逻辑顺序由主到次排成序列,保留能做到的,删除不能做到的,体现课题实施的科学性、可行性,避免设计或表述中"油是油,水是水"的两张皮现象。仍以"利用微博日志提高小学生作文水平的有效性研究"为例,研究意义明确,写出了课题研究的价值,通过国内外现状的分析,看出这一课题有实践基础,但缺乏系统的研究,尚未形成一套完整的理论和行之有效的方法。理应结合理论意义和实践调查,制定研究目标,依据研究目标和研究现实情况设计切实可行的研究内容。

(二) 规范操作,有效保证三结合

尽管不同评审序列的课题对"设计论证"部分中研究意义、研究目标、研究内容表述的格式要求不同,不同研究内容、研究方法等的课题对写作格式、体例的要求也会不同,但作为一种将理论和实践这两种高低不同的层次进行"二合一"融合的教科研行为,所有涉及课题研究过程中研究意义、研究目标、研究内容三个环节的制定、表述、操作,都特别强调从理论到实践、从形式到内容的规范。课题研究既要能涵盖教育、教学领域的系统理论研究问题,也要能概括实践中的教科研成果,还要能阐述教育教学经验或观点。

要做到这一点,需注意以下四点:

①意在言先,即在动手填写课题立项申报书之前,每一个申报者都应该进行充分思考。首先,要构思这个课题研究的整体思路,在反复推敲、精心选择之后,给出恰当的罗列陈述或列出详细的提纲。对研究方案、实施环节、实践过程、研究成果等心中有数,尽可能力求想全、说准、做实。其次,需要进行初步的专业性信息调查。文献综述是课题研究的基础,要尽可能多地收集与自己课题相关的特定信息,在概括、分析他人大量的相关材料的基础上,有针对性地确定课题目的或初步研究方向。在这个环节,忌提炼不准,忌只做不说,更忌"言行两张皮"现象。这样在动笔或开始实施后就不会跑题,就可以避免研究过程中出现偏离主题、一叶障目、陷入困顿等问题,提高课题研究的可行性。

②准确呈现,即每一个申报者必须根据课题研究内容,有选择地运用具有普遍意义、有说服力的代表性概念,使自己的表述或措辞具有较高的可信度和理论深度,提高课题的科学性、学术性。课题申报的文字表述要尽可能简明扼要,尽可能地用实实在在的措辞,讲清相关概念间细微的差异、整体的和谐,以及形式、过程的界定,除必要的解释、说明外,不必多加引申、铺叙。

在表述结构上,可参照一般课题评审机构要求的基本结构——研究意义、研究目标、研究内容、研究方法、研究过程等,必须写得科学、严谨、完备、清楚,以便别人根据研究者的过程操作叙述进行验证,或做更深入的研究。任何夸大其词、模棱两可、含混不清的表述都会降低课题的质量。

《河南省基础教育教学研究项目立项申报书》中要求填写问题的提出、研究的价值(理论意义和实践意义)、研究目标和研究内容、研究的重难点、研究的创新点、研究方法、研究思路(技术路线图)等内容,就是要求课题申报者准确、有条理地将"你为什么要研究这个课题""所研究的课题主要解决什么问题""难点是什么,怎样解决,如何突破""前、中、后期成果有哪些"等内容阐述清楚,使人一目了然。如平顶山市宝丰二中何梦鹤老师的课题"中学语文综合性实践活动课的有效性研究"申报书,在问卷调查、文献检索等前期研究筹备的基础上,结合目前中学语文综合性学习的教学现状及实践,按客观逻辑顺序对课程设计思路、课程方案制定、课堂教学模式探索等内容进行了初步论述，相关阐述各有侧重，很注意提炼其核心要素，研究意义"大"，研究目标"高"，研究内容"实"，研究重难点"精"，充分体现了语文学习内容的丰富性、学习途径的多样性、学习过程的实践性、学习目标的综合多向性，值得我们借鉴。现节选如下：

一、问题提出的理论意义和实践意义

《义务教育语文课程标准(2011年版)》旨在转变学生的学习方式，全面培养和提高学生的创新精神、实践能力，进而提高学生的语文素养。在新课标精神指导下，新的语文教科书，首次设置了"综合性学习"单元，其目的是改变过于强调接受学习、死记硬背、机械训练的现状，倡导学生乐于探究、主动参与、勤于动手，培养学生收集和处理信息的能力、获取新知识的能力、分析和解决问题的能力以及交流与合作的能力。

新课程标准实施三年来，中学语文综合性学习开展实施的现状却不尽如人意。在平时的语文教学中，综合性实践活动课的教学存在以下问题：一是重文本教学轻综合性实践活动课，把综合性实践活动课的教学当作添头，教学气氛沉闷，不能充分发挥学生的个性；二是把综合性实践活动课上成了课外阅读、口语交际、写作课等，甚至让学生自己课下看看就结束了；三是不懂上好综合性实践活动课的标准，不知道到底该怎样上，显得茫然无措。这样就失去了综合性实践活动课的价值和意义。

开展"中学语文综合性实践活动课的有效性研究"，通过研究改善综合性学习的教学现状，改变教师们的教学理念，增加自己的知识储备，把"小课堂"和"大课堂"紧密结合起来，建立一个课堂内外互相结合的新语文活动课程体系，实行教学内容的开放性，让学生多渠道地获取知识，有助于改变教师的教学观念、课堂教学模式，有助于激发学生学习兴趣，提升学生动手操作能力，培养学生个性特长，发展学生对知识的综合运用和创新能力，养成合作、分享、积极进取等良好学习品质。

二、研究目标

1. 构建宝丰县二中语文活动课程新体系，为农村中学语文综合性实践活动教学提供一种便于操作、行之有效的教学方法。

2. 提高学生的语文学习能力，增强语文课快乐学习意识，改变学生在语文学习过程中被动接受、独立探求能力缺乏的现状。

3.促进中学语文教师更新观念,掌握综合性实践课程标准,整合学科知识,关注学生学习过程,提高教研能力和教学水平。

三、研究的主要内容

1.围绕综合性学习在课堂教学中的渗透,设计、开展不同层面、不同形式的中学语文活动课序列。

七年级开始开展"语文剪贴""美句摘抄""成语接龙""听成语说典故""书法比赛""观察日记""心里话信箱"等活动课。

八年级开始开展"收集民间故事、成语故事、歇后语、春联""古诗文诵读""科学知识擂台赛""开启智慧之门辩论会""感恩母亲班会""走进自然,体验生活"等活动课。

九年级开始开展"课本剧创作""青春知识讲座""美文赏析课""名人凡语课""展示演讲风采课""社会实践课"等活动课。

2.建立与之配套的评价机制,使语文综合性实践活动课能有效开展,更好地开掘学生的创新潜能,激发学生的创作动机和热情。

四、研究的重难点

1.将综合性实践活动课的学习理论转化为课堂内容的编排。

2.合理设置课堂评价机制。

③以行践义。它的意思是用行动实践诺言,课题研究的最佳状态是实践与预设的恰切吻合。从某种意义上讲,课题研究的实施过程是理论、实践有效结合的过程,是预设的研究意义、研究目标和研究内容的现实呈现过程,所以,在确定研究意义、研究目标和研究内容时,清晰、准确、具体、有效地预设实践切入点,使研究内容和研究过程设计恰到好处地体现研究设计和实践思路,有条不紊地引导课题完成预设理论,不急进,不拖延,理论与实践完美结合,形成接地气的思维传承与实践研究延伸。

④知行合一。如果因方方面面的主客观因素影响,课题研究的进展和实施不太顺利或偏离了最初的设计,须按照申报书和开题报告中确定的研究思路和步骤,对代表性问题进行阶段性诊断或终结性分析。紧贴汇总结果进行深入归纳和分析,针对存在的对研究意义、研究目标和研究内容的难度、可操作性考虑

不足等问题，及时调整、修正最初的研究方案设计，形成新的较切合课题研究实际的研究意义、研究目标和研究内容，以确保下一阶段课题研究正常进行。不少课题会经历这样一个重新设计、梳理的过程，如某课题组在确定课题"任务型教学法在高中英语口语教学中的应用研究"的研究意义、研究目标、研究内容时，曾七易其稿。在初稿中，其研究意义、研究目标、研究内容是这样表述的：

一、研究意义

任务型教学法能有效地提高学生学习效率，是高中英语口语教学中具有较高实效性的新的课堂教学方式，将使学生的自主性、独立性、能动性和创造性有很大程度的提高，同时促进学生素养的整体提升等。真正实现教师为主导、学生为主体的新课程理念，实现学生从"学会"到"会学"的自主学习的质的飞跃。

二、研究目标、研究内容

本实验通过探究实验班与对比班经过实验后口语成绩的差异，来探究任务型教学方法的价值，以及了解这一教法在口语教学中的具体方式。树立"以学生发展为本"，重视提高课堂教学实效性的理念；提高教师课改形势下进行课堂教学的能力与素质，培养务实型、研究型教师；提高以课堂教学为中心的教育质量和整体办学水平，使学校成为务实型、研究型学校，实现可持续发展的目标。

本研究主要回答三个问题：①实施任务型教学法后，学生的英语口语学习现状与实施此教学法之前相比有什么不同？②学生对在英语口语教学中实施任务型教学法后的态度如何？③实施任务型教学法后，学生在口语教学中的表现与实施任务型教学法之前相比有什么不同？

基于以上三个问题，做出以下假设：实施任务型教学法后，学生的英语口语学习现状、态度和在口语课堂上的表现比实施传统教学法有好的转变。

研究内容：任务型教学法在高中英语口语课堂中的应用。

在这个初稿中，作者对研究意义的表述虽然突出了"提高学生学习效率"和"促进学生全面素养的整体提升"等，但缺乏具体明确的方法和途径，对于学生能力和素养的提升也未有明确的界定;对研究目标和研究内容的表述界定混乱,逻辑不清,层次不明,内容互相交叉,跟实际教学脱钩,缺乏可操作性。这容易使研究方案落空。

作者经过认真思考,修改后表述如下:

一、研究意义

任务型教学法在高中英语口语教学中的应用研究能够推动英语教学中教师"创造性地教"和学生"创造性地学"。其途径是双边或多边的交互式活动。学生对在活动中学习和应用语言的感受,有利于提高其学习自觉性;在任务型教学中学生需使用多种语言技能和语言知识,有助于其综合语言能力的培养;在任务型教学中学生更注重语言的得体性及其与文化的关系,有利于培养学生的语言交际能力;学生在任务型教学中所获得的体验,有利于真实交际,有利于新课程标准的实施。

本研究还探究任务型教学法在高中英语口语训练中的价值与途径,以改善高中英语口语课堂中学生的学习态度和学习习惯,从而形成科学有效的教学手段,优化课堂教学,提高课堂效率。同时,有助于提升教师的教育能力,促进其教育观念的转变,具有很强的现实性、针对性。广泛探究提高英语课堂教学的实效性,探讨在课堂教学中实施素质教育的策略与方法,为推进素质教育,提高课堂教学效果,实施新课程改革探索出有益的途径。

二、研究目标

本研究探究任务型教学法在高中英语口语教学中应用的可行性及这一教学法在口语教学中的具体实施内容、办法和策略,以此提高教师在新课程改革形势下课堂教学理念和角色的转变,改善学生在英语课堂中的口语学习态度,有效地激发学生学习语言的积极性,提高英语口语学习的自信心。

三、研究内容

本研究依据任务型教学的相关理论及国内外的研究现状,分析口语教学的重要性,分析说明任务型教学中的任务设计、选择以及具体运用;通过问卷调查和访谈,摸清高中英语口语的教学现状,探讨任务型教学法在高中英语口语课堂教学中的可行性;通过实验班与对比班在实验后口语成绩的差异,探究任务型教学法在高中英语口语课堂中的具体实施内容、办法和策略;通过研究结论,发现任务型教学法在高中英语口语课堂中的优缺点及反思这一教学法的价值,实现任务型教学法和高中口语教学的有效结合。

新稿中对研究意义的概括着眼于在应用效果上的突破,如交互式的途径、学生核心素养的培养及教师教育理念的转变和教学技能的提升等,能使人对研究成果的预期效应有明确的认识。充分考虑了研究目标、研究内容操作的难度和可行性,重新设计了研究内容,调整了研究活动的切入点,形成了较为清晰、准确、具体的表述。在新稿中,该做的、必做的、难做的,一目了然,较好地体现了课题研究者的研究设计和实践思路。

综上所述,对课题设计者来说,只有准确确定研究意义、研究目标、研究内容并将三者巧妙结合,有核心,有侧重,更有逻辑性,才能保证课题研究过程进展顺利。

主要参考文献

[1]教育部师范教育司.教师专业化的理论与实践(修订版)[M].北京:人民教育出版社,2003.

[2]教育部基础教育司,教育部师范教育司.校本教研与教师专业发展[M].北京:高等教育出版社,2006.

[3]巴班斯基.教学过程最优化:一般教学论方面[M].张定璋,等译.北京:人民教育出版社,2007.

[4]杨成钱.网络环境下教师校本教研的思考[J].现代中小学教育,2007(6).

[5]钟和军.网络校本教研的实践模式与推进策略[J].中国电化教育,2004(9).

[6]李冲锋.教师如何做课题[M].上海:华东师范大学出版社,2012.

[7]孙涛,陈伟.中小学教育课题研究指南[M].乌鲁木齐:新疆人民出版社,2016.

第六问 如何进行国内外相关研究文献的综述及呈现参考文献？

文献综述和参考文献交代了所研究课题的学术渊源和发展脉络，为课题研究提供了理论依据和研究基础，指明了研究趋势和方向，是课题论证的重要组成部分。然而，文献综述的写作是一项看起来简单做起来复杂的工作，很多课题申报者常常在这个环节大费周章，结果却还是不尽如人意。

一、如何进行国内外相关研究文献的综述？

（一）文献综述的定义

1. 文献

《辞海》（第七版）对"文献"的注释为"今为记录知识的一切载体的统称，包含以文字、图像、符号、声频、视频等记录人类知识的各种载体（如甲骨、金石、竹帛、纸张、胶片、磁带、光盘等）"。

2. 文献综述

文献综述是在掌握、分析相关文献的基础上，对所研究问题（领域）在一定时期内的已有成果、存在问题做出的分析、归纳、整理和评述。

"综"即综合，综述是对相关文献进行广泛阅读和理解之后，对研究现状（包括主要学术观点、前人研究成果和研究水平、争论焦点、存在的问题及可能的原因等）进行综合分析、归纳整理，做出比较全面、深入、系统的叙述。

"述"即评述，是根据自己的理解和认知，进行合情合理的评述。主要写明其他研究者对你提出的问题持什么样的看法，他们的研究有哪些优点或不足，在他们研究的基础上,你怎样做进一步的研究,从而确立自己的课题。

因此,文献综述要求研究者既要对已有文献的观点进行综合整理,简要陈述,还要融入自己对这些观点的理解和认知,附上自己适当的评价。这一部分一定要注意避免做成对已有相关成果的简单堆砌。

(二) 文献综述的作用

课题评审专家通过阅读课题立项申报书中的文献综述,就能够看出课题申报者对该研究领域的熟悉程度(如是不是了解别人做了哪些研究、得出了什么结论、有什么缺陷、应该从哪些方面进行拓展、将要从哪方面着手等),看出课题申报者在该领域所下的功夫,因为他不仅需要站在理论和实践研究的前沿广泛阅读,还要发现并理解不同研究成果存在的主要区别,分析它们的优点和不足,在此基础上开拓思路,结合自己的教学思考、实践,开展更加深入有效的研究。

从课题研究者的角度来说,文献综述在课题研究过程中可以起到以下作用:

1. 梳理研究脉络

有时候一个课题研究的重要性和必要性,仅仅建立在教学工作的实践需要上还不够充分,需要把它放到一定的学术背景中,才能真正被理解。

文献综述其实就是本课题研究的学术谱系图,能使课题研究具有必备的学术渊源。

我们在选择一项课题时,除了要有关于本课题的问题意识,还需要有对话意识,即与相关研究者已有成果的对话。阅读相关文献是有效对话的前提,因为只有在对文献的阅读和思考中,才能发现问题,并就这些问题与已有研究成果对话,与自己的教学实践对话。在熟悉本课题国内外研究历史的过程中,我们可以知道:在本课题研究的历史中别人都做了些什么?做到了何种程度?形成了哪些结论?我们的研究又能做些什么?我们是否在重复别人的劳动?我们能从哪个角度或方面提出新的假设?

2. 熟知研究现状

当今社会飞速发展,知识更新非常迅速,学术研究也不例外。所以,只有及时准确地梳理本课题相关的国内外研究现状,了解最新研究成果和动向,才能对自己课题研究范围和深度有更好的理解与把握。通过对比,发现对于同一个问题,国内外不同的学者在各自理论依据基础上得出的相应观点,厘清它们之间的关系,有助于我们弄清楚问题的发展脉络,并结合自己的理解调整研究方向,丰富研究内容,改进研究方法。

3. 提升研究高度

对于同一个研究问题,不同的研究者从不同的角度、选择不同的方法进行研究,形成了形式各异的研究成果,得出了观点各异的结论。我们一旦确定了自己的研究,就要寻找并发现相关研究最权威、最有影响力和应用价值的结论。站到巨人的肩膀上,展开自己的研究,才能走得更远,得出具有一定理论价值和实践价值的研究结论,从而提升研究的高度。

(三)文献综述的特点

1. 以原始文献为基础

文献综述应该建立在广泛收集、大量阅读相关文献的基础上,在叙述的过程中需要对原始文献进行概括和归纳,而且必须忠实于原始文献的意思。如果需要对原文语句进行直接引用,更要仔细核对,保证不出现字、词乃至标点符号不一致的情况。

2. 有自己的分析评价

文献综述并不是仅仅报告某一个具体研究的成果,或者只是综合相关论文的摘要,或者简单罗列文献内容,还要将许多有关的文献内容加以分析对比,做出评价。在一份合格的文献综述中,如果说相关研究成果的综合分析是主要骨架,那自己的分析评价就是点睛之笔,用墨不多却字字珠玑。

3. 反映课题研究全貌

在内容上,文献综述要有对该问题研究全貌的概括,纵览研究的历史发展,涵盖国内外的研究现状,分析已有研究中存在的问题及其原因,提出自己的研究方向,等等。

(四)如何做文献综述?

好的文献综述,不仅能表明本课题研究者归纳分析和梳理整合的综合能力，还能提高评审专家对课题设计论证的认可度，为下一步的课题研究奠定坚实的理论基础。做好一份文献综述，要做到以下几点：

1. 大量涉猎，精心取舍

对文献资料进行系统、全面的收集和广泛、深入的阅读，是写好文献综述的基本要求。只有阅读大量的文献，才能把握本领域的研究动态和方向。这就要求课题研究者定期浏览那些高质量高水平的期刊，了解本课题的学术进展。

很多课题申报者在看过一些文献以后，往往有很强烈的愿望要叙述自己所看到的内容，却发现虽有万语千言，但不知从何说起。究其根源，这是材料的取舍问题。如果说我们阅读的文献就像一片丛林，撰写文献综述就像是开辟一条穿过"丛林"指向本课题的道路，其终点是课题研究所要解决的问题。所以要时刻提醒自己——要解决的问题是什么，其他学者对这一问题是如何解决的，他们解决问题的方法和途径、得出的成果和结论是不是正确和全面的，有没有不足和缺陷，围绕这些方面进行选择和论述。具体来说，就是开门见山，避免绕圈子。对业内熟知的理论和教科书中的常识性内容，不要长篇累牍地论述；综述过程中确实需要引述他人研究成果的，则应以参考文献的形式在页下或文末标出；在提及他人研究成果时，不必写出方法和过程，也不必展开讨论。

2. 高瞻远瞩，把握前沿

课题研究要想站在学术的前沿，综述就要参考主流文献，如该领域的核心期刊、经典著作、专职部门的研究报告、重要的观点和论述等。

怎样才能把握研究的前沿呢？申宣成博士曾提出过"三牛"建议：第一是"牛人"，了解并选择该领域的权威人士，阅读、研究他们的研究成果；第二是"牛文"，订阅学科教学的核心期刊，对其中的经典文章深入研究，再进一步延伸阅读经典文章的参考文献；第三是"牛车"，阅读的相关高质量文献数量多到可以用牛车去拉时，一定能从中发现有价值的东西。

如果遇到文献观点雷同的情况，我们要分析不同文献来源的可靠性和对知识陈述的科学性，通过比较选用来源可靠、论证科学、学术价值较高的文献。

3. 条分缕析，突出要点

写作时，可按文献发表的先后顺序进行综述，也可以从问题解决的不同角度进行分类综述，还可以按照对问题的不同看法进行综述。但是，不管用哪一种形式,都需要研究者对所收集到的文献资料认真甄选、分析梳理,做到条分缕析,避免简单堆砌。

一般情况下,文献综述要包含以下内容:研究意义、研究背景和发展脉络、目前的研究成果和存在的问题及可能的原因、进一步的研究发展方向、自己的见解和设想。应特别注意那些代表性强、科学性和创造性突出的文献,比较不同研究者解决问题的方法和途径、得出的成果和结论,在此基础上提出自己的观点或假设。

4. 态度严谨,语言规范

科学研究必须要有严肃认真、实事求是的态度。在引用文献时,不能篡改原文的内容,最好不要间接转引文献,因为别人的引用是否恰当,有无谬误,我们是不知道的。这一点可以参照申宣成博士的建议:有一手的不用二手的,有名家的不用一般的,有正式出版的不用内部资料,有直接相关的不用间接相关的。

在文献综述中提出自己的看法和评价,要注意语言的规范性。对已有研究成果进行评价要字斟句酌、恰如其分、不溢美不贬损;论及自己研究的创新性,尽量不要使用"国内首创""填补了国内或者业内空白""国内外领先水平"等不适当的评语,也不要使用"才疏学浅""水平有限"之类没有意义的客套话。

5. 格式正确,有板有眼

文献综述的写作格式一般是:研究背景(理论渊源及发展脉络)—国内外研究现状—研究者的评价。围绕这几个方面形成一定的内容模式,并运用好一些程式用语,再加入本课题的内容,就可写出一份像模像样的文献综述了。

例如,写研究背景(理论渊源及发展脉络)时可套用"＿＿＿＿怎么样,还存在着＿＿＿＿的问题。当前,还有＿＿＿＿的现实问题需要解决,所以,我们对＿＿＿＿进一步深入研究(因此,对该问题的研究就显得十分必要和紧迫/因此,对于该问题的研究具有一定的现实意义)"。

写国内外研究现状综述时可套用"我们针对这一问题查阅了一些相关文献资料,发现国内外的研究主要集中在以下几个方面:＿＿＿＿"。

采取"中心句+文献支撑句"的形式,按照先国外后国内、由远及近、由大到小的顺序,介绍相关文献中的研究情况。

写作者的评价时可套用"他们的研究，从_____等方面解决了_____问题。我们认为，还存在_____的问题，没有得到很好的解决，需要做进一步深入研究。因此，我们选定_____课题，希望从_____方面对_____问题进行研究"。

言简意赅、提纲挈领地分析评价这些研究所取得的成果、做出的贡献、产生的影响、各自的优点与不足，然后指出改进的方向，选择自己进一步研究的切入点。

（五）文献综述写作中常见的问题

1. 述而不评

有的课题申报者在论证课题时，对"研究现状"只是简单地堆积罗列，缺少观点梳理和评价；对重要学术流派及其观点说不到点子上，抓不住核心结论；对与本课题相关的国内外研究成果缺乏全面、准确、深入的总结。

2. 文不对题

过多地介绍有关概念，缺少对研究现状和结论的陈述；不能把握别人研究的核心内容，述评过于笼统，泛泛而谈，缺乏实质性内容；罗列书目或文章名称时，缺乏观点的表述与比较，无法体现课题研究的重要性。

3. 表述模糊

不能清楚、全面地叙述国内外研究的概况、进展和水平，发现不了具有代表性的成果；难以准确地对研究现状和别人的研究成果做出恰如其分的评价；分析肤浅，流于表面，不能抓住问题的症结和实质；写了很多内容，但是缺乏概括性、简洁性和明晰性，让人不知所云。

4. 虚构文献

这一点在进行国外文献的述评中体现得尤其明显，论证者常用"国外大量研究表明"等表述，然后在参考文献中随便写出几篇网上收集的国外论文或著作名称凑数。其实，中小学教师的课题研究一般很少做纯粹的理论研究，主要侧重于教学的实践研究，应立足于对教学实际问题的实践和探索，没有必要非得拉来国外的研究理论或成果来撑腰壮胆。

参考文献在立项申报书、开题报告书、中期报告书、结项报告等文本中常常会涉及，不能心存侥幸，明明没有阅读和参考，为了求得形式的完备而虚构、编造参考文献。

二、怎样呈现参考文献？

参考文献通常出现在立项申报书等报告的末尾，是文献综述中研究成果的佐证和出处。条目编排要清楚，以利于方便快捷地查验原始文献；内容标示要准确，以确保真实无误地呈现出版信息。

（一）参考文献的类型及字母代码

根据 GB/T 7714—2015《信息与文献　参考文献著录规则》(中华人民共和国国家质量监督检验检疫总局、中国国家标准化管理委员会于 2015 年 5 月 15 日发布、2015 年 12 月 1 日实施)规定，文献类型和标识代码分别是：

普通图书:M;会议录:C;汇编:G;报纸:N;期刊:J;学位论文:D;报告:R;标准:S;专利:P;数据库:DB;计算机程序:CP;电子公告:EB;档案:A;舆图:CM;数据集:DS;其他:Z。

（二）电子资源载体和标识代码

磁带:MT;磁盘:DK;光盘:CD;联机网络:OL。

（三）参考文献的呈现

1. 参考文献标注法

（1）顺序编码制

参考文献按照正文中引用文献出现的先后顺序标注序号连续编码列出。如：

［1］陈述.行为心理论［M］.长沙:湖南师范大学出版社,2010.

［2］克莱尔·威克斯.精神焦虑症的自救(病理分析卷)［M］.王泽彦,刘剑,译.乌鲁木齐:新疆青少年出版社,2012.

［3］阿尔伯特·埃利斯.控制焦虑［M］.李卫娟,译.北京:机械工业出版

社,2014.

(2) 著者-出版年制

各篇文献的标注内容由著者姓氏与出版年构成,并置于"( )"内。当只标注著者的姓氏无法识别人名时,可标注著者姓名,例如中国人、韩国人、日本人用汉字书写的姓名。

2. 顺序编码制的序号编排

参考文献的顺序编排一般使用带方括号的阿拉伯数字,按照它们在正文中出现的先后连续排序,如[1][2]。如果同一种文献被多次引用,在正文中只需同一序号标示即可。

作者要细心地核对文中标示的参考文献序号,确保列表中标示的文献序号与正文中的序号一致。若在列表中还标出了具体页码或者页码范围,一定要与原始文献核对无误。

3. 参考文献的呈现

一般采用"[序号]主要责任者.题名:其他题名信息[文献类型标识/文献载体标识].出版地:出版者,出版年."的格式呈现。

(1) 专著采用一般格式

[1]陈向明.质的研究方法与社会科学研究[M].北京:教育科学出版社,2000.

(2) 期刊采用一般格式

[2]崔维云."参与式"给力深度学习[J].思想政治课教学,2011(4).

(3) 学位论文采用一般格式

[3]张志宏.主体参与型语文课堂教学的理论思考与实践尝试[D].兰州:西北师范大学,2004.

(4) 报纸在一般格式基础上,把"出版年"变为"出版日期(版次)"

[4]谢希德.创造学习的新思路[N].人民日报,1998-12-25(10).

(5) 专利采用"[序号]专利申请者或所有者.专利题名:专利号[文献类型标识/文献载体标识].公告日期或公开日期[引用日期].获取和访问路径.数字对象唯一标识符."的格式

[5]张凯军.轨道火车及高速轨道火车紧急安全制动辅助装置:

第六问　如何进行国内外相关研究文献的综述及呈现参考文献？　　067

201220158825.2[P].2012-04-05.

2017年度河南省教育科学规划重点课题"思想政治课参与式教学培养学生'公共参与'核心素养的行动研究"（课题编号：[2017]-JKGHZD-14）的文献综述和参考文献是这样写的：

文献综述

2015年3月，一个崭新的概念——"核心素养"首次出现在我国的国家文件中，在教育部印发的《关于全面深化课程改革落实立德树人根本任务的意见》中，"核心素养"被置于深化课程改革、落实立德树人目标的基础地位。

核心素养的提出是我国教育变革时期对人才质量标准的重新定位，也是教育发展赋予改革的重要使命。我国对核心素养的研究尚处于起步阶段，但国外关于核心素养的研究成果较为丰富，理论架构较为成熟。英国继续教育联盟是最早使用核心素养进行课程设计的组织，曾列出100多个关键能力，这些能力被描述为经验和素养（包含技能、知识和态度）的术语系列，对于帮助个体获得幸福生活和增加工作机会是必备的。这些核心素养被分成10个领域：个人和职业发展，工业、社会和环境研究，交往，社会技能，计算，科学和技术，信息技术，创新发展，操作技能，问题解决。

1992年，澳大利亚梅耶委员会致力于研制核心素养体系，在核心素养的内涵、构成、评价准则等方面的研究都取得了显著的成果。梅耶委员会认为，核心素养是个体高效率地参与工作与融入社会所不可或缺的基本素养，指向能以整合的方式将知识和技能应用于工作情境中，并提出了七大核心素养分支：收集、分析和整理信息的能力；交流思想和信息的能力；计划与组织活动的能力；与他人合作的能力；运用数学方法与数学技术的能力；解决问题的能力；使用技术手段的能力。

到21世纪初，经济合作与发展组织启动的"素养的界定与遴选：理论和概念基础"项目（Definition and Selection of Competencies: Theoretical and Conceptual Foundations，简称DeSeCo）是一个标志性的举措。该项目研制的核心素养总体参照框架为世界各国纷纷建立本土化核心素养体系提供了重要的参考模型。DeSeCo项目研究的起点是要搞清楚个人的成功生活和社会的良好运行需要什么样的素养,确定核心素养的过程是通过明确社会和个人的愿景,充分考虑文化背景和人口的多样性,构建理论模型和界定概念,通过协商,达成共识。该项目通过多学科的整合,归纳出"能互动地使用工具""能在异质社群中进行互动""能自律自主地行动"等方面的核心素养。

我们不难发现,这些研究的核心都在于参与。"参与"这个理念并不陌生,尤其是"参与式学习"说得更多,但是参与式教学则不是很多。"参与"起源于20世纪40年代西方发达国家的文化移植和扶贫战略,后来又广泛用于国际政治、经济、教育、文化等。20世纪80年代,参与式教育引入中国。如今,体现主动教育思想的参与式教学已成为当代课堂教学改革和创新的一大主流,中国知网上可以搜索到很多关键词为"参与式"的研究论文。

综合以上国内外的研究观点,我们会发现无论是国内的研究还是国外的研究,研究比较多的都是"参与式学习",并没有站在教师的角度重点提"参与式教学",鉴于此,本课题会在已有研究的基础上,把教师的"参与式教学"与学生的"参与式学习"结合起来展开研究,实现二者的统一,以培养学生的学科素养。

参考文献

[1] 杜威. 民主主义与教育[M]. 王承绪,译. 北京:人民教育出版社,1990.

[2] 瓦·阿·苏霍姆林斯基. 给教师的建议(修订本)[M]. 杜殿坤,编译. 北京:教育科学出版社,1984.

[3] B.A.苏霍姆林斯基. 怎样培养真正的人[M]. 蔡汀,译. 北京:教育科学出版社,1992.

[4] 陈向明. 在参与中学习与行动——参与式方法培训指南(上册)[M]. 北京:教育科学出版社,2003.

[5] 黄忠敬,方小娟. 参与式教学指导手册[M]. 北京:北京大学出版社,2016.

[6] 林崇德.21世纪学生发展核心素养研究[M]. 北京:北京师范大学

第六问 如何进行国内外相关研究文献的综述及呈现参考文献？

出版社,2016.

[7]崔允漷.有效教学[M].上海:华东师范大学出版社,2009.

[8]余文森.有效教学[M].北京:高等教育出版社,2013.

[9]于泽元.自我统整的教师[M].北京:教育科学出版社,2012.

[10]吴亚萍,王芳.备课的变革[M].北京:教育科学出版社,2007.

[11]皮连生,杨心德,吴红耘.学与教的心理学[M].上海:华东师范大学出版社,2009.

[12]皮连生,刘杰.现代教学设计[M].北京:首都师范大学出版社,2005.

[13]张汉林,马金星,赵亚夫.高中课堂有效教学模式[M].北京:北京师范大学出版社,2014.

[14]罗炜,姜平,刘翠鸿.校本教研教师行动研究案例[M].北京:首都师范大学出版社,2010.

[15]李镇西.民主教育在课堂[M].济南:山东文艺出版社,2012.

[16]李希贵.学生第一[M].北京:教育科学出版社,2011.

[17]张娜.DeSeCo项目关于核心素养的研究及启示[J].教育科学研究,2013(10).

[18]柳夕浪.从"素质"到"核心素养"——关于"培养什么样的人"的进一步追问[J].教育科学研究,2014(3).

[19]韩震.核心素养与活动型课程——从本轮思想政治课程标准修订看德育课程的发展趋势[J].思想政治课教学,2016(3).

[20]褚宏启,张咏梅,田一.我国学生的核心素养及其培育[J].中小学管理,2015(9).

[21]常珊珊,李家清.课程改革深化背景下的核心素养体系构建[J].课程·教材·教法,2015(9).

第七问　如何选择合适的研究方法并将其规范合理地实施到课题研究中去？

任何一项课题的研究过程都离不开科学方法的支撑。课题研究如果没有科学方法的支撑，其研究结论必然会缺少科学性。正确选择并合理应用研究方法，是课题研究者的一项基本功。要练好这一基本功，先要了解教育科学研究方法的概念、课题研究的基本方法、研究方法的选择依据与类型、方法选择中常见问题及对策。

一、教育科学研究方法的概念

（一）教育科学研究

依据不同的划分标准，教育科学研究可分为多种类型。

第一，按研究目的、功能和作用，可分为基础研究、应用研究、发展研究、评价研究和预测研究。

基础研究回答的是"是什么"的问题，目的在于发展和完善理论；应用研究回答的是"怎么办"的问题，目的在于用有关理论来解决实际问题；发展研究探讨的是"如何改进"的问题，目的在于找到利于学校发展的有效策略；评价研究回答的是"怎么样"的问题，目的在于通过对已有的数据资料做出科学分析，对教育的目标和相关的教学活动做出科学的、有价值的判断；预测研究是探讨"将来怎么样"的问题，目的在于对事物未来的发展做出科学的判断。

第二，按研究方法，可分为历史研究、描述研究、比较研究、实验研究和理论研究。

历史研究回答的是"过去是怎样"的问题；描述研究回答的是"现实的状况如何"的问题；比较研究回答的是"教育现象之间是否有关或异同"的问题；实验研究回答的是"特定的教育措施和效果之间是否存在因果关系"的问题；理论研究回答的是"教育现象的性质和本质联系是什么"的问题。

（二）教育科学研究方法

教育科学研究方法，是按照某种途径，有组织、有计划、有系统地进行教育研究和构建教育理论的方式，是以教育现象为对象，遵循一定的研究程序，以获得教育科学规律性认识为目标的一整套系统工具、手段和程序。不同的教育科学研究需要有不同的研究方法与之相适应，教育科学研究方法总体上分为量的研究与质的研究两个大类。

1. 量的研究的内涵及特点

量的研究（又称定量研究、量化研究）是一种运用数学工具收集、处理研究资料的方法。它一般运用数据的形式对教育现象进行科学的说明，通过仔细的观察、严密的实验、广泛的调查、细致的统计等途径，收集相关资料，运用可靠证据，评估或者验证研究预想的假设或者结论。

量的研究主要针对数据的收集与统计分析，适用于对一些数量关系较明显的教育现象进行研究。如"学生成绩及影响因素的研究""阅读量对写作水平影响的研究""家庭作业量与学习效果关系的研究""学生性别与自我评价关系的研究"等。

2. 质的研究的内涵及特点

按照陈向明教授的观点，"质的研究方法是以研究者本人作为研究工具，在自然情景下采用多种资料收集方法对社会现象进行整体性探究、使用归纳法分析资料和形成理论、通过与研究对象互动对其行为和意义建构获得解释性理解的一种活动"。

质的研究强调研究者对研究过程和结果的影响，比较适合研究者对比较熟悉或者较为具体的、小样本的对象进行研究，如"学生的学习方法个案分析""课程的实施情况教学案例分析"等研究。

作为教育研究领域的两个主要范畴，质的研究与量的研究反映了客观事物质与量的辩证关系。综合运用这两种方法，可以充分发挥每一种方法的优势和特长，提高研究结果的可靠性。

二、教育科学研究方法的类型

教育科学研究的方法有很多，中小学教师开展课题研究常用的方法有以下几种：

（一）调查研究法

"没有调查就没有发言权。"调查研究属于以事实研究为主的实证性研究，是课题研究中最常用的方法之一。收集资料、了解情况，就是调查；整理资料，分析问题，就是研究。这种方法多用于研究现实的教育现象，包括研究对象的客观事实或主观感受。

1. 调查研究法的基本步骤

调查研究法包括问卷、访谈、观察、测验等方法，程序上虽各有侧重，但一般有以下步骤：

①根据课题的目的和任务，确定调查的对象和调查的方式。

②制订周密的调查计划。内容大致有调查的目的、调查的对象、调查的范围、地点、时间、步骤、日程安排、人员分工和调查报告完成的日期等。

③设计调查问卷或访谈提纲。

④开展调查，收集有关资料（书面资料或口述资料），整理资料并将其归类。

⑤撰写调查报告。对所研究的课题做出合理的解释，发现并分析问题，提出相关建议。

2. 使用调查研究法的注意事项

首先要尊重客观事实，不带偏见。其次要重视数量分析和结论的科学性。尤其要正确解释调查结果，避免臆测。如调查两组学生的学习成绩有何不同，从样本的结果看，它们之间存在差异，但这种差异也可能是由抽样误差引起的。又如，通过调查发现，学生的成绩与作业量有一定的关系，但不能解释为学生成绩的提高就是由作业量的增多造成的。

3. 调查研究法举例

(1) 问卷调查法

问卷调查法是以书面形式提出问题、收集资料的研究方法。主要包括：

①问题设计。

一份好的问卷，首先要设计符合研究目的、利于被测试者回答的一系列问题。

问题的类型及回答方式详见表1、表2。

表1 问题的类型

问题类型	特点	举例
直接问题	直接向被测试者提问，了解被测试者对问题的看法和切身感受	你认为学生的负担重吗？ 你是否喜欢自己的工作？
间接问题	与所要了解的内容有关，但又不直接对这个内容提问	通过相关问题了解学生负担是否过重。如：你每天做作业的时间一般是多长？你每天睡觉的时间有多少？
具体问题	直接从具体的事情出发，向被测试者了解事实	班里有多少同学经常不交作业？ 上课不爱发言的有哪几个同学？
抽象问题	了解被测试者对一些问题的看法，需要被测试者认真思考后，说明自己的观点	你认为学生学习差的主要原因是什么？ 怎样解决学生负担过重的问题？

表2 问题的回答方式

回答方式	特点	形式及举例	
闭合式问题	有固定答案,由被测试者通过填空或选择的形式完成	是否式问题	你回到家里马上做作业吗?(是,不是)
		选择式问题	你认为幼儿教育的最佳期是几岁?(　　) A.一岁　　B.二岁　　C.三岁　　D.四岁
		排序式问题	你为什么对读书感兴趣?(对以下几个答案按重要性依次排序) (　)因为我家里有许多书 (　)因为读书能使学习成绩好 (　)因为读书能获得新知识
		表格式问题	把性别、职业、职称、出生年月等有关被测试者基本情况的问题制成表格,用填表的方式回答
		画记式问题	关于对考试的看法,请你在符合自己情况的句子前画"√",在不符合的句子前画"×"。 (　)考试前我非常紧张 (　)我常担心我的成绩会比别人差 (　)我并不害怕考试 (　)我较关心考试的名次 (　)如果不是为了考试,我就不想看课本
开放式问题	要求被测试者用自己的语言自由回答	你毕业后有什么打算? 你认为家庭教育在学生成长中起什么作用? 怎样使学生形成良好的学习习惯?	

问题设计须注意:一要根据研究目的设计问题;二要表述清楚明了,避免出现一问多答;三要尽量不使用技术性和专业性术语;四要措辞不带主观倾向。

②问卷编排。

问卷编排一般可按照两种方式进行:一是按类别顺序,把同类性质的问题安排在一起,避免不同性质的问题相互掺杂;二是按内容顺序,把有关的问题按内容的难易和复杂程度进行排列,一般把容易的、简单的放在前面,把较难的、复杂的放在后面。

编排问卷时,还要注意在开头拟订一个问卷说明,阐明调查的目的、意义,并详细说明填写问卷的方法及注意事项。

③问卷的统计与分析。

最后,应对问卷的结果进行统计分析。在统计分析的基础上发现问题,得出结论。

(2) 访谈调查法

访谈是一种直接收集资料的方法。研究者根据需要,事先设计好访谈提纲,直接了解调查对象对于某个问题的态度。与一般情况下的谈话不同,它具有很强的针对性,是一种有目的、有计划、有准备的谈话。因此,制订访谈计划是开展调查的第一步。

①访谈计划的制订。

访谈计划一般包括以下几项内容:明确访谈的主要内容,围绕主要内容拟订访谈问题,确定访谈的方式和程序,制订访谈记录卡。

②访谈应注意的几个问题。

首先,充分做好访谈前的准备。如在采访前,要对所要了解的内容进行认真设计,以避免采访时提的问题不着边际,达不到预期目的。采访时要注意衣着得体、语言文明、仪态端庄,以营造融洽的访谈气氛。

其次,注意访谈技巧。根据访谈内容选择恰当的访谈方式。在访谈的过程中,尽量保持冷静、亲切的态度,用各种方法消除受访者的紧张或不合作情绪。

最后,认真做好访谈记录。

(二) 文献研究法

文献研究法就是从所研究课题的历史出发,查阅、收集、整理与该课题有关的文献资料,从中找出有规律性的东西为我所用,并在此基础上展开更深层次研究的方法。

1. 文献研究法的意义

(1) 避免重复性的无效劳动

通过查阅相关的文献资料,掌握已有的权威信息,了解其他学者在这一领域或者相近领域已经做了什么,还有哪些没有涉及,区分已经完成的和需要完成的研究,确定自己课题研究的起点和重点,避免重复劳动。

(2) 为研究提供科学依据

通过查阅大量的文献资料,及时吸收国内外最新的研究成果,了解本课题研究的相关理论、方法、研究的动向及发展趋势,找到课题研究的思路。

(3) 提供服务指导,贯穿于课题研究过程的始终

研究前期重在了解、分析和归纳资料;研究中期根据实际情况不断修正研究假设,借助文献不断与已有理论展开对话;研究后期则以补充、更新、修订研究假设为主。

2. 文献研究法的三个阶段

第一阶段:分析和准备阶段——找什么?去哪里找?

第二阶段:收集和占有资料阶段——怎么找?

第三阶段:处理和加工使用阶段——怎么加工处理?

(三) 实验研究法

实验研究法是为了解决某一教育问题,根据一定的教育理论和假设,在可控制的条件下,通过教育实践探索教育措施与教育效果之间的因果关系,做出科学结论的研究方法。

1. 实验研究法的基本特点

①实验有"假设",通过实验来验证"假设"是否正确。

②实验有"措施",即自变量,通常是实验者假定的引起变化的原因。

③实验有"控制",控制与实验措施无关而对教育效果可能产生影响的因素。

④实验侧重研究因果关系。

2. 实验研究法的一般步骤

①提出假说。假说是对要解决的问题提出预想答案,是对客观事实的猜想。通常情况下,一个实验往往由一种假说引导,陈述两个变量之间所期望的关系。

②设计实验方案。主要包括实验的目的和任务、对象和范围、方法和措施、

时间与步骤等。

③做好实验前准备。包括准备实验工具、选好实验对象等。

④实验的实施。在实验过程中,注意控制好无关变量,做好详细记录,及时收集有关资料与数据等。

⑤对实验结果进行测定与统计。编制测试题,对测试结果进行统计分析。

⑥验证假说。通过大量实验验证因果关系,把实验中得到的数据进行细致的分析、处理,缩小误差,然后对假说进行验证,最后得出科学结论。

⑦分析实验结果。对实验获得的数据进行数理统计和思维推理,得出总结性结论。

⑧实验总结。对实验中的成功和不足进行梳理,总结成功经验,归纳实验中出现的各种问题,找出问题的症结及根源。

3. 实验研究法运用的基本要求

①有目的、有预见地操纵实验条件。

②尽量减少与实验目的无关的因素的干扰。

③坚持以实验事实为依据。

④坚持教育和发展性原则,遵循社会道德规范。

(四) 经验总结法

经验总结法是指研究者对教育实践活动中积累起来的教育经验进行理论提高和升华,使之变为具有普通指导意义的教育理论和教育方法的研究方法。

1. 经验总结法的一般步骤

①筛选经验。围绕研究问题,从日常积累的素材中提出带有指导意义、有价值的经验。

②提出假设。根据实践中得出的经验,运用科学的方法,逐步揭示措施、方法与教育实践。

③验证假设。在实践中推广、运用假设。

④得出结论。通过反复实践和思考,找出有规律性的东西,进行理性总结。

2. 运用经验总结法要注意的问题

①选择总结对象要有代表性,具有典型意义。

②要注意经验的先进性。
③总结经验时要善于抓住重点,突出主要问题。
④要以教育实践活动为依据,不能凭空想当然。
⑤要注意联系教育理论,善于理性反思。

(五) 行动研究法

行动研究法是指教师在教育教学实践中基于解决实际问题的需要,在研究人员的指导下去研究本校、本班的实际情况,以解决问题、改进教育教学工作为目的的一种研究方法。它是近20年来发展较快的研究方法,易于掌握,又特别适合教师用于开展课题研究。

1. 行动研究法的特点

在教育实践中,行动研究法强调"由行动者研究"——以教师为研究主体;强调"在行动中研究"——教师在工作中发现问题,并对其进行研究,进而解决问题;强调"为行动而研究"——将研究与行动相结合。其主要特征包括:

①中小学教师是研究的主体。他们提出研究的问题,实施研究,并参与研究结果分析与提出解决问题的方法。特别强调实践者的参与,注重研究过程与行动过程相结合。

②注重现实问题的解决。研究的问题是中小学教师在自己的教育实践活动中常遇到的需要解决的问题。首要目标是解决现实问题,提高行动质量,改进实际工作。

③研究的方式是在行动中研究。为行动研究提供场所的一般是学校或者课堂,这就需要研究者在学习生活的各种场景中研究,注重研究和实践的结合。

④研究的方法是兼容的。行动研究法和其他研究方法有相通、相似之处。在行动研究中,研究者要根据研究内容,从多种研究方法中,根据需要,选择合适的研究方法进行研究。

⑤研究的结果是行动的改变和发展。研究的结果,一是学生行动的改进和发展:学生的学习行为、品德行为、社会性行为等得到改变和发展。二是教师行动的改进和发展:教师的专业知识、专业技能、专业素养等得到提高。

2. 行动研究法的一般步骤

①发现和界定问题。发现实际工作中存在的问题,分析问题的性质和范围,诊断问题存在的原因,得出行动改变的最初设想。

②查阅相关文献。成立课题研究小组,收集相关文献,了解该问题研究的国内外现状,从过去的研究中获得目的、范围、方法及程序方面的启示和相关的理论。

③建立假说。假说包括两部分:一是将要采取的行动,二是对行动结果的预测。

④拟订计划。一般包括以下几项:研究目的、研究假设、被测试者的选择、变量的控制、研究方法及步骤、研究人员及分工、时间安排及研究措施等。

⑤实施行动。根据计划和研究假设进行研究活动,通过观察、调查、问卷、测验等研究方法,收集各种资料数据,并根据所获信息,不断对计划进行调整。

⑥总结反思。对已经观察和感受到的,与问题、计划和行动有关的各种现象进行回顾、归纳和整理,在此基础上,对问题、设计与行动的过程和结果做出判断,对有关现象和原因做出分析和解释,探讨各种教学案例背后的理念,揭示规律,提出认识,提炼经验。针对原有方案及其实施中存在的各种偏差或"失误",修改原有方案或设计,并付诸实施,展开进一步的检验、论证和改革探索。

总之,行动研究法就是一个"问题—计划—行动—总结"的循环往复、螺旋式上升的过程。每一个循环的时间可以是一个学期、一个学年,也可以是一个单元甚至一节课。在实际行动中,四个环节也可能会渗透、交叉进行。

另外,课题研究中常用的方法还有观察研究法、比较研究法、个案研究法等。限于篇幅,在此不再赘述。

三、教育科学研究方法的选择

在诸多教育科学研究的基本方法中,根据什么选择适合自己课题的方法呢?这里既需要考虑课题因素,如研究内容、研究目标和任务,研究的对象、范围、进度等,又要考虑研究者因素,如研究能力和自身偏好等。

（一）根据研究内容选择研究方法

根据研究内容的特点，课题研究大致可分为现状研究、比较研究、对策研究等。

1. 关于现状研究的课题

现状研究是针对事物或研究对象当前的状况进行调查分析并要获得相关信息的研究。有关现状研究的课题，一般可采用观察法、问卷调查法和访谈调查法。

例如"巩义市幼儿园师资队伍建设现状调查研究"这一课题。

从研究内容看，该课题属于现状研究，如何客观地了解幼儿园教师队伍建设的现状，准确地发现幼儿园教师队伍建设中存在的问题并积极寻找解决策略，是此项研究的根本目的。该项研究宜采用问卷调查法、访谈调查法。

研究过程中，可以先针对"师资队伍"这一中心词设计调查问卷或访谈提纲，然后将确定的调查对象分类，开展现状调查并做详细记录，汇总后归纳概括不同幼儿园的教师队伍组建情况，并对此情况追根溯源，找出促进幼儿园教师队伍良性发展的途径。

2. 关于比较研究的课题

比较研究，是根据一定的标准，对两个或两个以上有联系的事物或对象进行考察，寻找其异同，探求普遍规律与特殊规律的研究。比较研究可以帮助人们更好地认识事物的本质，把握事物的发展规律，大致可分为因果比较法和相关比较法。如果是因果比较，一般采用实验研究法、案例研究法；如果是相关比较，可采用调查研究法、测量研究法、比较研究法等。

例如"巩义市学生学习方式变革的现状、问题及对策研究"这一课题。

要研究学生学习方式变革的现状，就必须了解新课改前后学生的学习方式有什么异同，不同的学习方式达到的学习效果和对学生学习能力的培养方面起到的作用有何不同。进行比较的前提是科学调查，因此，在课题研究之前，要分别对小学生和中学生进行问卷调查，然后通过对相关数据的分析，较为全面地掌握学生学习方式变革的现状及目前存在的问题，从而为研究者深入研究、查找解决问题的对策提供依据，为教师指导学生采取更加合理的学习方式、提高学习效率提出建议。

3. 关于对策性研究的课题

对策性研究主要是对于教育教学中存在的一些突出问题，进行必要的原因分析和应对策略研究，如"中学生网络安全问题及其对策研究""农村留守儿童心理问题对策研究"等。一般可采用调查研究法、行动研究法、个案研究法、实验研究法等。

例如"信息技术与中学学科教学整合的现状、问题和对策研究"这一课题。

本课题的研究主要采用问卷调查法、访谈调查法和行动研究法。通过调查问卷和访谈，了解目前中学教学中信息技术与学科教学整合的情况，在教学中所发挥的作用；发现信息技术和学科教学整合过程中存在的问题；采取行动研究寻找解决这一问题的有效策略，促进信息技术与中学学科教学的有效整合，从而提高教学效果。

（二）根据研究目的、任务选择研究方法

1. 偏于解决教育教学实际问题的课题

一些课题研究的目的和任务，偏重于解决教育实践中某些实际问题，如课堂教学、教学管理、学生管理中的一些问题，可考虑采用行动研究法、经验总结法、教育实验法、个案法等。如课题"提高初中学生课堂讨论效果的策略研究"，主要采用行动研究法，辅之以问卷调查法、经验总结法等。

2. 偏于探索某些理论问题的课题

这类课题的研究者多为专业人员，研究的目的和任务在于探索某些教育理论问题，主要采用的是文献研究法、历史研究法等。

（三）结合研究的对象、范围、进度选择研究方法

1. 结合研究对象选择方法

选择研究方法时，还要考虑研究对象的特点，包括年龄、身体、心理发展等。对于年龄较小的研究对象，主要采用观察研究法，如课题"幼儿园学生的习惯养成研究"。对于年龄稍大、独立性和闭锁性较强的初中生，多采用问卷调查法，如课题"同伴交往对初中生学习成绩的影响研究"。

2. 结合研究范围选择方法

研究范围比较小的课题，一般选用个案法、观察法、访谈法等；研究范围比较大的课题，一般可选用问卷调查法。如"小学生阅读策略发展和运用情况研究"这一课题，研究范围比较大，可主要采用问卷调查法。

3. 结合研究进度选择方法

在课题研究的不同阶段，侧重使用不同的研究方法。选题立项阶段，侧重使用问卷调查法、文献研究法。课题实施阶段，侧重使用实验研究法、比较研究法、行动研究法等。

（四）根据研究者自身偏好和能力选择研究方法

1. 专业人员多选择的研究方法

专业研究者一般具有丰富的学识、充足的研究精力和时间、较强的研究能力，更适合选用测量研究法、文献研究法、实验研究法等。

2. 一线教师更适宜选用的方法

一线教师的课题多来源于课堂教学和学生管理实际，问题即课题，教学即研究，因此，更适宜选用行动研究法、观察研究法、个案研究法、经验总结法、实验研究法等。

四、教育科学研究方法应用的问题及对策

在课题研究的方法选择和运用中，目前还存在一些比较普遍的问题，了解这些常见问题，积极采取应对措施，无疑会提高我们的课题研究水平和成效。

（一）常见问题

1. 研究方法单一，规范意识不强

这主要体现在课题立项的设计论证中。在填写"研究方法"一项时常出现"三不"问题："不规范""不具体""不恰当"。"不规范"指列举的研究方法名称不规范，如理论研究法、教学反思法、总结法等；"不具体"指仅简单列举一种或两种研究方法的名称，如问卷调查法、行动研究法，对课题研究中将如何使用这

种方法缺乏必要阐述;"不恰当"是指不考虑课题内容和研究方法的特点与要求,随便写上几种方法,比如过多应用经验总结法,不了解实验研究法的科学含义和特殊要求,滥用实验研究法。

2. 定性与思辨研究多,定量与实证研究少

这主要体现在课题研究的实施过程中。定性与思辨多用经验总结、哲学思辨、逻辑分析的方法进行相关研究。定量与实证多用实地访谈、现场调查、数据分析、客观事实陈述等方法进行研究。有数据统计显示,目前定性和思辨研究仍是教育科学研究的主要方法,占有绝对优势。虽然近些年来,定量与实证的方法逐步受到重视,但相比较而言,运用得仍然较少,尤其表现在起步较晚的中小学教师的课题研究中。

(二)对策建议

1. 熟悉、掌握各种常见的教育科学研究方法

熟悉、掌握各种教育科学研究方法,详细了解每一种方法的适用范围和局限性,才能根据课题要求和自身条件选择合适的研究方法,在研究过程中充分发挥研究方法的优势和特长,提高课题研究的科学性和有效性。

2. 在研究计划、研究报告中具体阐述研究方法

在研究计划、研究报告和论文中,明确提出并具体阐述研究方法,可以增加研究计划的可行性与研究成果的可信度。在填写课题立项申请表"研究方法"一项时,除了要讲清楚用哪种方法进行研究,还要尽量写得详细一些。如用问卷调查法,就要写明调查目的、调查对象和调查方式等。如用实验研究法,要写明实验目的和任务、对象和范围、无关变量的控制及实验效果的对比等。

3. 重视定量与实证方法

定量与实证方法重视通过收集资料和证据研究教育现象,对研究的严密性、客观性都有严格的要求,以求得到客观事实。虽然教育现象不同于自然现象,定量研究也有其弱点和局限性,但在课题研究过程中,积极运用量化方法,客观准确地记录活动过程,重视用数据和事实材料证明成果的可应用性和可操作性,无疑会提高课题研究的科学化程度。

4. 注重多种方法的组合运用

任何一种研究方法都有其优点和不足,在课题研究过程中,只用某一种方法进行研究不大容易得出科学研究结果。因此,提倡综合使用研究方法,或多种方法并用,或者以使用某一种方法为主,其他方法辅助。例如探讨使用一种新的作文教学方法是否优于原有的作文教学方法时,在研究过程中主要应该采用实验研究法,但也需要使用测量研究法、问卷调查法等,通过测验对实验前后的教学效果进行比较,通过调查了解学生对实验效果的反映。

钟鲁斋认为,教育研究的工作始于历史,继于问题,辅之以调查,继之以实验,用测量可求常模,用比较可知优劣。能够选择并合理规范地运用研究方法,课题研究离成功也就不远了。

主要参考文献

[1]韩新君.教育科研方法指要[M].哈尔滨:黑龙江教育出版社,2007.

[2]马云鹏.教育科学研究方法[M].长春:东北师范大学出版社,2001.

[3]钟鲁斋.教育之科学研究法[M].福州:福建教育出版社,2009.

[4]张军.教育研究基础[M].北京:中国和平出版社,2005.

[5]刘欣.教育学学科领域研究方法的现状及发展趋势探析[J].济宁师范专科学校学报,2006(1).

[6]时俊卿.课题研究方法的选择(上)[J].教育科学研究,2010(2).

[7]时俊卿.课题研究方法的选择(下)[J].教育科学研究,2010(4).

[8]裴勇俊.中小学教育科研课题常用研究方法选择[J].宁夏教育科研,2004(2).

第八问　课题研究的一般流程是什么？

课题研究是一项科学性很强的工作，是教育科研活动的一项重要内容，也是学校工作的重要组成部分。课题研究的一般流程分三个阶段：一是选题准备阶段；二是研究实施阶段；三是结项总结阶段。

一、选题准备阶段

（一）梳理问题，选定课题

1. 树立问题意识

作为从事一线教育教学工作的教师，在平时的教育教学工作中要做个有心人，学会用一双慧眼留心观察校园里发生的一切教育教学现象，并善于透过现象发现其背后存在的一个个问题，然后记录下来，形成问题链。

2. 梳理聚焦问题

教师针对问题链，结合自己教育教学工作的实际进行有针对性的思考，对自己工作中的相关问题或经验进行解读和分析，使有价值的问题或经验在联系、解读中逐渐清晰起来，从而形成围绕某一主题的研究问题。

3. 使问题课题化

通常情况下，教师针对自己日常教育教学中的问题，可以凭借丰富的经验轻松地解决，完成教育教学任务。但有些问题只凭借经验是不能解决的，它可能是一个新的"难题"。为了解决这个"难题"，教师需要追根溯源、查阅材料、借鉴他人的经验，制定解决方案并在实践中加以实施。这样，在研究性教学中，教师遇到的教学问题就转化成了教育教学研究的课题，即"问题课题化"。

（二）理论学习，查阅文献

选定研究课题后，课题主持人组织研究成员进一步加强相关理论学习，查阅与本课题有关的重要文献，对所选课题做进一步的厘清。

首先，课题主持人要组织课题组成员学习与本课题研究有关的教育教学理论，研读相关学科的课程标准，了解其内涵和作用，汲取理论营养，寻求理论支撑。

其次，查阅权威综述类文章，尤其是近些年的最新研究成果，泛读摘要和相关论义。一方面要综合他人的观点，另一方面要进行评述。

再次，广泛收集同类课题的研究材料，了解他人研究的程度，虚心学习他人的研究成果，借鉴他人经验，解决自己的问题。

（三）制订调查计划，开展调查研究

1. 制订调查计划

根据初步研究所得的课题指导思想、目标及内容，制订调查计划。

2. 设计调查问卷

调查问卷的结构一般分为三个部分：前言、正文和结束语。设计调查问卷主要分两步：设定调查的范围，写出具体问题。

（1）设定调查范围

设定调查范围时，要做到以下三个方面：一要从选题的目的和需要着眼，绝不能偏离研究目标和内容；二要对问题回答的可能性有一个基本的认知范围，有些属于个人隐私的问题，应尽可能回避；三要对问题精挑细选，避免问题太多，导致完成问卷的时间过长。

（2）写出具体问题

写具体问题时要做到以下几点：一是所列问题简单明确；二是一个问题一般只包含一个调查指标；三是问题不能带有倾向性；四是同类问题排列在一起，应遵循先易后难原则，开放性问题尽量放在后面；五是同一个题目的所有选项必须相互排斥；六是提问措辞要精确、适当；七是问题要具体；八是问卷的设计要科学、清晰。问卷草拟后，可邀请其他人扮演受访者，尝试回答问卷中的题目,据此对其进行修改,以校正问卷偏差,提升问卷质量。

3. 确定研究样本

确定样本时应注意:一是样本要有代表性;二是样本要有可控性;三是选择样本的方法要科学。

4. 撰写调查问卷分析报告

要针对每个问题逐一分析,统计数据,罗列问题,撰写分析报告。

(四)设计、论证研究方案

1. 设计课题研究方案

根据课题研究主题、目标、内容,课题主持人组织研究成员进行理论学习和问卷调查,初步设计课题方案。

2. 组织课题初步论证,确保课题研究的方向和价值

课题研究方案制定好了,课题的研究也就有了良好的基础。学校教科研管理部门可组织学校领导、教学名师、学科带头人、骨干教师及学科教研组长等人员,对准备申请立项的课题研究方案进行初步论证,以确保研究方向正确、价值明显、特点突出。

(五)申报立项

课题立项必须填报课题立项申报书,立项申报书一式三份。各县(市、区)教科研部门必须在立项的县级课题的范围内按照省、市教科研部门下达的课题申报名额及要求择优推荐申报省、市级课题。

课题立项申报书填写要求如下:

1. 数据表的填写

课题名称、主持人和主要参与者等基本信息准确无误。最终成果形式、研究起止时间及经费预算具体明确。

2. 课题设计论证

①课题研究的背景。一是从现实中面临的问题出发,引出做这个课题的动机。主要通过摆事实、列数据的方法,让人一看就感觉问题确实很紧迫,研究很有必要。二是从教育教学理论、课程标准要求和他人已有的研究成果的局限来

说明研究的背景。

②课题研究的理论意义和实践意义。课题研究的意义最好分段分层论述，可提炼出若干个（最好3—5个）小标题。在陈述时，切忌将某专家、某学者的整篇著作、讲话全文或某份文件当作理论依据。要综合分析各家观点，提炼出自己的观点，阐述开展本研究对学生、教师、学校及学科有什么样的实际价值，并从预期效果上来说明研究的实践价值。

③核心概念界定。对课题题目中的关键词进行准确界定，确保研究科学、准确。

④国内外研究现状。客观、全面地概括说明国内外同行对本问题的研究状况。

⑤研究目标、内容、重难点。目标指向性要明确，内容要具体翔实，重点、难点要突出。研究目标内容要用3—5个标题表述出来，做到内容与目标一一对应。呈现具体的、可操作的研究设想。

⑥研究方法。研究重难点要围绕课题难以突破的问题进行阐述。结合研究目标、研究内容，选取恰当的研究方法，如文献研究法、问卷调查法、行动研究法、案例分析法、经验总结法等。通常是几种方法综合运用。研究方法要与研究目标、研究内容匹配，同时还能对应预期的研究成果。

⑦研究创新点。阐述本课题研究的独到之处，突出所拟研究内容、方法或成果的新颖性。

3. 完成课题的条件和保障

①课题组成员的研究基础与分工。要如实报告本课题组成员已取得的科研成果，本单位的研究工作基础、条件装备、研究力量情况，不可夸大，也不可缩小。同时，分工要明确具体，避免推诿扯皮。

②研究安排与预期成果。每一个研究阶段都要围绕研究目标、内容、方法、预期成果四方面进行，并做到每个研究阶段内容翔实、方法恰当、预期成果与研究目标相统一。预期研究成果可分为两部分：理论成果和实践成果。

③主要参考文献。课题申报引用的相关参考文献一定要准确：一是指引用准确，要注意引用文献的权威性和文献发表的时间，要详细写明出处、名称、作者等相关信息；二是指格式正确。

④实验设施与经费保障。申明硬件、软件设施及研究经费能否得到保证,能否确保课题研究工作顺利进行。

4. 其他注意事项

其他需要申明的事项可在此列出。行文中以"课题组""我们"来表述,要做到条目清楚。

二、研究实施阶段

(一)筹备开题会及撰写开题报告

1. 筹备开题会

落实会议时间、地点、参加人员及会议内容,确保开题会有条不紊地召开。

2. 撰写开题报告

开题报告绝不是立项申报书内容的简单复制粘贴,要进一步梳理研究思路,明确每个阶段具体研究目标、内容、方法及预期研究成果,并责任到人,确保研究扎实、有效开展。

写好开题报告要注意以下八点:

①课题名称。一定要包含课题研究内容、研究对象、研究方法等。

②课题研究的目的、意义。一般可以先从现实需要方面去论述,然后写课题的理论价值和现实意义。要写得具体一点儿,有针对性,不能漫无边际地空喊口号。

③国内外研究现状、水平和发展趋势。要概述本课题有没有人研究,达到什么水平,存在什么不足及正在向什么方向发展等。

④理论依据。没有科学理论指导的实践是盲目的实践。现在一线教师所做的课题基本上都属于应用研究和实践研究,这就要求我们的研究必须是在科学理论的指导下进行的,这样才能保证研究的方向性、科学性和严谨性。

⑤研究目标、研究内容、研究方法。课题研究的目标要具体,不能笼统空泛地表述;研究内容要与研究目标相照应,是研究内容对研究目标的有序展开;研究方法要服从于研究的目标和内容。

⑥研究工作步骤。每一个阶段都要有清楚的时间设定,从什么时间开始至

什么时间结束,都要有详尽的内容安排、具体的目标落实,从而保证研究过程环环相扣、扎实推进。

⑦课题研究的保障措施。一是组织保证:成立课题组、健全研究机构,做到研究任务、时间、地点、人员四落实。二是制度保证:制定课题管理条例、学习规范、研讨制度,以激励为杠杆,激发课题组成员的研究热情。三是经费保证:设立课题研究专项经费,保证研究过程中相关书籍、必要设备的添置及外出学习、开展活动等的经费来源。四是技术保证:聘请专家担任顾问,选派骨干外出培训,组织外出参观学习等。五是课题研究与学校工作相协调:做到教学研究化,研究教学化,使学校教育教学工作与教育科研工作同步发展、共同提高。

⑧课题研究的成果形式。写清楚本课题研究拟取得什么形式的阶段性研究成果和终结性研究成果。不管课题类型是什么,成果形式是什么,课题研究必须有成果,否则课题研究也就失去了科研的意义和推广的价值。

(二)进行课题论证

1. 邀请专家

邀请上级课题管理专家及区域内这一方面的研究专家对课题的研究背景、研究目标、研究内容、研究方法、阶段安排、预期成果、研究力量等进行科学、具体的评价,进一步论证课题研究的意义和价值。

2. 召开开题报告会

开题报告会的主要议程有:课题主持人宣布会议开始,宣读课题立项通知书;课题主持人作开题报告;课题组其他成员对开题报告作补充;学校领导介绍学校的基本情况并对课题研究表态;与会专家对课题进行评议;课题组成员与专家交流讨论;等等。

有条件的课题组可以在会议开始前先向参会者展示课题研讨课。要把开题报告会搞成动员会、研究会和学习会,坚决避免形式主义开题报告会。通过创设开题报告会的氛围,凸显开题报告会的特点:一是挑毛病;二是提意见;三是深研讨。

3. 修正、完善研究方案

课题组认真听取专家意见,做好记录。根据专家建议,会后尽快召开课题

组会议,认真讨论、修改、完善开题报告,并做到以下五点:

①进一步明确研究进程。

②进一步明确各阶段研究的目标、内容,而不单是各阶段的工作安排。

③进一步明确各阶段研究的主要方法、基本流程、起到的作用,以及该阶段对核心成果、附属成果的意义。

④进一步明确各研究阶段之间的联系(如递进性、积累性、总分性等)。

⑤确定各阶段成果类型及汇报、展示、交流时间。

共同修正完善研究方案,使方案更具体、思路更清晰,使课题组成员更快进入研究状态。

(三)开展研究活动,做好中期评估

1.组织研讨交流

课题组可结合阶段性具体安排,组织示范课、公开课、观摩课、同课异构、微课、微型课等多种形式课例研讨,组织专题研讨交流活动,虚心听取专家、同伴的反馈意见和建议,针对存在的问题及时进行整改。

2.做好中期评估

课题中期评估会议流程如下:

①宣布评估要求。

②宣布专家组组长及成员名单。

③课题负责人做课题中期报告,并反馈学校自查情况。

④现场评估课题。

⑤专家对课题进行质疑,课题组人员答辩。

⑥召开座谈会。

⑦专家组综合评议,形成评估意见并反馈结果。

⑧专家组组长起草评估意见。

课题中期评估活动主要由课题组所在单位及上级教科研管理部门组织实施,并主持召开课题中期评估会议。

课题中期评估的撰写主要包括以下两方面内容:一是课题评估活动简况,包括研讨活动时间、地点、评议专家(课题组外专家不少于2人)、参与人员等。

二是具体叙述课题研究进度、计划完成情况、突破性进展、阶段性成果、存在问题、重要变更、下一步研究计划及可预期成果等。

（四）收集材料

课题材料是课题研究的重要组成部分。它如实地记载了一个课题从策划、立项、研究到最后结项的全过程。它不仅是课题成果的佐证材料、课题验收的重要依据，更是有效开展科研工作的保证。从目前中小学课题研究工作的基本情况看，至少应该包括基础性、计划性、过程性、成果性等多种课题材料。这些材料不仅可使成果丰富而有质量，还可以使课题研究者对研究项目有细致的了解和把握，防止课题研究流于形式。

三、结项总结阶段

（一）整理材料，分析研究

1. 整理材料

整理材料一般分为以下几步：

①对验证性材料进行分类。这是整理科研材料的第一步，还是进行定性与定量分析的基础，是非常必要的一个过程。通过对验证性材料分类，可以在分析时发现相关因素和类别特征，更好地发现教育现象的本质和规律，避免笼统分析造成假象。

②对数据材料的整理。汇总登记是对数据材料进行整理的一种比较实用的方法。具体做法是设计原始材料综合登记表，将每一个研究对象的全部数据材料按设计好的类别、指标填入其中，并进行统计分析。

③对描述性材料的整理。对于文献材料、经验总结、行动研究、访谈调查、个案观察及问卷中开放型问题的回答等非数据类科研材料进行整理时，需要将其中内容丰富、生动具体、典型的事例或观点等先做摘要记录，再进行分类，以便分析时查找。有了内容摘要，就可以为定性分析提供丰富的论据。内容摘要可以与定量科研材料的汇总登记同时进行。登记时若发现有价值的事实或典型语句，就可将其记在摘要卡片上。

2. 分析材料

①定性分析。定性分析就是对研究对象进行"质"的方面的分析。

②定量分析。定量分析就是对研究对象进行"量"的方面的分析,主要有统计分析法和测量法。

③综合分析。综合分析要求做到定性分析与定量分析相结合,理论分析与事实分析相结合,纵向比较与横向比较相结合,结果分析与过程分析相结合等。

（二）概括结果，得出结论

在广泛收集、分门别类整理、分析各研究阶段实验材料的基础上,课题主持人和研究成员要结合研究主题,围绕研究目标,按照具体研究内容及采用的研究方法进行广泛交流、讨论,得出研究结论,形成总结性研究成果。

概括结果要注意以下四点:一是立论、推论的表述要科学准确;二是论点、论据的阐述要有逻辑性;三是数据和文字表述要统一;四是典型分析和一般分析相结合。

根据研究目标,除主体成果外,附带成果形式可以是论文、调查问卷分析结果、教学案例集、教育叙事集、课件、录像课、示范课、优质课、观摩课、公开课、专题讲座、专题培训讲座、辅导、表彰、学生获奖作品集等。

针对整体研究存在的问题,及时提出今后研究的设想,使课题研究朝着持续深入的方向发展。

（三）撰写研究报告，填写结项鉴定审批书

在概括结果、得出结论的基础上,课题组应思考回答以下问题:

①为什么要研究?

②怎样进行研究?

③取得了哪些研究成果?社会效果如何?

④存在哪些不足?

⑤对今后研究的设想是什么?

在此基础上,认真撰写研究报告,具体内容及注意事项包括以下十个方面:

①研究报告标题。形式为"课题名称+研究报告"。

②课题提出的背景。回答好"为什么要研究这个课题"。

③课题研究的意义。包括理论意义和现实意义。

④课题的理论依据。开展课题研究所依据的有效理论支撑。

⑤课题研究所要解决的问题。对课题主题、课题内容、预期成果进行明确、具体、科学的阐述。

⑥课题研究的主要内容。应当紧扣研究目标,表述具体明确。在陈述时要注意课题研究的主要内容与研究成果应有密切的内在联系,主要内容必须在研究成果中予以体现。

⑦课题研究的途径和方法。此部分陈述应简明扼要。

⑧课题研究的主要过程。"研究的主要过程"是研究报告的主体部分,需要花费较多的笔墨来陈述。表述时要思路清晰、主线明确、重点突出,充分体现是如何运用教育科学研究的方法来解决教育教学实际问题,如何遵循教育规律来进行理性思考。这一部分可具体陈述课题研究的主要过程,采取了哪些措施、策略或基本的做法。

⑨课题研究成果。一般来说,这部分要占整篇研究报告篇幅的一半左右。研究成果可分为理论成果和实践成果两部分。成果表述要注意两个问题:第一,不要只讲实践成果,不讲理论成果;第二,研究成果的陈述不能过于简略。除了表述撰写发表了多少篇学术论文,还要将这些论文的主要观点提炼、展示出来。

⑩课题研究存在的主要问题及今后的设想。这部分内容陈述要实事求是,概述清楚本研究过程中存在的实际问题及今后的设想,要具有前瞻性。表述要简洁、明确。

在填写结项鉴定审批书时,一定要按照填表要求和每一个部分的内容要求进行有针对性的规范填写,做到表意明确、思路清晰、内容翔实、过程具有可操作性。

(四)推广研究成果

推广课题成果是教育科研工作中的一个重要环节。我们一般可以采取三种方式进行推广:现场推广、网络推广、刊物推广。

1. 现场推广

现场推广可分三种不同情况进行。一是由上级课题规划与管理部门组织的现场推广活动。对适应性比较广、操作性比较强、成果比较显著或对教育教学影响比较深远的课题成果，往往采用这种形式进行推广。二是配合学科教研员，结合学科教研活动进行成果推广。对学科专业性比较强、教学改革指导意义较大的课题成果主要采用这种形式推广。三是配合乡(镇)中心学校进行成果推广。对教学指导性较强的阶段性成果或由于交通不便等原因难以组织市(县、区)级区域推介活动的课题成果，主要采取这种形式进行推广。

以上三种现场推广方式都可以从五个方面进行课题成果或与课题成果相关的展示：一是课题研究经验展示；二是教学课例展示；三是课题管理经验展示；四是课题研究材料展示；五是学校办学特色展示。

2. 网络推广

网络推广分三种形式：一是利用教研网站来推广；二是建立课题研究博客、微博和微信公众号来推广；三是建立QQ群或微信群来推广。

3. 刊物推广

刊物推广有两种形式：一是上级课题管理人员及学校领导鼓励课题负责人积极向专业刊物投稿，争取刊发，以扩大成果的影响；二是利用区域内部刊物，推广本土优秀成果。另外，公开出版研究成果专著也是一种重要的推广形式。

课题研究是学校工作和教师工作的一部分，是教育教学改革和发展的助推器，是教师专业成长的重要平台，是提升教育教学质量和学校办学水平的有效途径。课题研究要注重流程的规范，选好"切入点"，以便于操作；要教、研结合，能进行课堂验证；还要明确教与研的关系、学与研的关系、研与用的关系。

第九问　课题研究团队应具备怎样的课题意识和基本素养？

课题研究要达到一定的深度和广度，依靠单个教师的力量是远远不够的，必须借助团队的力量和智慧。研究团队就像茫茫大海中航行的一艘轮船，如果舵手有正确的意识，那么船就有了正确的航向。基本素养就是轮船本身的质量，若船身质地坚固，船舱就不怕风浪。只有团队具备正确的课题意识和良好的基本素养，才能科学、高效、顺利地完成课题研究任务。

一、课题研究团队应具备的课题意识

（一）方向意识

1. 选对研究方向

在大量的教育教学问题和课题申报指南提供的参考题目中，能找准有研究价值和发展前景的研究方向很重要。研究方向可以这样来确定：首先问自己这个领域的问题该不该做，值不值得做，然后根据自己的研究兴趣和专长，明确能不能做。当有了明确的方向后就可根据自身的知识积累、教科研能力进行反复思辨来确定研究课题。

2. 把握研究趋势

在进行研究前，可在中国知网、万方数据、维普网等网络搜索平台上输入关键词，查找研究方向的研究热点和研究空白点，从海量的文献中了解该课题的研究概况，避免研究别人做过的课题。准确把握教育教学领域、理论领域、教学教研新发展等研究趋势，尽早确定研究方向，但也切忌为赶时髦而一味求新。

（二）目标意识

研究目标是课题的起点,是研究的方向和指标,是课题的灵魂和核心,是判断课题研究是否有效的直接依据。强化目标意识,有助于发挥研究团队的主导作用,有效地实现课题研究的优化调控,使课题的每个组成部分和后续阶段都服从它。

要把目标意识贯穿到课题研究过程中。布鲁姆指出：有效的学习始于准确地知道达到的目标是什么。从填报立项申报书、确定研究方案到进行开题报告、中期研究报告,再到撰写结项报告等,都要求将目标意识贯穿在其中。否则,就有可能出现越位或不到位的问题,研究的信度和效度就会大打折扣。

（三）问题意识

课题研究的关键是提出问题、分析问题、解决问题,这需要每位参与者都善于发现问题,并将其提炼成有研究价值的问题或课题。

1. 为什么要做研究？

爱因斯坦说过,提出一个问题往往比解决一个问题更重要。没有问题,就没有进步；没有问题,就没有课题。在教育实践中,我们常常会在对教育现象进行观察和认识的基础上,产生一些疑问和困惑,进而产生解决问题的欲望。如在全域旅游的今天,对研学旅行课程的开发研究,就显得尤为重要。

2. 具体研究什么？

审视课题题目,明确题目的内涵和外延,找准课题研究的方向,使课题研究具有可操作性。在确定研究目标和研究内容后要表述清楚课题研究要解决的具体问题,探索总结哪些规律性的知识,改善哪些教育教学行为,能使课题研究具有针对性和现实性。

3. 怎样开展研究？

开展课题研究是从不同的视角,运用科学的研究方法,对课题内容进行研究。是以调查法为主还是以文献法为主,是进行实验研究还是个案研究,要根据具体的研究内容来确定。只有研究方法和研究内容相匹配,研究工具和研究手段才能更好地为研究目标的达成服务。研究方法确定后,根据研究计划如何实施这些方法,遵循哪些程序,采取哪些措施,做好哪些具体的工作就会清晰明了。

4. 研究效果如何？

在进行课题研究的每一个新阶段,都要反思这个阶段的研究历程有没有效果,有没有价值。时刻反思,就会避免在研究中走弯路,不至于事倍功半。

（四）研究意识

一线教师主要从事教学工作,研究的成分比较少,而课题研究则是通过比较专业的研究,来破解教学中的难题,侧重点是研究。所以做课题应具备一定的研究意识。

1. 要从日常教育教学工作中开展研究

在平时的教学中,总会遇到这样或那样的困惑,比如"教学体态语言或课堂教学评价语言对于学生听课效率关联度有多大"等。能发现问题,才能研究问题。只有先提出问题,才可能解决问题。

2. 要从有研究价值的问题中开展研究

在实际教学教研中经常会遇到一些实际问题,但并不是所有的问题都有必要耗时耗力地组成一个团队进行研究。要梳理出真问题,进行真研究,才能研究出真成果。

3. 要从实际问题的解决对策中开展研究

既然是带着研究的成分去解决教育教学中的实际问题,就应该在研究中认真调查,了解问题现状,通过科学的研究方法进行研究,总结出解决问题的办法。再把办法运用到实际中,反复验证对策的有效性,及时修改研究思路,梳理总结出解决问题的新办法。最后总结出一套解决问题的有效对策。

4. 要从研究成果的实践验证中开展研究

研究本身就是为破解难题、解决问题的。研究过程是研究新事物的过程,在此过程中肯定会出现一些新问题、新难题、新困惑,这就需要研究团队根据实际需要来反复论证研究的有效性,如课题研究的思路是否清晰、研究方法是否匹配、研究目标是否能有效达成、课题的中期成果是否能顺利完成等。论证的方式是多种多样的,一般是课题组成员之间的观点碰撞,同伴思辨,也可借助同科教研组、备课组等参与解决实际问题,或邀请当地教研部门的专家进行指导,还可通过网络邀请外地著名专家,最好是教研专家进行指点,以保证论证的有效性。

(五) 实践意识

"纸上得来终觉浅,绝知此事要躬行。"课题研究包括三个环节:思考讨论,研究实践,整理书写。思考讨论是开题报告之前的事情。研究实践是具体去"做"的环节,是关键阶段,也是工作量最多、时间最长、投入精力最多的阶段。整理书写是撰写研究报告的阶段,是梳理记录研究过程和成果的。只有保证了"做",课题的思路才能变成现实,课题的构想才能落实到位,课题的成果才能产生实效。

1. 重实践的实质就是重研究过程

实践是检验真理的唯一标准。只有通过实践才能验证课题提出的问题或设想是否符合实际,只有通过实践才能找到解决问题的途径和方法。实践意识就是要求课题研究要重过程,扎扎实实抓好课题研究的过程,反对虎头蛇尾、走过场式的课题研究。

2. 实践贯穿研究始终

课题研究就是要进行具体的实践验证的,开题、结项都是围绕实践研究进行的,没有实践研究,也就谈不上所谓的开题、结项了。实践是整个课题流程的主渠道。选题之前,要进行论证分析,调查研究;选题之后,交流讨论,比较分析;结题之时,修改完善,梳理总结,这都是实践。

3. 如何去实践?

课题也申请了,开题报告也撰写好了,研究方案也确定了,怎样有效地实践就成了关键。中小学校课题研究实践的主阵地就在课堂教育教学。比如,进行课堂教学研究,开设几节"研究课""研讨课",针对"课"进行研讨,进行一定数量的课堂观察、课堂反思和个案分析比较,收集积累与研究课题相关的资料,分析整理研究积累的数据、素材和课例,比较课题研究不同阶段课堂教学的变化,分析课堂教学的典型案例,分析课堂实践的效果,提出改进的意见,等等,都是课题研究在教学工作中的落实与实践。

（六）方法意识

成功之人一定有方法。要为成功想办法，不为失败找借口。只要精神不滑坡，办法总比困难多。因此，合理选择方法最重要。

1. 要善于选择适合的研究方法

在一个课题研究过程中，根据不同的研究目的和要求，往往会用到两种以上的方法。在应用各种方法时，一定要严格按照方法的要求，不能凭经验、常识去做。比如要了解现状，就需要用调查法，并根据实际情况可以选择问卷、访谈、测验、观察、电话调查、网络调查等方式；要了解典型对象的变化，就要用到观察法，并且进行较长时间的跟踪观察，运用多种工具（如观察记录量表、录音机、照相机、摄像机等）记录。

2. 要规范地运用各种研究方法

课题研究方法的使用要规范，不能滥用。一般来说，有以一种方法为主、多法综合运用的；有多法并用、交替使用、各法互补的；也有用单一方法的，但较少。不同类型的研究课题可以从不同的角度、按照不同的标准选择研究方法。如针对教育实践活动中的问题来进行研究，就可以采用行动研究法，其模式可概括为"计划—行动—观察—反思"。

（七）合作意识

一花独放不是春，百花齐放春满园。为了实现一个共同目标，个体往往需要与同伴自愿结合在一起，通过相互配合与协调，才能成功。

1. 明确任务，各有分工

三五个人一起从事一项研究工作，课题主持人要进行非常明确的分工，责任具体到每一个人，要让每个人都明白自己的工作任务和责任，按照任务进行研究，不能吃大锅饭。

2. 集中智慧，协同作战

课题组成员要协同研究，不能单打独斗。"分给我的任务，我完成就万事大吉了"，这样的想法会造成研究的成果支离破碎，毫无系统性可言。众人拾柴火焰高。在分工的基础上，还必须注意全体人员的合作，大家共同研究，共同商讨,克服研究过程中的各种困难和问题,携手作战方可使课题研究向纵深开展。

3. 各扬其长,缺一不可

在团队中,每个成员均具有不同的技能、知识及经验。在分工时要注意发挥个人特长,使每个成员都能把自己的才能发挥到极致。每个成员都是团队的一分子,大家分享资源、交换信息,并相互接纳,缺少任何一个都会影响目标的实现。

(八)角色意识

研究中发现,许多教师虽然担任了课题主持人,但角色意识却不明确,仅仅是把课题研究当作一份额外的工作,缺乏课题管理意识,这必然不利于其主持人作用的发挥。而参与者感觉自己只是其中的一员,少我一个无所谓。这些都是角色意识不明确的表现。

1. 课题主持人的角色

(1) 引领者角色

课题研究团队正像西天取经的团队一样,要在"唐僧"的引领下,一路目标坚定,开拓进取。引领者要尊重和发挥团队成员的个人智慧,使知识和智慧得以共享——引领参与者学会理论,引领参与者自我研究,引领参与者寻求新突破。在碰到一些无法预计的难题时,原先的方案、流程无法顺利进行,引领者需要果断地打破现状来推进课题研究。

(2) 示范者角色

课题主持人的自我管理是一种示范、一种榜样,它所产生的效果会直接作用在团队成员身上,会对课题的运行效率和质量产生直接的影响。所以,课题主持人应具备非常丰富的专业知识,来计划、组织、调控课题组的工作。

2. 课题其他成员角色

课题其他参与者要认清自己的角色定位,服从课题主持人的具体安排。课题研究需要合力,要贡献自己的角色力量,不能把自己的任务推给其他成员来承担,更不能把所有的工作都推给课题主持人来干。

(九)责任意识

有强烈的责任意识就要做到严于律己、以身作则,全身心投入工作,按标准、按要求、按时完成课题。

1. 按照时间节点完成教科研任务

承担课题责任重大，每个成员都应按时间节点安排，完成具体教科研任务。每一个阶段都有非常明确的任务，按照时间要求，一个阶段一个阶段地研究下去，才能促进整个课题研究的深入。其中任何一个环节未按计划执行，就会影响整个研究工作的推进。

2. 注重保障，健全责任管理制度

参加课题研究的一线教师平时也有教学任务，学生管理工作繁杂琐碎，一旦教育教学工作繁忙起来，就会忘记了课题研究。这时往往会想：先搁一搁，放一放，随后抽时间一并完成。结果往往是一搁一放，就停滞下来了。因此，健全责任管理制度就显得尤为重要。比如每月、每周规定具体时间点集中进行课题研究活动。有了制度约束，按制度办事，时间有了保证，研究进度就有了保证。

3. 注重激励，完善责任监督机制

激励理论认为，最出色的激励手段是让被激励者觉得自己确实做得不错，能发挥出自身的特长和潜能，激发自己的责任意识。成员的贡献受到及时肯定、赞扬和奖励，成员时时受到鼓舞，处处感到满意，就会有极大的荣誉感和责任心，也就会有更大的创造热情。引入激励监督机制，有利于解决教科研单位中严重的论资排辈现象，增强教科研人员的危机感和紧迫感，提高竞争意识、责任意识和效益意识。

（十）创新意识

山重水复开新路，百尺竿头更进步。创新是一个团队永远不竭的进步动力。创新意识是教师发现新问题、运用新方法、产生新思想、创造新事物的先导。教师要善于想象，要充满探究的欲望和激情，勇于走前人没走过的路；或在前人的基础上，提出新观点，开辟新领域，产生新成果。

（十一）成果意识

课题研究最有价值的就是研究成果，在课题论证、中期评估、结项总结过程中，都要贯穿成果意识，注重成果收集，助推研究之花能结果，早结果。

1. 最完整的成果是研究报告

研究报告是一项课题研究结束时,研究者客观地、概括地介绍研究过程,总结、解释研究成果,向有关部门(机构)申请结项验收的文章。它是课题研究所有材料中最主要的材料,也是教科研课题结项验收最主要的依据。写研究报告时要注意基本格式的规范,但也不能呆板,可适当调整。

2. 相关教学论文等成果

从开题报告通过后第一天起就应该准备课题成果:首先,收集相关调查报告、科研论文、教学案例、典型课例、教育叙事、个案分析。其次,对经验总结、反思记录、教育故事、教学日志、教学随笔、课堂实录、课件等进行归纳总结。有的还需数据成果,如问卷统计、成绩分析;有的里面还包含隐性成果,就是研究的成效,如学生各方面的成长状况。

3. 课题成果形式多样化

课题成果形式包括报告、论文、专著、课例、课件等多种形式。课题不同,研究成果的内容、形式也不尽相同,成果形式要力求多样化。从不同视角、切入点、方式进行研究,全覆盖研究,取得的成果会更有深度和广度。

(十二)推广意识

课题成果形成后,仅仅自得、自用、自享,那不是教科研的初衷。研究课题不只是为了取得一项成果,而是要把取得的成果让别人"吃一吃,尝一尝"。他人的分享,他人的受益,才是课题研究的真正价值所在。

二、课题研究团队应具备的基本素养

(一)理论知识素养

理论知识是研究者应具备的基本素质,有理论支撑才能保证课题的实践。

1. 掌握教科研基本理论知识

具备教科研的基本理论知识,灵活掌握教科研理论知识,经常学习教科研理论知识,这些知识是基础,是根基,有了这些,才能建起课题研究的高楼大厦。

2. 丰富学科理论专业知识

单单有教科研理论知识对做课题是远远不够的，还需要有学科理论知识来具体指导本学科的实践、运用。学科理论是指导本学科研究的路标。学科指导越有针对性，越能体现学科研究的特点。

（二）主动学习素养

课题研究会遇到很多难题，这就需要研究者主动学习，加强教科研理论学习和课题相关知识的学习，迅速提高自己。学习的主要目的是促进团队成员更好地融合各类知识，形成有效的知识结构体系，为解决课题研究过程中的各类问题提供技术支撑和知识储备。

（三）研究能力素养

课题研究团队的主要职责是通过不同的研究现象，运用理论指导实践，使研究成为一种改良实际工作的手段。

1. 理论思维能力

课题研究者要善于从众多的教育现象中把某种教育现象的本质提炼出来并准确地把握问题的实质，善于从理论上进行思考，做出理论的回答。如对课堂教学模式的研究，是生本课堂教学、导学案式的课堂教学，还是传统式的课堂教学等其他教学模式？先从学情、师情、校情分析等理论上进行思考，然后再从教学模式的建构上进行思考，会少走很多弯路。

2. 实际研究能力

实际研究能力主要是教师运用某种知识和方法，采用一定的手段进行有意识、有目的的解决问题的实践活动。它包括文档处理能力，如阅读能力、写作能力、检索文献资料能力、交流能力、计算机应用操作技能；教科研操作能力，如确定论文题目、制订研究计划、进行课题论证、观察与访谈、设计调查问卷、使用测验量表、进行教育统计分析、撰写和修改研究报告。

3. 分析评价能力

这是指对自己和他人的研究过程或研究成果做比较客观公正的评价和分析判断的能力。比如做文献综述、研究现状述评、研究结论的分析与讨论、成果的评价与鉴定等活动,这都在一定程度上反映了研究者的分析评价能力。具有这种能力能很好地鉴别课题的优劣。

(四) 信息技术素养

信息技术素养包括信息收集、处理和应用等能力。在大数据时代,能否从繁杂的信息中找到自己所需要的有效信息,并应用于课题研究显得格外重要。为此,课题研究借助现代信息技术是必然趋势,别人的很多成果都已经发布在网络和平面媒体上了,自己却茫然不知,做课题研究就会走很多弯路。

1. 借助信息技术进行实践研究

在课题开题前,借助百度、百度文库、知网等搜索国内外相关研究方向、相关素材,是做好课题研究的一种好方法。还可借助信息技术进行数据分析、文档处理等。

2. 利用信息技术进行沟通交流

如今信息技术改变了电话只有语音功能的局限性,借助 QQ、微信等进行交流沟通,采用语音、文字、图片、视频等不同形式,可以进行课题组内的交流、课题组外的交流,还可以与专家学者进行交流,方便快捷。课题结项后还可借助其进行成果推广。

(五) 互助合作素养

"一个篱笆三个桩,一个好汉三个帮。"课题研究任务繁重,往往是以团队的形式来进行。互助合作素养要求团队成员相互提供信息与借鉴;相互切磋,增进团结与友谊;发挥集体的智慧,解决实际问题;分享研究过程的喜悦,获得成功体验。

1. 取长补短,相互帮助

团队成员间的职称不一样,年龄不一样,学识经历不一样。职称高的老教师有经验,可能精力不够,就多指导思路;职称低的青年教师经验少,可多干些收集材料等具体的事情。"三人行,必有我师焉。"每一个成员都应谦虚、积极地学习别人的长处和研究成果,这对自己也是一种提高。

2. 互助合作，创造双赢

团队成员相互依存，通力协作，彼此关心和爱护，共同攻关。你帮我解决一个难题，我分享你一个成果，彼此交流，共同进步，创造双赢，争取"1+1>2"的效果。

3. 自我控制，营造氛围

在成员交往中，出现观点碰撞、问题争执的情况在所难免，这时应学会自我控制，这是每一个团队成员必备的素质。在共同研究中，相处是一种缘分，珍惜相处的岁月，共同完成使命，营造宽松的工作氛围，度过艰辛的研究时光，也是一种幸福。

（六）有效沟通素养

在团队合作中，能进行有效沟通，不仅是一种能力，更是一个人的基本素养。

1. 沟通研究进度

团队研究是集体研究，每一个阶段一般采用"合—分—合"的形式进行。开题时集合，集合之后按各自分工，在自己的岗位上进行研究。在这个过程中，有的快，有的慢，所以每位参与者应及时汇报各自的进度，保持步调一致。

2. 沟通研究困惑

课题研究本身就是破解难题、解决问题的，在研究过程中，遇到这样或那样的困惑、问题，是正常的，也是难免的。遇到问题，就要注意沟通，可以及时进行电话、QQ、微信沟通；可以是单向一对一的沟通，也可以是一对多的沟通。通过沟通可以碰撞思维的火花，有时一句提醒、一个支招儿，可能就会让你豁然开朗，顿觉柳暗花明又一村。

3. 分享研究收获

在研究中，用笔写下自己的心得体会，与别人分享一下，奉献自己的思想智慧。可以说沟通就是研究的一种理想境界。

（七）及时反思素养

反思是课题研究的助推剂。斯坦托姆博士认为，优秀教师＝经验＋反思。

优秀教师从事教学工作需要反思,一个课题研究团队更需要反思,因此课题研究者需要有持续不断的反思素养。在实践前思,保证行而有序;在实践中思,保持行而不迷;在实践后思,确保行而有得,且能强化对薄弱环节的补救措施。

研究的反思一般有两种:一是从纵向以时间的进度来进行深刻反思,梳理进程中的得失,提出改进措施;二是从横向以研究对象为角度来反思,总结某个方面的成败得失,在今后扬长避短。

1. 每结束一个阶段要反思

课题研究分几个阶段进行,每结束一个阶段要及时进行反思。如案例研究,就从技术层面、观念层面、解释层面、宏观背景层面进行分析、思考、总结、创新。每个阶段都反思,各个阶段是前后连贯的,各个阶段的持续反思,就会使课题研究驶上高速公路,快速到达终点。

2. 每解决一个问题要反思

在研究中,每解决一个问题都要反思,思考解决得是否科学、正确。反思课题通过什么途径、采用什么办法、用什么方式呈现;反思通过方案落实问题解决到哪个程度了,是否在解决问题的过程中又发现了问题,又出现了新的想法等。

(八)持之以恒素养

课题研究不是三五天能完成的任务,需要比较长的时间。开题时轰轰烈烈,研究中懒懒怠怠,结项时匆匆忙忙,是搞不好课题研究的。只有在困难面前不犹豫、不动摇、不停滞,一鼓作气,善始善终,坚持到底,才能搞好课题研究。应具有持之以恒、坚持不懈的精神。"人贵有恒",说的就是这个道理。

1. 按照课题规划,有序进行研究

课题研究都有时间阶段,每个团队成员都应按照研究计划按部就班地展开研究,脚踏实地、一步一个脚印地走下去,每一步都留下深深的足迹,为结项提供翔实的材料,不走过场。

2. 形成监督机制,重在过程研究

人都是有惰性的,为确保课题研究有序地进行,应重视过程研究,这就需要有监督机制。上级教研部门的监督和督促、学校教务部门的检查、课题主持人的提醒等,这一系列的监督,能促进课题顺利进行,也能促进研究团队成员持之以恒素养的形成。

  总之,课题研究团队所应具备的方向意识等十二种意识一旦成为一种自觉的意识,课题研究的成效一定会很丰满;所应具备的理论知识素养等八种基本素养一旦真正成为内化习惯,定会为顺利完成课题研究任务提供强有力的支撑和保证。

主要参考文献

[1]赵永攀,李哉平.课题研究过程中问题意识的培养[J].教学与管理(小学版),2014(1).

[2]马超.基于课题制的虚拟学习型团队组建管理研究[J].安徽工业大学学报(社会科学版),2008(4).

[3]毛佩清.中小学教师做课题研究要增强的七个"意识"[J].中等职业教育(理论版),2009(5).

[4]周靖彦.中学教师课题研究中的问题与对策研究[D].北京:首都师范大学,2013.

第十问　如何做好开题工作？

开题很重要，它标志着课题研究工作的正式开始，关系到整个课题的研究方向和进程。开题时，课题组成员会邀请有关专家和领导针对课题给予高屋建瓴的指导。然后，根据专家和领导的建议，对课题的研究方向和计划及时进行合理的调整。

专家凭借自己开阔的视野、精深的素养、丰富的经验而提出的评议意见，使研究方案更具体、研究思路更清晰。领导们的大力支持还能鼓舞士气，使每一个成员都以最佳的状态迎接研究，同时还有利于扩大研究课题的影响力。

一、做好开题准备工作

一般情况下，从提交立项申报书到课题正式批准立项，中间往往需要几个月的时间。有经验的课题组会在这段时间里为课题的开题精心准备，做足功课。当然，也有部分课题组因担心立项不能获得批准，觉得事前准备是白费功夫，所以选择消极等待。等收到立项通知书后，他们才开始手忙脚乱地准备。这样不但浪费时间，而且会导致开题报告准备不足，难以取得应有的效果。这种态度于课题研究是有百害而无一利的。

那么，在开题之前我们要做好哪些准备工作呢？

（一）查阅研究资料

首先，课题组成员要查阅、收集与课题有关的文献资料，这是进行课题研究的通常做法。其次，课题组成员要对收集到的研究资料进行动态分析。其中最重要的一个环节是要弄明白本课题所研究的问题。要弄清楚前人对此已经进行过哪些研究，解决了哪些问题，还存在哪些没解决的问题，在他们解决问题的过程中有哪些值得借鉴的经验教训等。这样做，一方面可使研究少走弯路，避免重复无用的劳动；另一方面还能让课题研究从一开始就站在一个较高的起点上，同时使自己的研究更有特色和创意，从而明确自己研究的突破点和创新点。

（二）组织培训学习

"工欲善其事，必先利其器"。组织课题组成员培训学习即是进行课题研究"利其器"的环节。因为只有课题组成员统一了思想，提高了认识，明确了目的，明白了内容，掌握了方法，课题研究工作才能准确、高效地开展。所以，组织培训学习是进行课题研究的先决条件。

一般来说，学习培训的内容有以下几个方面：

1. 课题研究的意义

该项培训的目的是提高课题组成员对课题研究的认识，转变固有的僵化的教育教学观念。

2. 相关文献资料的收集和梳理

目的在于开阔课题组成员的视野，借鉴前人同类课题研究的经验，发现前人研究的不足，以便在以后的课题研究中扬长避短，力求创新。

3. 常用的教育科研方法

学习常用的教育科研方法是为了让课题组成员手上有技术，心中有方法。这样在进行课题研究的时候才能做到有的放矢、游刃有余，并最终确保课题高质量、高水平地完成。

4. 课题研究的内容和举措

通过培训和研讨，课题组成员对即将展开的课题研究的目的、内容、方法措施等有更清晰全面的了解。

培训学习在形式上，可以采取个人自主学习、集体讨论与开办专题讲座相结合等形式，也可以采取"走出去，请进来"的办法，或组织课题组成员外出学习取经，或邀请有关专家到本单位指导，让静态的理论学习与动态的参观观摩相结合。

（三）明确课题分工

一项完整的课题研究，一般包括课题的选定、研究思路的设计、立项申报书的填写、上报、研究方案的制定、调查问卷的设计及调查数据的分析、开题报告、中期报告、研究报告等的撰写，以及各项研究活动的实施、研究材料和数据的收集整理等。有的重点、重大课题还要求在核心期刊上发表论文、出版专著等。可以说，课题研究是一项系统、科学而复杂的工程，仅靠个人的努力是难以完成研究任务的，因此需要组建一个高效的研究团队——课题组。组建课题组的目的就是充分发挥团队优势，群策群力，集体攻关。

在申报课题时，已经进行了课题组分工，在开题阶段，要使课题组分工情况进一步明确和细化，需要注意以下两点：

1. 分工要明确、合理

课题主持人在进行分工时，一定要根据课题组成员的个人能力和专长，进行合理而明确的分工，确保在研究过程中，人人有事做，事事有人做。否则会导致除课题主持人外，其他成员不知道自己干什么，有劲使不上，只能干着急。或者因课题分工有交叉，大家互相推诿。本来课题是大家的课题，结果却成了课题主持人一个人的课题。课题主持人事必躬亲，累得要死，而其他人却无所事事，坐享其成。这不仅会影响到研究工作的顺利进行，而且会对教科研工作的科学性、规范性和创新性带来极大影响。

2. 创新分工形式

还有一种分工形式极具创新性，就是把课题以子课题的形式进行分解，让每一名成员都承担一项子课题的研究任务。如对"小学高效课堂教学模式研究"这个课题，按照低、中、高学段就可以分解为三个子课题；如果按照语文、数学等学科来分，又可分为多个子课题。这种创新形式不但使课题组成员人人都有自己的研究方向和研究重心，而且要求组员有强烈的团队意识，因为只有大家的研究内容加在一起才构成一个完整的课题。这在客观上促使大家在研究过程中定时集合、交流，分别就自己所研究的子课题进行切磋交流，分享经验教训，同时对自己在研究过程中遇到的问题进行讨论，在集思广益的基础上达成共识。有些课题组在开题之前，还要做一些问卷调查和数据分析等工作。

上述工作完成之后，就可以着手写开题报告了。

二、撰写开题报告

开题报告，也称开题论证报告，由课题主持人向课题组成员和课题研究指导专家进行当面或书面陈述。它主要说明课题研究各方面的具体内容和步骤，对整个研究工作的顺利开展起着至关重要的作用。一个好的开题报告，可以确保课题研究工作有条不紊地进行。因此，开题报告水平的高低，决定着一个课题研究质量的好坏与水平的高低。

（一）开题报告与立项报告的区别

开题报告和立项报告在课题名称、研究背景、研究意义、理论依据、研究目标、研究内容、研究方法、研究步骤、成果形式、研究保障等诸多方面有着比较相近或相同的内容、结构，但是它们毕竟属于两种不同的课题研究文本表现形式，因此二者之间也存在着区别。

1. 论证的重点和目的不同

立项报告对课题的论证侧重于说明课题研究的问题是否有价值、有意义，是否有创新性和可行性；要具体研究问题的哪些方面，达到怎样的预期目标；等等。这是为了让评审专家觉得该项研究很重要、很有研究价值，课题组思路清晰，具有完成研究任务的条件、能力和基础。立项报告对课题论证的侧重点在理论层面，目的是争取有关专家的关注和认可，使课题顺利通过科研部门的立项审批。

开题报告对课题的论证侧重于如何使课题立项报告各部分内容的设计更优化、更细化，通过怎样的具体操作策略才能实现预期目标。其主要目的是完善和充实立项报告的内容，使其更科学、可行，具有可操作性。开题报告对课题论证的侧重点在实践层面——如何完成此项研究，目的是说明怎样完成这个课题的研究任务，并最大限度地争取有关专家的具体论证指导和帮助。

2. 设计时间不同

立项报告的设计时间在课题立项之前，而开题报告的设计时间在课题立项之后。如果申报的课题没有被科研部门批准立项,也就不用写开题报告了。

3. 准备工作不同

立项报告设计之前,研究者要做的准备工作一般有选题、进行文献检索、设计出课题研究初步方案并进行论证、向上级教科研部门申报立项等。

开题报告设计之前,研究者要做的准备工作一般有查阅收集相关研究资料、对课题组成员进行培训、明确课题组分工、开展相关调研、撰写开题报告、筹备召开开题论证会等。

应该说,开题报告绝不是立项报告内容的简单复制。从课题立项申报到撰写开题报告,是一个把研究设想逐步转化为实践操作的重要过程。我们既要明确二者之间的联系,又要认清二者之间的区别。只有这样,才能使我们的课题在进入实践操作层面后,思路更清晰,过程更顺利,预期目标圆满达成。

（二）如何撰写开题报告

开题报告有相对固定的结构和写法,具体如下:

1. 研究意义

研究意义可以从现实需求方面去论述,说明在教育实践中确实存在这样的问题,需要去研究和解决。这就是"问题的提出"。然后阐述这个问题的解决对学校、教师和学生的可持续发展有什么促进作用,对本校、本地区的教育教学工作会产生什么影响,对整个教育改革和发展又会有什么贡献。

中小学教师的课题研究更多地趋向于应用研究,指向操作层面,因此都有重要的现实意义和实践意义。但是一般情况下,又往往难以在理论意义上开创新的领域、填补学术空白,比较可行的研究就是对某一相关理论起到细化、充实、验证,甚至推动其发展的作用。因此,关于课题研究的实践意义可以详述,理论意义可以简述,但二者不可偏废。即使不能提出新理论,也一定要在科学理论的指导下开展课题研究,盲目的教育教学实践往往劳民伤财、徒劳无功。

2. 研究目标

研究目标就是通过研究要解决哪些具体问题,要达到什么样的目的。在确定研究目标时,要注意紧扣课题,用词准确、简练。在课题研究中,研究目标必须明确而具体。只有这样才能明确研究工作的方向,把握研究工作的重点,使课题研究工作沿着正确的思路顺利展开。例如课题"低年级小学生良好学习习惯培养的策略研究"是这样确定研究目标的：

(1)探索出一套适合培养我校低年级小学生良好学习习惯的策略和方法。

(2)改变我校低年级学生的不良学习行为,使学生从小养成认真书写、专心听讲、积极动脑、按时完成学习任务、主动预习复习等良好的学习习惯,提高学生的学习成绩。

(3)让每位教师通过不断地实践、探究、反思,探索出一套培养小学生良好学习习惯的有效做法,以提高自身的教学水平和课程实施水平。

研究目标的第(1)项提出探索出一套策略、方法,是总体目标；第(2)项是学生目标,第(3)项是教师目标,即通过本课题研究,预计在学生、教师层面分别达到怎样的要求。

3. 研究内容

研究内容是开题报告的重点内容,是课题研究目标的落脚点,因此要根据研究目标来确定研究的内容。需要注意的是,研究内容要与研究课题相吻合,与研究目标相照应。要明确回答研究的问题是什么,研究的是问题的哪些方面。这就要求我们把课题所提出的研究内容进一步细化为若干个小问题,然后用简明的标题式语句列出,并具体论述其观点和操作办法。也可以在课题大框架下以子课题的形式出现。

总的来说,研究内容是开题报告的重头戏,它关系到整个研究过程,是对今后开展课题研究的基本思路和撰写研究报告及有关研究论文的基本框架的描述。因此,研究内容的表述一定要具体、明确,具有可操作性。

如由南阳市第十五小学常春环同志主持的河南省教育科学"十二五"规划2012年度重点课题"'以学定教'理念下的高效课堂教学模式研究"（编号：[2012]-JKGHBB-0370)是这样确定研究内容的：

本课题研究的中心是从切实转变教师教学方式和学生学习方式入手,先学后导,以学定教,全力打造"预习探究—展示质疑—评价反馈"的"三环六步"高效课堂教学模式,构建以学生"自学—对学—群学"为主体的"三学"课堂。具体内容包括下列三个方面：

(1)转变教师教育教学观念。改变部分教师过去那种高耗低效的落后的教学方式和教学行为。提高教师的教育理论水平、教育科研水平和教育教学能力,引导教师由教书型向科研型转化。

充分发挥学生的主体作用和教师的主导作用,激发学生的学习兴趣,提高学生的思维品质。让学生掌握正确的学习方法,学会学习;具备良好的团队意识,学会合作;养成刻苦钻研精神,学会探究。从而使学生真正成为课堂学习的主人。

(2)根据小学生身心发展和语文、数学学科的学习特点,倡导自主、合作、探究的学习方式,积极构建先学后导,以学定教的"三环六步"高效课堂教学模式。"三环",是指自学探究、展示质疑、评价反馈三个学习环节;"六步",则是指预习、探究、展示、质疑、评价、反馈六个学习步骤。

(3)根据小学各年级学生的身心发展特点和语文、数学学科的教学要求,对小学各年级语文、数学学科中学生认知、情感等领域的素质发展进行详细的目标规定,从而建立小学各年级语文、数学学科的高效课堂教学目标和评价体系。

4. 研究的重点、难点、创新点

对课题研究重点、难点、创新点的定位直接影响着课题研究的深度、广度和价值。

研究重点是指在本课题研究内容中哪个方面是研究的重点。前述课题"'以学定教'理念下的高效课堂教学模式研究"确定的研究重点有两项:

①构建先学后导,以学定教的"三环六步"高效课堂教学模式。

②建立小学各年级语文、数学学科的高效课堂教学目标和评价体系。

研究难点是指从研究内容、研究过程或研究者水平等方面看,困难比较大的方面。仍以前述课题为例,研究者对课题研究的难点确定为两个方面:

①关于转变观念问题。

这里说的观念,主要指教师是否相信学生的能力。高效课堂的核心是人本思想,即相信学生、解放学生、依靠学生、发展学生,这也是高效课堂的灵魂。过去由于观念作怪,致使我们的不少改革半途而废。因此,要进行高效课堂改革,必须首先转变教育观念,树立正确的教育观和学生观。

②关于合作学习问题。

合作学习，在高效课堂改革中起着至关重要的作用。但我们一些教师对此缺乏足够的认识，他们往往只是把学生分成小组，把简单的小组讨论看成合作学习。而真正的合作学习是以教学目标为导向，以异质小组为基本组织形式，以教学各动态因素的互动合作为动力资源，以团体成绩为奖励依据的一种教学活动和策略体系。因此，进行高效课堂改革，首先必须在构建小组合作学习模式方面下大功夫。如果合作学习流于形式，课堂教学绝不可能实现高效。

创新点是指本课题的研究有哪些方面的创新，这也是课题研究最突出的价值和意义所在。我们常常听说某课题或项目填补了国内、国际什么领域的空白，其实就是指它的创新点。

仍以前述课题为例，研究者将课题研究的创新点确定为要在改变传统教学模式的基础上，最终实现"三个突破"：

①彻底改变教师讲学生听、教师问学生答的学生被动学习局面，在学生的主体参与、自主学习、合作探究方面实现突破。

②彻底改变少数教师参与课堂教学改革的局面，在整体参与、形成群众性课改局面上实现突破。

③彻底改变课堂教学改革"一阵风"的局面，在高效课堂教学模式的实践、推广和常态化上实现突破。

5.研究方法

这里的研究方法是指在课题研究中要采用的科学研究方法，并需要说明在本课题研究中如何运用这一种或几种方法，而不是对这些研究方法进行概念解释。在中小学课题研究中，一般常用的方法有问卷调查法、文献研究法、行动研究法、实验研究法、个案研究法等。如你采用的是问卷调查法，你还要说明一下所用的问卷是沿用前人的还是自制的。

有些人在介绍研究方法时，常常会罗列出很多研究方法，以显示自己学识广博，结果却适得其反。因为在内行人看来，这正是研究者思路不清、水平不高的表现。好的研究常常不需要太多方法，方法太多恰是没有方法、不懂方法的表现。所以，在写研究方法时，只写主要的研究方法，1—3种即可，不要大量罗列充门面。

6. 研究进度安排与预期成果

研究进度，就是课题研究在时间和顺序上的安排。一般划分为三个阶段：前期准备阶段、中期实施阶段、后期总结阶段。每一个阶段从什么时间开始，至什么时间结束；每一阶段的工作任务和要求是什么；课题组成员各负责完成什么工作，都要落实到书面计划中，从而保证研究过程有条不紊、循序渐进，研究任务保质保量、按时完成。

课题研究的目的就是获得一定的教科研成果。课题研究预期的阶段性成果有哪些，最终成果是什么，这些成果以什么形式(如开题报告、中期报告、研究报告、研究论文、校本教材、专著、软件、课件等)呈现，由谁来负责完成，都必须交代清楚。否则，研究工作就会陷入盲目状态，并使成果的验收、鉴定无法进行，甚至导致整个研究工作落空。

7. 主要参考文献

在撰写开题报告时，如果引用了他人的文章、材料、论点、数据等，要按要求注明出处。这不但是尊重他人劳动成果的体现，而且也反映出课题组严肃认真的科学态度，是开题报告的科学依据。

在写主要参考文献时，格式要规范。其顺序可以按作者、论文或专著题目、文献类型标识(如专著用"M"、论文集用"C"、报纸文章用"N"、期刊文章用"J"等)、出版地、出版者及出版时间来标注。另外，每部分的标点符号也要符合规则。

如：[1]任海云.中小学教师课题选题的十个来源[J].新课题(综合版)，2016(3).

[2]刘良华.教育研究方法专题与案例[M].上海：华东师范大学出版社，2007.

（三）向有关专家提交开题报告

课题主持人在举行开题报告会之前，应按照开题报告的格式将撰写好的开题报告初稿提前送交到上级科研管理部门和有关专家手中，以便他们有较充足的时间对开题报告进行认真审阅。同时要向上级科研管理部门的领导和有关专家发出邀请函,通知他们召开课题报告会的具体时间、地点等相关事宜。

值得注意的是,你所邀请的评议专家,应该是本地区、本学科、本研究领域内的知名专家,一般不少于 3 人,并且本学科专家不少于一半。有些高规格课题,还需要跨地区邀请全国著名专家参加。

三、组织开题报告会

开题报告会成功与否,对课题研究能否顺利进行至关重要。因此,课题研究者要充分认识课题开题论证工作的必要性和重要性,对开题工作要高度重视,确保课题研究工作开好头。

(一)召开开题报告会的目的

召开开题报告会,实际上是对前一阶段研究准备工作的全面总结,是对课题研究设计的再一次论证和完善,更是对课题研究正式启动的一次全面部署、动员和引导。在会议上,有关专家要对该项研究作出评议,提出具体的调整意见或建议,并对课题实施的可行性写出书面评估意见。召开开题报告会,一般要实现以下目的:

1. 明确研究目标、内容、思路及研究方法

课题主持人要通过开题报告,让课题组全体成员明白本课题主要研究什么,为什么要研究,怎么样去研究。同时要对研究的目标、思路及方法等问题做进一步的阐述。这样就可以使课题组全体成员再次聚焦研究目标和研究内容,进一步厘清研究思路与方法,保障研究工作沿着正确的轨道顺利开展。

2. 分解研究任务,落实成员分工

会议上,课题主持人会根据课题组成员的个人能力和专长,明确课题的研究任务,分解研究内容,对课题组成员谁做什么、怎么去做、何时完成什么阶段性成果等都会进行合理而明确的分工,使每个人都清楚地了解自己的工作和责任,便于大家分工协作,更好地发挥课题组的团队优势,同心协力,共同完成研究任务。

3.进一步研讨课题研究的可行性

在会议上,评议专家会针对该项研究实施计划的科学性、可行性等问题进行科学的论证和指导,并提出具体的调整意见或建议,还要对课题实施的可行性写出书面评估意见,使课题的实施计划更加完善。所以,课题报告会也是一次极为难得的课题研究指导、培训会,可以确保整个课题研究科学、有序、高质量地顺利进行。

4.完善研究方案,扩大社会影响

在有关专家的具体指导下,课题组成员对开题报告进行进一步的修改、完善。这不但有利于课题研究工作高质量、高水平地运行,而且有利于提升本单位的教育科研品位、社会影响和知名度。

(二)开题报告会的组织形式

开题报告会的组织形式一般有以下三种:

1.自我论证型

有些课题主持人对主持课题研究工作经验丰富,对做好课题研究极有把握。他们在开开题报告会时,就不需要邀请专家指导,因为他们本身就是专家。这样的开题报告会采用的是自我论证形式。在开题报告会上,课题主持人只需要认真介绍课题研究的目标、内容、操作方法,把开题的重点放在课题组成员分工上面。只要课题组成员都能明确各自的研究任务,经过充分酝酿讨论,就课题研究达成一致意见即可。

2.专家指导型

这是一种最常见的开题报告会形式。采用这种形式,需要课题主持人提前将开题报告送交评议专家和课题组成员审读。然后在有关领导、专家和全体课题组成员参加的开题报告会上,将开题报告的具体内容向大家一一介绍。在此基础上,专家针对开题报告中存在的问题给予指导,提出中肯的修改意见。最后课题组成员针对专家提出的指导意见,在进行充分酝酿讨论的基础上,对开题报告进行修改完善。

在这样的开题报告会上,专家的具体指导、大家的充分讨论,能使课题组成员进一步明确研究思路和操作方法,既知道该项研究主要做什么,又明白自己怎么去做,可以收到非常理想的效果。

3. 会议交流型

有时候,本单位或本地区有几个课题都需要开题,就可以采用会议交流型的开题方式。这样做既节约了会议的开支,又使各课题组之间相互交流了课题研究经验,两全其美。但需要注意的是,如果课题多,就会因时间紧张,造成课题组报告受限制、专家点评不到位、课题组成员讨论不充分、效果不理想等现象的出现。所以,几个经过充分准备的课题同时开题,是可以的,但不宜太多,一般以两三个为宜。

(三)开题报告会的基本程序

参加开题报告会的人员主要是课题组全体成员、上级教科研部门领导、学校领导及特邀评议专家等。根据课题研究和学校工作的需要,还可以号召本校或本地全体或部分骨干教师参加,尽可能向社会开放。同时需要提前做好会务工作,包括布置会场、张贴会标、准备音响或多媒体等有关设施。

开题报告会成功与否,关键取决于开题报告的质量和课题研究的可行性。论证课题研究的可行性,是开题报告会的重点所在。

开题报告会的基本程序如下:

①会议主持人宣布开题报告会开始,介绍与会领导、专家及来宾。

②学校领导致欢迎辞。

③上级教科研部门领导宣读课题立项通知书。

④课题主持人作课题开题报告。

⑤课题研究评议专家对课题进行论证指导。

⑥课题组成员根据专家指导意见进行交流和讨论。

⑦整理评议意见,专家签字。

⑧学校领导或课题主持人对课题研究的实施做表态发言。

⑨主持人总结,宣布开题报告会结束。

⑩课题组成员与与会专家、领导合影留念。

需要注意的是,在举行开题报告会时,课题主持人要提前安排专人做好记录,还要整理、保管好会议的有关音像和文档资料。

（四）完善研究方案

开题报告会召开之后，课题组需要完善以下工作：

1. 修订研究方案

课题组成员在课题主持人的带领下，汇总专家及各方人士的指导意见，结合组员对问题的认识，认真研讨、达成共识，再次修订和完善研究方案。

2. 报送管理部门

完成上述工作之后，课题主持人将修订完善后的研究方案和收集整理的有关开题报告会的各种资料送交上级科研管理部门，以便于他们对课题进行全程管理。当然，课题组也要保存好相关资料。

3. 执行研究方案

课题组按照新修订完善的研究方案，有计划地开展课题研究工作，撸起袖子，伏下身子，实事求是，真抓实干。

主要参考文献

[1]谈秀菁.怎样做好课题的开题工作[J].南京特教学院学报,2007(2).

[2]李德煌,阮秀华.谈科研课题开题报告的撰写[J].福建教育学院学报,2004(1).

第十一问 如何做好中期检查与报告撰写工作？

课题的中期检查也叫中期评估,是各级课题管理部门对课题执行阶段管理的重要环节。中期检查活动是在课题研究过程中开展的,主要是检查课题进展情况,检视课题研究已取得的阶段性研究成果,研讨课题研究的创新点、可持续性,以及对下一步工作计划的检查。该检查是以自评自检为主、抽检为辅的过程性检查。中期检查工作是课题管理的重要组成部分,要高度重视,以实事求是的科学态度进行,认真准备检查材料,详细介绍课题进展情况,虚心听取专家意见和建议,根据专家的评估意见,研究、修改、调整下一步工作计划。

一、中期检查的目的和意义

（一）中期检查的目的

1. 提高课题研究者对课题的重视程度

中期检查的目的是提高课题研究者对课题的重视程度,夯实研究过程,确保课题实施计划落到实处。

2. 对课题进程进行考核与评估

通过对课题进展程度等进行考核与评估,研讨课题研究的可持续性,督促课题研究人员对研究工作进行归纳总结,分析已取得的阶段研究成果,反思研究中存在的问题,深化、细化研究过程。

3. 及时修正课题研究的偏差

通过中期检查,专家对课题研究中出现的问题提出指导性意见和建议,研究人员在专家的指导和帮助下,及时修正和调整课题的研究内容、研究策略,以实现顺利研究。

（二）中期检查的意义

1. 有力促进课题研究高效开展

通过中期检查，可以督促课题研究者按照研究计划认真开展研究工作，避免研究人员开题后由于各种原因懈怠和拖延。

2. 有效提升课题研究者的工作能力

通过中期检查，课题研究者要对研究思路进行系统的回顾和梳理，反思研究策略，总结前一段研究工作的经验、成绩和不足，进一步细化研究内容，科学有序地开展下一阶段的研究工作，从而使其科研能力得到锻炼和提升。

3. 保证课题研究质量

中期检查活动的专家对课题的研究过程进行指导，保证课题研究在正确的方向上顺利实施，保证课题研究质量，为结题奠定基础。

二、中期检查的主要内容和方式

（一）中期检查的主要内容

1. 计划执行情况

主要检查实施方案执行与落实情况，包括调整后的实施方案的执行与落实情况，重点检查课题研究的材料收集和整理情况，以及交流研讨情况。

2. 阶段性成果

重点检查课题研究所取得的阶段性成果，包括阶段性研究报告、论文及相关的其他有形成果等的数量、质量、效果，如课件、课例、视频资料等。

3. 创新点

主要检查课题研究的方法与途径是否有创新，阶段性结论是否切合实际且有前瞻性。

4. 下一步工作计划

通过中期检查，检查课题组下一步的工作计划是否科学合理，研究方式是否得当，研究过程是否有偏差等。

中期检查内容通常是以表格的方式呈现，清晰明了，便于操作。下表是中期检查评估的具体内容和评价标准，可供课题中期检查时使用，也可以作为课题研究实施参考。

中期检查评估表

学校：　　　　　　课题名称：　　　　　　课题管理部门：

评估项目	评价细则	自评	专家评估
计划执行情况（30分）	1. 开题后，严格按照课题实施方案和时间要求进行研究活动。（6分） 2. 研究重点突出，策略多样，内容间逻辑性强。（6分） 3. 按计划组织实施，有详细的过程记录和资料积累。（12分） 4. 课题组主要成员制订有研究计划，计划明确、具体，可操作性强。（6分） 5. 课题至今未启动，本项记0分		
阶段性成果（40分）	1. 每学期有课题组和成员的阶段研究报告（研究小结），有优秀论文、教学设计、优秀案例和课件。（15分） 2. 在县(区)、市、省、国家级课题研究会上交流(获奖)，分别记2分、3分、4分、5分。 3. 在县(区)、市、省、国家级媒体上发表相关课题研究成果，分别记2分、3分、4分、5分。 4. 出版有专著。（5分） 5. 省内先进、省内领先、国内先进、国内领先成果，分别记5分、6分、8分、10分		
创新点（10分）	1. 形成初步成果，有重大创新。（5分） 2. 有一般意义上的创新。（5分） 3. 没有创新点（0分）		

第十一问　如何做好中期检查与报告撰写工作?　　　　　　　　125

(续表)

评估项目	评价细则	自评	专家评估
下一步工作计划（20分）	1. 对前期课题研究中存在的问题有改进措施。(5分) 2. 对应做而未做的工作有补救措施。(5分) 3. 后续研究思路明确,研究的重点、难点清晰。(5分) 4. 下阶段主要研究活动的安排合理、有序、可操作性强(5分)		

综合评价得分：　　　　　检查组成员签名：　　　　　时间：

(二) 中期检查的方式

中期检查的方式主要有通信检查和会议检查两种。

1. 通信检查

课题主持人把中期报告及相关材料整理归纳后,寄送给课题管理部门,由课题管理部门组织专家进行检查评审,反馈意见。

2. 会议检查

会议检查是通过组织会议的形式,对课题实施情况进行检查。会议检查由课题管理方组织,课题主要参与人员和评议专家共同参加。

会议检查根据检查的主体不同分为自查、互查、抽查三种方式。

(1) 自查

课题中期检查多采用自查方式,由课题主持人所在单位教科研管理部门负责组织实施,包括组织专家、举办会议、对课题组研究工作进展情况进行检查。

(2) 互查

在课题主持人所在区(县)教科研主管部门指导下进行区域内互查。由所在区(县)教科研主管部门组织专家,对区域内各个课题组的研究进展情况进行交互检查。

(3) 抽查

在通信检查的基础上,上级课题管理部门组织专家评审小组,根据随机抽样的原则,派专家小组到课题主持人单位实地走访检查评估,由所在单位教科研管理部门负责组织会议。

三、中期检查的流程

(一) 前期准备工作

1. 召开中期检查筹备会

课题主持人召集课题研究人员召开中期报告筹备会,进一步明确中期检查的目的、意义,了解中期检查的要求,对本课题进行深入研讨,明确中期检查的重点,明确分工。具体做好以下工作:

①落实课题组成员各自的研究进度和计划。
②讨论所收集资料的种类和范围,整理好文本资料。
③交流课题研究中存在的问题、困难,研讨解决办法。
④研讨阶段性成果的展示形式。
⑤讨论下一步工作计划。
⑥确定中期检查时间和地点。

2. 自查自纠研究计划落实情况

课题组成员对照课题计划,逐条检查研究工作的进展状态,注明完成情况。对因不具备条件而未完成的计划应作出具体说明,并在下一步工作计划中合理安排。

3. 收集整理中期检查所需要的材料

中期检查需要提交阶段性研究材料,主要包括各种数据、照片、录音录像资料、文字资料(如调查问卷、访谈提纲、测试试卷及课题立项申报书、课题计划、开题报告、活动记录或会议纪要、中期检查报告等)。这些材料都需要分门别类地整理,以备检查。

4. 撰写中期检查汇报

课题中期检查的主要目的是总结前一段研究工作的成绩和经验,检查研究进度,获得专家指导,安排下一步的研究工作。所以,中期检查汇报包括课题研究工作推行的情况、阶段性成果及问题、重大变更、下一步的计划安排等。

5. 聘请评议专家

中期检查报告会的评议专家人选,要根据研究内容来确定。可以自己聘请,也可以是上级部门指派。按照课题管理办法要求,课题组外专家不少于两名,要兼顾校外专家。评议专家应为从事本领域研究多年、有丰富的理论和实践经验、有较高的学术造诣和良好的学术品德的高校专家、教研员或一线优秀教师。

(二) 召开中期检查报告会

中期检查报告会的参与人员一般由课题主持人邀请课题评议专家、单位负责人、教科研部门主管领导参加,全体课题组成员必须参加,还可以邀请学校相关学科教师参加。

中期检查报告会一般有以下几项议程:

1. 介绍出席会议的人员

包括参会的领导、评议专家、参与人员等。

2. 课题进展汇报

课题主持人或课题组成员代表汇报课题已开展的研究活动和取得的中期研究成果,汇报后期研究计划。汇报时语言要清晰流畅,可以使用PPT。为了增强汇报的直观性,汇报人可以在PPT中插入相关的照片、视频等进行辅助讲解。

3. 实验教师展示体现科研成果的汇报课(根据预期成果形式,选作)

中小学的课题多是实践性、应用性课题,研究成果往往要体现在课堂教学中。因此,汇报课也是中期检查中展示课题进程的较常见的内容。

4. 评议专家查看课题组收集整理的研究资料

包括立项申报书、开题报告、中期检查表、中期检查报告、阶段性成果材料、过程性资料(如问卷调查类、统计类、分析报告类、课题管理类资料等)。专家通过查看资料深入了解课题,避免评议的主观性和盲目性。

5. 专家评议

专家根据课题组开展的研究情况和阶段性成果进行评议，提出具体建议。

6. 专家答疑

课题组成员就课题研究中的困惑向专家咨询，专家进行答疑指导。

（三）召开中期检查活动总结会

中期检查的结果有两种：一种是通过，一种是未通过。中期评估检查以后，课题组要召开中期检查活动总结会。如果课题未通过中期检查，课题管理部门会要求课题组限期整改，在规定的时间内再一次接受检查。课题组要根据未通过的原因进行整改。如果课题通过中期检查，课题组成员也要针对评议专家的意见，反思课题研究中的问题，对研究方案进行适当的调整，制订具体的改进措施，完善下一步研究计划。最后根据专家意见完善中期报告，开始填写中期检查报告表。

四、中期检查报告表的填写

中期检查报告是对上一阶段研究情况做简单而明晰的总结，分析出现的问题，并提出相应的调整方案。中期检查报告分为文前基本信息和正文两部分。文前基本信息包括课题名称、课题类别、学科分类、课题主持人、所在单位五项。正文包括中期检查活动简况、中期检查报告要点、主要阶段性成果及影响、专家评估要点、研究计划重要变更说明五项内容。下面就报告正文部分进行详细讲解。

（一）中期检查活动简况

中期检查活动简况要根据中期检查活动实际情况如实填写。写清楚中期检查报告会的时间、地点，参加中期检查的评议专家、课题组及其他参与人员等。

（二）中期检查报告要点

中期检查报告是中期检查工作的重要文件，是课题组成员对课题前期工作开展情况的总结回顾。通过中期检查报告，专家能够了解课题进展情况、课题创新点、课题已取得的阶段性成果、课题存在的问题、课题重要变更、下一步计划、可预期的成果等。因此，课题中期检查报告撰写要清晰准确、真实具体。按照课题管理文件要求，中期检查报告要点有明确的字数规定，字数限制在5000字以内，可以加页。

中期检查报告要点写作应注意以下事项：

1. 课题概述要简洁清晰

课题概述这一部分主要是让专家了解课题选题的背景、意义等基本情况，所以要用简洁清晰的语言介绍课题由来、课题界定、研究目标、研究内容、起止时间、经费预算等，说清楚即可。

2. 研究进展介绍要具体

根据研究计划对前期工作进行回顾，也就是对课题实施方案执行情况的说明，如使用了哪些研究策略，主要开展了哪些基础性工作（如文献资料收集、课题培训、调查研究、考察等），完成了哪些重要研讨活动等。研究工作进展要对照开题计划逐条落实，注明完成情况。这一部分写作内容要翔实，切忌一笔带过，否则即使后面阶段性成果写得再出色，也使人感到课题开展不扎实。

这部分内容有三种写法：如果是研究单一内容的课题，可采用时序式编写，即按任务完成时间的先后写，如什么时间，采取什么样的具体措施，取得了哪些进展，结果如何，应注意避免记流水账；如果是研究内容比较复杂的课题，则可采用任务分项式编写，一项一项地写；对于复杂的课题，也可把时序式和任务分项式结合起来编写。

有的课题这一部分写作过于简单，如：

  截至2014年9月16日，本课题的研究工作进展顺利，按照预期目标完成了大部分研究计划。课题组成员认真参与本校的思想政治课校本课程的开发与实施工作，积累素材，提炼理论，撰写出了一些课题论文……

这样的前期工作介绍形同虚设，让人难以全面了解课题进展状况，不符合中期检查的要求。

3. 阶段性成果概括要全面准确

阶段性成果是中期检查报告中最为重要的部分。一个中期检查报告写得好不好,是否能全面、准确地反映课题研究的基本情况,课题研究成果是否具有推广价值和借鉴价值,主要靠这部分的具体内容来反映。一般说来,这部分文字的篇幅应占整篇报告的三分之一以上。

这部分内容主要包括前期研究取得的成果,成果的价值或影响,形成的基本观点,初步形成的解决问题的方法、途径,产生的客观效果和社会影响,给研究对象带来的改变,公开发表或获奖的论文(立项后,与课题高度相关),经验总结,成效分析和案例分析,等等。表述时要注意既要有实践成果,也要有理论成果。

实践成果包括一些显性的成果,如教学设计、教案汇编、公开课、观摩课、示范课、课件、作业反馈、案例、课堂观察、教育叙事、个案分析、调查报告、学生的成绩、学生的作品集等;也包括一些隐性的成果,如学生的学习兴趣和学习能力获得了哪些提高,教师的科研水平得到了哪些提高,教师专业发展水平有什么提高等。

理论成果就是通过研究得到的新观点、新认识、新策略、新的教育教学模式等,还包括发表或获奖的论文等。

只有实践成果,没有理论成果,别人就无法从你的研究成果中学习到什么,因为这样的研究成果难以借鉴和推广。所以在课题研究中,不仅要注意总结实践成果,更要注意提炼理论成果。

4. 主要创新点论述要精当

课题必须具有创新性,而创新应该是基于大量文献收集、综述之上产生的。创新包括新问题、新观点、新认识、新角度、新策略、新的教学模式、新的成果。课题的创新点可以是对教育教学理论提出了新见解,对教育教学工作阐述了新观点、丰富了新方法,也可以是为解决教育教学问题提供了新途径,为教育教学理论提供了新论证、新资料。总之,要对教育教学的理论、方法、问题解决等有新贡献。

新乡市育才小学赵俊岭老师主持的课题"小学生绘画作品中的表现与其心理健康的研究"中期检查报告中的创新点是这样写的:

> 由于社会等多方因素的影响,现代儿童的心理问题越来越严重,关注学生的心理健康,促进他们健康快乐地成长是学校教育的责任和义务。由

于学生的心智发展尚不成熟,学生的心理问题更加隐性,当语言等心理疗法不能很好地治疗学生的心理问题时,绘画心理治疗是一个不错的选择。因为有些孩子天生喜欢绘画,让他们用喜欢的方式表达,更容易被他们接受,更容易突破他们的防御机制,发现他们潜意识中的问题。因此,将儿童绘画和心理治疗结合起来,是本课题的主要创新点。

赵老师这个课题的创新点就是一个策略新、方法新的典型。用孩子喜欢的绘画形式,突破他们的防御机制,通过绘画作品发现孩子们潜意识中的问题,根据问题,通过绘画诊疗看学生心理健康问题是否得到解决。这个课题将绘画与心理治疗有机地结合在一起,创新点非常突出。

5. 存在的问题阐述要具体、清楚

要具体、清楚地提出研究过程中遇到的问题,实事求是地分析面临的困难,包括研究环境等各种客观条件方面的困难。如选题或结构还需要修改,资料获取困难,教育教学理论的领悟与运用的问题,调查对象的确定和调查实施的问题,素材和数据分析问题,论文撰写问题,期刊论文发表问题,时间问题,其他问题(如经费不足、人力有限)等。

信阳市羊山中学的高辉老师在论述课题"校本教研的领导与保障机制研究——'三纵三横+专项工作室'制度"存在的问题时是这样写的:

  1."三纵三横"各工作室和各专项工作室之间偶尔沟通不到位,出现个别事情无人管的状况,例如教师继续学习的事情由办公室推到教导处,再由教导处推到职称组,最后都弄不清楚究竟由哪个工作室负责此事,教师们只好不了了之,错失机会。

  2. 各工作室的职责不是很明确,好像人人都是管理者,又好像所有的事情都没人管,教师除了教学,还要做好很多学校常规的事情,存在重复工作,结果给教师的感觉就是工作强度非常大。

  3. 各专项工作室负责人都担负着教学工作,因此存在着想做好专项工作与精力达不到的矛盾。

课题组的问题找得非常到位,不仅写明了存在的问题,而且分析了产生问题的原因,所找的主要问题和原因准确、典型、中肯、实事求是。该课题组根据研究中存在的这些实际问题制订了科学、有序的下一步工作计划,实现了中期

检查报告所应起到的检查矫正的作用。

6.下一阶段研究工作计划条理要清晰

主要陈述将如何开展后续研究,或者如何进行推广性研究等。这部分写作既要参照课题工作计划写出下一阶段将进行的研究,又要针对上一阶段的经验和存在的问题,调整下一阶段的研究计划,同时写明变动原因。这部分主要写以下内容:

①存在问题的改进措施。

②应做而未做的工作如何补救。

③后面的研究思路。

④下一阶段研究的重点、难点。

⑤下一阶段需要加强的工作。

⑥下一阶段主要研究活动的安排。

商丘第一实验小学夏艳老师主持的课题"以绘本开启低年级学生阅读之路的研究"是这样书写下一步工作计划的:

  1.由于本课题研究实验的时间还比较短,针对孩子的年龄特点、认知规律,结合我校正在进行的高效课堂教学改革的实验,利用好绘本这一媒介实现高效阅读、快乐阅读,教给孩子读书的方法,不断完善低年级绘本阅读教学模式,这一过程还需经过实践的不断检验,还有待于进一步探索、总结反思。

  2.加强理论学习,培养书香教师、研究型教师。要让学生们爱上读书,首先我们教师要成为一个热爱读书的人。不读不写的教师是无法体会读书的魅力,也无法给学生以熏陶,让学生耳濡目染的。我们将针对自身的理论知识现状,充分利用网络及学校图书馆的资源,采用多种形式的学习活动,如举办讲座、参加网络研修等,加强理论知识的学习与研究,围绕专题进行听、评课,积极撰写教学论文、案例分析和教学反思,踊跃投稿,让教师在研究中实践,在实践中反思,在反思中成长,使课题研究不断深入,更具实效性,使自己努力成长为研究型教师。

  3.培养学生主动读书、善于交流、乐于展示的品质。要培养学生热爱读书的习惯;培养学生专心倾听别人发言的习惯,能听出别人发言的重点,对别人的发言作出判断,有自己的见解;培养学生敢说的勇气,说话时声音洪亮、条理清楚、语句完整、语言简练且能突出重点;鼓励学生讲绘本,演绘本,创作绘本,不断提升学生的表达能力和语文素养。

4.认真做好收集、积累和整理资料工作。我们将认真收集、整理各项文本、音像、图片材料,为结题做好充分的准备工作。

由上面的例子可以看出,该课题组对课题下一阶段研究规划清晰,对存在的问题,如因实验时间较短所造成的实验结论的说服力不强等有清楚的认识,提出了完善和改进措施——主要侧重于教师专业素养和科研能力的提升,以及学生良好学习品质的养成。下一步工作侧重于针对学生的年龄特点、认知规律,结合该校正在进行的高效课堂教学改革的实验,利用好绘本这一媒介实现高效阅读、快乐阅读,教给学生读书的方法,不断完善低年级绘本阅读教学模式,通过实践的不断检验,进一步探索、总结反思,增强实验的说服力。计划明确提出要认真做好资料收集、整理工作,为结题积累材料,安排合理,可操作性强。

7. 可预期成果表述要科学规范

课题预期成果与研究目的相呼应,要有科学价值和社会效益,即要有应用前景和指导实践的价值。预期成果的形式一般有论文、报告、专著、课例、软件、数据库、专利等。课题主持人及课题组成员结合课题研究进行的课程建设、教材编写、学术报告、咨询服务及其实际效果和社会影响等,对教师教育行为、学生学习方式的改变和影响,课题研究成果推广应用的范围、形式、效果等,都可以算作预期成果。但预期成果要和主要成果有所区别,要在预期成果中突出主要成果,可把其他的预期成果作为主要成果的附件。

所有的成果必须遵循以下原则:

①真实性原则。可预期的科研成果必须是课题组实践研究得出的。

②创新性原则。可预期的科研成果必须是在某一方面有创新的。

③规范性原则。可预期的科研成果的产生过程必须具有规范性。课题方案要经过论证,研究体系要规范。

④科学性原则。可预期的科研成果必须具有科学性。研究过程要科学合理,论证方法要科学严谨,成果表述要科学规范。

⑤价值性原则。可预期的科研成果一定要有理论价值或实践价值,对他人有借鉴意义。

⑥可操作性原则。可预期的科研成果必须具有可操作性。成果要能够直接指导教育教学工作,要简单易行,具有推广价值。

(三)主要阶段性成果及影响

"主要阶段性成果及影响"作为中期检查报告表中的第三部分,是中期检查报告的重头戏,除在"中期检查报告要点"中占有一定篇幅外,在此又单列,足以说明其重要性。

此部分可参阅本课题立项申报书所列的主要阶段性成果清单,并结合立项通知书上对课题主持人论文发表的具体要求,主要写成果名称、成果形式、完成或发表时间、成果影响等。字数一般不少于1000字。成果可以采用叙述式、提纲式、表格式写法。但是如果成果作为一个独立的部分存在,提纲式写法就不太适合,应采用叙述式。如果需要也可以采用叙述加表格的写作方式。

如新乡市育才小学赵俊岭老师所主持课题"小学生绘画作品中的表现与其心理健康的研究"的阶段性成果及影响的表述是这样的:

成果名称

1.《"自画像"绘画心理测试与学生人格的分析研究》,论文,2014年12月完成。

2.《小学生"雨中人"绘画投射测试与压力实验的研究》,论文,2015年5月完成。

3.《我的自画像》,课例、论文,2014年12月完成。

4.《找朋友》,课例,2015年5月完成。

5.《对于画的解读》,教育案例,2014年12月完成。

6.《风雨中的小树》,教育叙事,2015年5月完成。

成果影响

1.对学生的影响:绘画心理咨询自开展以来,逐渐受到了学生的欢迎,他们的绘画兴趣也大大提高。通过绘画心理测试,学生更加了解自己的性格问题,敢于正确面对自己,敢于大胆表现,树立了自信和乐观的心态,学会互相尊重和宽容待人,建立了良好的同学和师生关系。

2. 对教师的影响:首先,作为参加绘画测试研究的教师,在实践的过程中,自身素质也得到了提高,积累了针对小学生开展绘画心理咨询的经验;其次,自己也在绘画心理咨询的过程中认识自我,内心得到净化;最后,将学生必要的基本性格等信息传递给班主任,使班主任更加了解学生的特点和问题,有利于班主任对学生的管理和引导。

本课题研究所得到的典型案例,对以后同行开展绘画心理咨询活动起到了抛砖引玉的作用,具有重要的借鉴意义。

3. 对家庭、学校、社会的影响:学校绘画心理咨询工作的开展,为一些家庭及时发现孩子的心理问题提供了科学依据;对入学新生进行一些绘画心理测评,对于预防学生心理疾病的发生,帮助学生走出心理困境,解决心理问题,发展健康心理,起到了一定的积极作用。

赵老师的课题自2014年6月份开始,所取得的阶段性研究成果都是在立项后,且与课题高度相关。在成果叙述中他采用了提纲式加叙述式的写法,有理论性论文、实践性课例、教师的教育叙事及典型教育案例。成果影响的表述采用叙述式,分别从学生、教师、家庭、学校、社会几个角度进行阐述,清晰明了,可资借鉴。

(四) 专家评估要点

"专家评估要点"一栏由专家组出具综合意见,主要侧重于过程性评估,检查前期课题研究计划的落实情况,强调研究的可持续性,提出研究计划调整建议等,字数一般限制在1000字以内,主要从以下两个方面阐述:

1. 对前期课题研究计划落实情况的评估

包括实验方法是否得当、实验步骤是否清晰、实验数据是否充分,以及是否有效地完成了前期和中期的各项工作、阶段性成果价值如何等,强调研究的可持续性。

2. 对课题下一步研究提出建议

如注重有形成果的积累、样本选择的科学性、实验数据的信度与效度;如何使实验更贴近教学实际、方法更有效、过程更合理;如果存在严重偏差,研究方向是否要调整,研究思路是否要重新梳理,研究队伍是否要变更调整;等等。

（五）研究计划重要变更说明

作为中期检查报告表的第五部分,侧重说明根据评估专家的意见建议、对照课题立项申报书和开题报告书,对原来研究计划所作的较大调整确有必要变更的,须另行填写《立项课题重要变更申请审批表》,逐级报请审查批准。如无变更可不写。

五、撰写中期检查报告的注意事项

（一）内容真实,实事求是

课题中期检查报告写作的重点应放在"研究计划完成情况"和"未能按计划完成的工作"两部分上。写作中应反映研究的客观实际。课题取得的阶段性研究成果要实事求是,既不夸大,也不缩小,不要以偏概全,把局部经验说成普遍规律。同时要写明课题研究过程中存在的困难和问题。

（二）语言准确,文字简洁

中期检查报告的语言阐述必须简明平实,一般应运用陈述性、报告性的语言,不要使用经验总结式的语言。一般不使用比喻、拟人、夸张等修辞手法。要条理清楚,用词准确,简洁流畅,切忌累赘重复。

（三）格式正确,书写规范

标题为"课题名称+中期检查报告"。中期检查报告不是论文,不要在报告开头加内容提要、关键词、引文等。中期检查报告后面没有参考文献。

（四）分清阶段,准确表达

有关课题的研究经验或研究体会不要在中期检查报告中陈述。一般来说,一个课题在通过结题验收以后,课题组还需要进行总结。这个总结,就是总结课题研究的经验或体会,而在中期检查报告中不需要陈述这方面的内容。中期检查报告的重点内容就是干了什么、怎么做的、取得哪些阶段性成果,因此一定要表达清晰准确,忌答非所问。

(五) 把握时效,高度相关

课题的阶段性成果必须是课题开始后取得的,例如课题成果中的研究论文,必须是课题批准立项后在各种期刊上发表的或在各类活动中获奖的,发表时须注明"本文系××××年度河南省基础教育教学研究项目'课题名称'(立项编号:××××)研究成果"。所有阶段性成果必须是与课题研究内容高度相关的。

主要参考文献

[1] 李冲锋.教师如何做课题[M].上海:华东师范大学出版社,2013.

第十二问　如何收集、整理课题材料?

课题材料的收集和整理是一个繁杂、持久的过程,贯穿课题研究始终,具有重要的意义。及时收集和整理课题材料能让研究者抓住课题研究的中心问题和方向,避免走弯路,为下一步研究工作的开展节省时间。因此,科学分析材料,从材料中提炼观点,可使观点和研究成果更具有科学性。一线教师在课题研究过程中务必注重课题材料的积累和管理,以及课题材料的整理和研究。

一、课题材料概述

(一)课题材料的定义和特征

1. 课题材料的定义

课题材料是研究者根据研究需要,运用各种研究方法,在研究周期内收集到的事实资料和数据资料。

2. 课题材料的特征

课题材料应具有真实性、多样性和完整性。

真实性指课题材料的内容是真实的,来源是可靠的,不是杜撰的、虚假的。

多样性指课题材料的收集应该是全方位的,广泛收集与研究目标密切相关、能够支撑研究结论的各种类型材料,这样有利于纵横向比较、检验和说明研究效果。

完整性指材料的保存要系统完整,没有缺失,相互之间有内在联系。比如文献资料要注明出处,事实资料要有具体的时间、地点、背景,访谈录、观察记录要完整,等等。

（二）课题材料的意义

1. 课题材料是研究成果的佐证材料

课题研究成果最终无论通过哪种形式呈现出来，都应是研究者在对大量的课题材料进行客观、科学的分析、评价之后凝练而成的。如果课题材料真实、全面，分析方法科学，则研究成果就具有科学性、可推广性。反之，研究成果则没有说服力，研究也就缺少意义。

2. 课题材料是课题验收的重要依据

课题的验收者都是课题研究方面的专家和管理者。在验收课题时，他们既要关注研究成果、结论，也要论证结果、成果的真实性、科学性。专家们不可能参与每一个课题研究的全过程，研究者也极少有机会向验收课题的专家们当面汇报课题研究的具体情况，研究者所能采取的最佳阐述方式就是呈现课题材料。因为课题材料真实、全面、完整、系统地记载了整个课题研究的过程，所以课题材料是课题验收的重要依据。

二、课题材料的来源及管理

在课题研究中，课题材料来源很广泛，研究者务必要细心、用心，养成随时随地积累、整理和分析材料的习惯，聚沙成塔、集腋成裘，结项时才能水到渠成。

（一）课题材料的来源

课题研究的过程是发现问题、分析问题和解决问题的过程。课题研究有继承，更有创新。因此，各种形式的学习、实践、反思活动是课题材料累积的有效途径。

1. 源于学习

这类材料主要是通过文献法查阅的相关课题材料，也包括课题组成员外出学习，聆听专家讲座，参加或组织课题沙龙等获得的资料。

课题研究文献资料可以从书籍(名著、专著、教科书、资料性工具书)、报纸、期刊、学位论文等文字类资料和绘画、建筑、歌谣等非文字资料中获得。书籍可以到图书馆查阅，必要时到书店或相关网站购买。报纸、期刊、学位论文可以通过中国知网获得。课题组成员有外出学习、聆听专家讲座的机会时，要积极争取参加，并做好学习笔记，及时反思总结。

2. 源于研究实践

课题研究过程中会运用多种研究方法开展形式各异的实践活动，积累大量研究材料。比如，研究者运用观察法对受试者进行观察，会形成观察记录；对研究对象进行访谈，会产生访谈记录；调查研究会产生调查数据，会有调查分析；实验研究可能产生实验记录、录音、录像；课例研究会收集大量的课例、听评课记录、课堂观察记录和课堂实录及视频等。只要有研究实践，就会有课题材料的产生。活动形式不同、研究方法不同，研究者收集到的课题材料也不同，但务必要围绕所研究的问题进行有序、全面、科学的采集。

3. 源于总结反思

在研究过程中，研究者对研究工作进行总结反思，运用定量分析和定性分析的研究方法对课题材料进行不断加工，就能得到新的课题材料，从而推动研究的逐步深入。如研究初期的调查报告，研究实践过程中产生的教后反思、案例分析、教育叙事、论文、学习感想、研究成果交流等课题材料。

（二）课题材料的过程性管理

在课题研究过程中，为了避免出现"巧妇难为无米之炊"和"猴子掰玉米"现象的发生，课题研究者必须注意对课题材料的管理，对收集到的课题材料进行分类保存，及时整理与研究，从而保证研究工作目标明晰、有条不紊地开展。

1. 课题材料的类别划分

人们运用比较的方法鉴别出事物的共同点和差异点，然后根据共同点将事物归为较大的类，根据差异将事物划分为较小的类，从而将各种事物区分为具有一定从属关系的不同等级层次的系统，这就叫分类。分类可以揭示每类课题材料的外延，使研究者对课题材料有系统化的认识。

分类标准不同，课题材料所属的类别也不尽相同。根据材料的呈现形式，课题材料可以分为图片类、文字叙述类、数据类等；根据保存方式的不同，课题材料可以分为电子版和纸质材料；根据课题管理部门的要求，按照材料在结项验收中的重要性,课题材料可以分为过程性材料和最终成果材料。

过程性材料又可以根据材料来源和用途细分为以下六种：

①计划类材料:包括课题研究活动计划、课题组及个人的实验阶段计划、教研活动计划、课外活动计划等。

教研活动计划包括课题组成员根据课题研究计划,结合学校的教研计划拟订的对课堂教学活动进行研究的安排。课外活动计划是指根据课题研究需要,课题组成员举行的各类课外活动的方案。

②调研类材料:包括实验初始及结束时的调查问卷(教师的、学生的、家长的)及问卷分析、访谈记录等。

③教研类材料:包括典型实验课的课堂实录或教案设计、教后反思、说课稿、课堂评价表或听评课记录等。

④反思交流类材料:包括课题组成员参加的重要研讨会、专题会议的记录和反思,参与各种活动(课题、教研、校级或区域交流活动)的反思,实验过程中所撰写的案例、教育叙事、阶段总结和个人实验小结及经验总结等。

⑤工具类材料:包括课题研究过程中产生的教具、学具、实验研究仪器及根据研究需要而汇编的教学资料、校本教材等。

⑥规章制度类材料:包括课题组为了保障课题研究活动的顺利开展而制定的各项规章制度。

最终成果材料包括研究报告、论文、专著等。

2. 课题材料的保存

课题材料的保存是分析、提炼研究成果的前提。课题材料的收集和保存要分工到人。课题纸质材料要按时序妥善存放在指定地点,同时及时把材料录入电脑,根据分类建立多个文件夹。材料录入电脑后,要进行细致的校对工作,并采用多种方式对材料进行备份,如存入U盘、电脑、云盘,也可以成立QQ课题群,上传到群文件。课题组成员也要对课题材料及时进行整理、补充、分析、总结,以便于有效开展下一步研究工作。

三、几类课题材料的辨别

一线教师在做课题研究的时候,调查问卷、教学设计、课堂实录等是最常见的课题材料。其实,在我们的日常教学生活中,还有一部分材料极其容易收集,却往往被教师们忽视,如课堂观察记录、教育叙事及案例、个案等,而恰恰是这部分材料更能体现教师的教育智慧和教育情怀,也是有价值的课题研究材料,应该引起大家的关注。

(一) 课堂观察记录与教育叙事

1. 课堂观察记录

课堂观察是课题研究广为使用的一种研究方法。一般是指在自然课堂之中,研究者带着明确的目的,凭借自身感官(如眼、耳等),以及有关辅助工具(照相机、摄像机等现代技术手段)全面观察、用心聆听、积极思索,从课堂情境中收集资料,并依据资料做相应研究的一种研究方法。

进行观察之前,观察者要明确观察目的,制订观察计划,确定观察的对象、时间、地点、次数,掌握观察方式和记录方法,做好观察时所需的物质准备。观察者要提前与被观察者进行沟通,建立良好的关系,以保证观察的质量。在做好观察准备之后,观察者即可进入课堂,选好观察点积极进行记录。观察者要记录下尽可能多的信息,包括看到的、听到的、想到的,事后及时进行补充和整理,并对材料写出分析。课堂观察往往与课后访谈结合运用,以帮助观察者更好地了解被观察对象,避免过多的主观判断,影响观察结果的真实性。

2. 教育叙事

教育叙事就是教育主体讲有关教育的故事,但它不是为讲故事而讲故事。它是通过叙事展开对现象的思考、对问题的研究,是一个将客观的过程、真实的体验、主观的阐释有机融为一体的过程。教育主体所叙之事必须是真实的、典型的、有意义的并具有一定情节。教育叙事往往表现为课堂教学叙事和教育生活叙事。

课堂教学叙事是一线教师对自己的某节"课堂教学"的述评。"述"是指叙述整节课的教学过程。"评"是指叙事者即上课者对自己所授课程的剖析,总结成功,反思不足,甚至可以对所授课程进行重新设计。教师的评论可以放在最后,也可以穿插在各个教学环节中。

教育生活叙事包括教师叙述的发生在课堂教学之外的日常生活和工作中

的故事。例如下面这篇教育生活叙事：

　　周一上午我有两节课,第一节在高一(3)班,执教的内容是"对数的运算性质"。这节课本来并不难学,可由于施教对象是艺术班的学生,他们的数学基础相对薄弱,原以为很顺畅的教学,却因为一个我认为很不错的学生拒答而变得不畅。

　　教学开始时,我依照自己的预设一步一步清晰地走着,十五六岁的学生已经有了比较强的理解表达能力,所以,教学一开始进行得很顺畅,我的心在课堂上轻盈地行走着!

　　"请同学们从三个公式中选择一个加以证明,一会儿我找同学来做。"同学们按照我的要求开始尝试。第一个"积的对数公式",一位同学在黑板上很顺利地给出了证明,我做总结并向深处引领——一切顺利。第二个公式,我找了一个各科成绩都不错的女同学来阐述自己的思路,可不知为什么,她却说:"我不会。"我说:"不会没关系,我引领,你证明,我们共同把这个公式推导出来,相信你一定会完成得很好!"说完这些话,我微笑着等待她,可不管我怎样启发和引导,她只是怔怔地站在那里,紧闭嘴巴,拒绝回答我的任何问题,更多的尴尬留给了站在讲台上的我。一直以来,我都喜欢这个优秀的学生,她的各门课业都挺好,虽然对于数学她不是很钟情,但数学课堂中的多数时间,她都在积极地思索,从未有过今天的状态。曾经的我也执着地以为,作为数学老师,我相信自己有能力改变学生对数学的态度,让那些害怕数学、不喜欢数学的学生也爱上数学。所以,课堂中的我对于说了"不会"就想坐下的学生,从来没有过任何的放弃。让每个站起的学生豁然开朗后再坐下,是我课堂教学的一贯选择。可今天,我的百般努力都是徒然!无奈之中我只好自嘲地笑笑,并说:"你冷落了我的期待,我只好抱着你仅有的一句话取暖。"然后让她坐下。她坐下便不再抬头。

　　我的心情随着女孩的拒答、埋首而黯然,接下来的教学,不知为什么,我把自己的注意力几乎都转移到了她的身上,总在想:今天她为什么拒绝回答我的问题?是心情不好抑或对我这个数学老师有意见?是什么原因让她排斥今天的数学教学?课堂气氛就这样在我的诸多想法中被破坏,我的注意力也被这个女孩分散掉了,课堂质量就这样在我的疑惑中滑了下来，最后以失败而告终。

　　课后，一个学生对我说："老师，看得出你的情绪受到了影响，因为你后面的教学感觉是乱的，这不是你的风格！"他也许不知道为什么，但我心中很清楚：今天我感受到了自己教学的"黑洞"，因为我的注意力几乎都被那个女孩吸去了！

　　下午，我找女孩交流，试图探求她拒答的真正原因，可她只是淡淡地说："我今天心情不好，所以不想回答你的任何问题，我有选择不回答的权利！"她的话让我陷入了沉思。

　　反观自己的课堂教学，我的不放弃，我的"让每个站起的学生豁然开朗后再坐下"的理念，也许本身就存在问题。学生作为学习的主体，他们的确有选择"不回答老师问题"的权利！而我的"不放弃"也许恰恰就剥夺了学生的这种选择权！

　　反思自我，我深深地懂得，课堂上教师的任务是带领所有的学生一起学习，任何与学习无关的事情都应该排除在思考范围之外；作为教师，不能因教学中个别学生的不配合而影响了大多数学生！

　　同时，这节课也让我体悟到，教师的爱应该是豁达而厚重的，当我们的爱遭受挑战和抗拒的时候，当我们的爱受到误解和非难的时候，作为教师，应该依然保持那份纯净，依然执着而理性地表达。爱，教师之爱，应该具有这样的胸襟！因为只有当我们心地纯净的时候，教学才能变得顺畅、纯净。

　　（呼宝珍：《当期待遭遇冷落时》，《人民教育》2012年第9期，有删改）

　　从上述案例中可以发现，教育叙事的表达方式多为夹叙夹议，故事的主线和研究者的分析交叉出现，从而使所叙之事通过研究者的解释有了特殊意义。写作教育叙事时，不能像记流水账，既然是故事，就应具备故事的各个要素，要有重点刻画、细节描写，要有叙事者的感情流露和感悟，更要注重就事论理，做到理从事中出，让读者在欣赏故事的同时感悟到蕴藏其中的智慧、经验和道理。

（二）案例与个案

1. 案例的概述及撰写

(1) 案例的概述

在教育教学研究中，教育案例是研究者对教育教学工作中发生的含有问题的典型性事件的描述和分析。根据描述内容的不同，案例可以分为教育案例和教学课例。教育案例是指在日常的行为教育中，如班级活动、课间甚至课堂学习中发生的真实案例。教学课例是指在某一学科的课堂教学中所发生的事件，以及师生在课堂中的行为表现和教师的教后反思。

一线教师在做课题研究时收集和分析研究他人撰写的不同种类的案例是非常必要的，可以借鉴别人解决问题的思路和方法，可以为自己的反思提供素材，为我所用。当然，在做课题研究时，教师也要自己撰写案例，作为自己经验积累和反思的材料，也可以作为与其他教师相互交流、沟通和学习的工具。

(2) 优秀案例素材的选择及撰写

一线教师的案例素材极其丰富，但并不是所有的事件都可以作为案例素材来用，要选择真实的、有代表性的事件。

一个好的案例中，研究者要叙述一个故事或多个故事发生和发展的过程，尤其是针对问题要有具体的解决办法，还要针对解决问题的方法进行评价。一般情况下，撰写案例要写两个方面的内容：一是叙述案例事实，二是写案例分析。撰写案例的结构可以灵活多样，可以有不同的表现形式，如最常用的"案例过程—案例反思""案例—问题—分析"，还有"案例背景—案例描述—案例分析"等。撰写案例时，教师要基于一定的教育教学理论，避免经验之谈。

2. 个案的界说与分析

个案是以特殊的个人或事件做研究的案例，比如智力低的学生或智力超群的学生，有心理疾病的学生和行为异常的学生。个案的最大特点是围绕问题来展开，通过了解和观察"个体"的基本情况和存在问题，利用理论进行分析、解释，并对该"个体"采取一定的方法和措施，以达到理想的解决问题的效果。个案具有代表性，但不具有普遍性。

四、结项材料的整理

（一）整理结项材料的步骤与方法

1. 整理结项材料的步骤

在课题研究过程中，有的教师是先根据具体的研究方法，对所要收集的材料进行编目分类，随着研究的深入，边研究边丰富材料；有的教师是根据研究分工，边收集材料边对材料进行初步分析。尽管研究者在研究过程中可能对材料进行初步加工，在结项阶段，依然需要花费一段时间专门用来整理材料，提炼研究结论。

在整理结项材料阶段，研究者要做的首要工作是把所有课题材料汇总并进行细致的鉴别，即根据材料的真实性、多样性、完整性，以及对于课题研究的意义大小进行辨别，决定取舍，保留那些有价值的材料。接着，研究者还要根据课题管理部门的相关要求，进一步整理保留下来的材料，比如调整材料罗列顺序、文字排版等。在整理的基础上，研究者需要对课题材料进行分析研究，去粗取精，去伪存真。

2. 整理结项材料的方法

整理结项材料的过程事实上是对课题材料进行汇总、打散、重组、浓缩再加工的过程。研究者既要注重对材料的筛选，也要注重对材料的再加工。整理材料时首先要注意材料的来源，注明出处，并用多种方法证实材料的真实性，再运用比较的方法筛选出具有代表性和说服力的材料，并进行分类。

研究者在对材料进行分析时，常用的分析方法是定性分析和定量分析。对于以书面文字或图片等形式出现的资料要进行定性分析；对于具有数量关系的文字、图形、数字资料，要运用统计法进行定量分析。研究者可结合实际情况恰当运用定性分析和定量分析。研究结论的提炼要理论联系实际，观点鲜明，见解独到，论述要有深度和创新。

（二）结项材料上报的相关问题

1. 何时报

上报课题结项材料的时间应参照当年相关文件或按当地教科研部门规定时间，未经批准延期、超过结项最长期限者，一般不予结项。

2. 报什么

结项材料要根据省、市教科研部门的具体要求上报。必须有课题研究最终成果和结项鉴定审批书(按规定格式)打印件各若干份，一套显示研究开展情况的过程性材料。过程性材料具体包括立项申报书和通知书(复印件)、开题报告(或研究实施方案)、中期检查报告、结项鉴定审批书、课题组成员开展课题研究期间围绕本课题发表的论文及相关成果、典型性资料(反思类、案例、课例、随笔、教学日志、作业、调查材料等)等。以河南省为例，2018年河南省基础教育教学研究室科研办下发结项材料上报清单，并要求河南省课题研究教师必须按照上报清单提交材料。研究者根据具体要求上报即可。

3. 怎么报

报送材料要齐全规范。研究成果一旦定稿，一律用A4纸打印，正文用小四号仿宋字(正规出版的专著不受此要求限制)。按要求足量上交课题研究成果和结项鉴定书纸质版，同时上交电子版一份。每项申报结项的课题材料单独包装成一袋，袋外粘贴一张结项鉴定书封面，以便分类编号。过程性材料应与本课题直接相关。如果课题材料偏多，可以选择部分有代表性的、典型材料装订。成果类相关资料中如果有相关光盘，要一并附上。发表的与课题有关的文章要有刊物封面、刊物目录、文章级别和所刊登文章的图片。由于报送的所有材料概不退还，所以注意保留底稿。

省、市教科研部门一般不受理个人申报，学校课题结项材料应上报到当地负责课题管理的教科研部门，并由其统一逐级上报。

主要参考文献

[1] 刘旭,顾颉,胡燕.一线教师教育科研指南[M].成都:四川教育出版社,2006.

[2] 李秉德,檀仁梅.教育科学研究方法[M].北京:人民教育出版社,2001.

[3] 郑金洲.教师如何做研究[M].上海:华东师范大学出版社,2005.

[4] 陈向明.质的研究方法与社会科学研究[M].北京:教育科学出版社,2000.

[5] 裴娣娜.教育研究方法导论[M].合肥:安徽教育出版社,1995.

第十三问　如何撰写研究报告？

课题研究成果有多种呈现方式，如论文、研究报告、教育案例、专著等，一般用研究报告总结研究情况、阐明研究成果的较多。撰写研究报告是进行课题研究的最后阶段，通常是研究的收官之作。研究报告是研究者在对研究资料进行整理、分析、反思的基础上对整个研究过程的全面总结，对研究成果的总结提炼，并以研究报告的形式将研究成果全面、系统、准确、严谨地呈现出来，通过科学的评价，促进研究成果在一定范围内推广使用。

一、撰写研究报告的准备

撰写研究报告之前，要做充分的前期准备：分类汇总有关材料，并逐一核准，思考是否达成了研究目标；目标和成果是否一致；通盘考虑，先写什么，后写什么，突出什么。只有这样，才能写出科学严谨、逻辑性强的研究报告。

（一）整理分析材料，提炼研究成果

1. 筛选过程材料，撷取其中精华

在课题研究的过程中，往往会积累大量研究材料，在撰写研究报告之前，首先要做好材料的筛选、分析工作。

筛选研究材料应遵循去粗取精和去伪存真的原则。去粗取精，指的是面对丰富而繁杂的研究材料，要去除不合理的部分而保留其精华。对材料进行分析、比较，精选出最有价值的材料，去掉与课题关系不大的、不能支撑课题研究的材料。去伪存真，指的是除掉虚假的材料，留下真实的材料。

2. 查阅理论材料，提炼新的观点

基础教育教学研究课题是为了促进教师的专业化发展，提高教育教学水平，着力解决教学实践中某些较为普遍的问题而进行的研究。在大量阅读、收集理论材料的同时，要根据课题形成自己的观点。创新，就是在查阅、学习理论材料的基础上，形成新观点、新策略、新教学模式等。但"新"，不是标新立异，而是破解不断出现的教育教学实际问题，引领教育教学改革与发展，实现新突破。

3. 整合事实材料，形成科学认识

在对材料收集、整理的基础上最终需要提炼观点，形成科学事实，从感性认识上升到理性认识。这个过程需要对收集到的材料运用抽象、概括、归纳、演绎、分析、综合等方法进行严格的逻辑分析，提炼出最有价值的观点及有借鉴意义的做法。这样，理论来源于实践，最终又作用于实践并改善实践。这是研究课题的价值所在。

4. 集思广益，明确存在问题

召开小型教师座谈会，集思广益，对研究中获得的经验和发现的规律进行深入的研讨，明确需要进一步解决的问题。

5. 整体构思，列出基本框架

（1）纲举目张，列出基本提纲

在前面准备的基础上，需要构思研究报告的结构框架。一篇规范、合格的研究报告，一般要回答三个大问题：一是"为什么要选择这项课题进行研究"，二是"这项课题是怎样进行研究的"，三是"这项课题研究取得了哪些成果"。这三个问题可以细化为九个方面：选题的背景和意义，核心概念界定，国内外研究现状述评，研究目标与内容，研究方法，研究步骤，研究成果，研究反思，参考文献等。

（2）条分缕析，厘清彼此联系

研究报告的重点在研究成果部分，其他部分都应该为此服务。但各部分之间又有着密切的联系，环环相扣，缺一不可。在撰写研究报告时，一定要注意条理清晰，特别要注意前后部分的逻辑关系，把这种逻辑关系阐述明白。同时，也要把各部分放到全篇的框架中去衡量，作为报告核心的有力支撑。经过研讨、修改，拟定详细的研究报告写作提纲。

（二）考量研究成果和研究目标的吻合度

1. 梳理研究成果，厘清内在联系

研究成果是指围绕课题研究目标和核心问题，确定研究会达到何种地步，取得哪些突破或成果。研究目标与研究成果是辩证统一的关系，研究目标是课题研究的方向，研究成果是朝着研究目标迈进取得的收获。厘清二者内在的联系，明确在完成预期目标时有哪些新收获、新发现。

2. 对照研究目标，衡量目标达成度

课题设置的研究目标到最后必须落实到研究成果中去，由研究成果体现出来。衡量一个课题的研究合格不合格，最终能不能通过验收，就看在研究成果中是不是达到了预期的研究目标，在撰写研究报告时对此要有清醒的认识。

3. 结合研究目标，选准切入角度

研究目标是开展、实施课题研究的根本和核心。明确研究目标就确立了研究方向，也就找准了课题研究亟待解决的核心问题。在撰写研究报告时，材料繁杂，数据众多，这就需要研究者紧紧围绕研究目标，结合教育教学实践，阐释教学过程中的困惑。没有明确的目标，很难把课题做好做精。依据研究目标选准撰写研究报告的最佳角度，使课题研究始终不离中心，才能撰写出有效且实用性强的研究报告。

二、研究报告的撰写原则

研究报告的撰写一般应遵循科学性、创新性和准确性的原则。

（一）科学性

教科研课题研究是发现教育规律、探寻教育本质、指导和改进教育教学实践的活动。研究报告的撰写必须遵循教育及与之相联系的各种事物的客观规律，必须充分认识、依据研究者的客观条件，通过对教育现状及存在问题的分析，对他人的相关研究成果和资料的收集、整理，并经过严密的科学论证等形成课题研究报告，切忌主观想象、胡编乱写。

1. 材料和观点统一

研究者的见解、观点是课题的核心,而提交的研究材料则是作者立论的基础,二者必须紧密结合、和谐统一。课题的观点要在材料中得以论证,材料也要紧密围绕观点。

2. 研究成果和研究目标统一

研究目标和研究成果要前后照应、和谐统一。研究目标作为研究的原始出发点,要始终贯穿在研究的全过程中。课题研究所获得的成果,就是朝着目标迈进的最终收获,更应该体现并契合研究目标。这是课题获得立项最重要的标志之一。

(二)创新性

科学研究是对未知领域的探索性活动,意在发现、创新、推进。研究报告的撰写应该充分体现创新精神。"新"有三层含义:一是全"新",指他人没有研究过或很少研究的课题;二是"半新",指他人虽研究过但未完全解决的课题;三是"推陈出新",指他人已研究解决过但仍可深入研究甚至反转结论的课题。只有富于创新精神的课题才有真正的生命力。

1. 选题精准、创新性强

创新性是课题研究的价值所在,选题是在综合了他人的研究成果的基础上,选别人所未选或未注意到的方面进行研究,这本身就具有很强的创新性。如"小学生起步阶段习作兴趣培养有效策略的研究"这一课题,它主要针对小学生起步阶段习作兴趣培养展开策略研究,既体现出很强的普遍性、针对性,同时又独辟蹊径、与众不同。

2. 研究内容、设计、研究方法或手段有新意

教育研究所要解决的主要是教育中的理论或实际问题,它往往是教育实践中出现的新困惑、新问题。这就决定着在课题的研究中无论是研究内容、设计,还是研究方法、手段,都要有所创新,富有新意。即使是教育领域的老课题,也应善于从不同角度、不同途径,以新的视野、新的高度去阐释并研究。

3. 研究有新发现、新认识、新高度

课题要注重科学价值,要能够有效、有力地推进教育教学改革和发展,填补

教育教学某些空白，纠正以往教育教学中某些不正确的观点或偏颇的认识，并对前人的研究给予丰富和补充，使人们的认识有新的提高。

（三）准确性

1. 材料权威、可靠

材料的权威性和可靠性，决定了课题研究的品质。权威材料具有使人信服的力量；可靠材料是课题通过验证的基础。保证材料的权威、可靠，也就保证了课题研究成果的效用。

2. 数据真实、可信

数据真实、可信是课题研究的灵魂，是课题研究成果可靠的保证。在收集过程数据的时候，尽可能获得第一手数据，确保研究成果基于真实可信的材料，保证课题研究的科学性。

3. 表述准确、规范

撰写研究报告是为了能恰当而准确地表达研究成果，让自己的成果被更多的人接受并加以推广，产生更大效益。用准确、规范、严谨的语言陈述科学事实和最终结论，不夸大，不煽情，清晰可信，逻辑性强。

三、研究报告的基本结构

就课题研究报告的一般结构来说，它由两大部分组成，即前置部分、主体部分，有时可增加附录部分。前置部分主要包括标题、署名、摘要、关键词等。主体部分是指导论、正文、结论等。附录部分是指附于文后，与研究报告有关的引文注释、参考文献和原始资料。

（一）前置部分

1. 题目

题目就是课题研究报告的文题，一般用原课题研究题目加"课题研究报告（或研究报告）"字样。其打印格式是分两行，位置居中，第一行是原课题题目，要加引号；第二行是"课题研究报告"或"研究报告"。字体通常为二号黑体。

2. 署名

文题下的署名一定要写全,如"×省×市×县×校课题组",不要只写学校名。字体为四号黑体或楷体。

3. 摘要

摘要又称为内容摘要、提要、概要,它是研究报告的重要组成部分,其旨在简单确切地陈述研究报告的重要内容,以提供文献内容梗概为目的,所以不能加以评论与补充解释。撰写要求是对课题研究的目的、主要内容、成果和最终结论等进行简要交代,重点撰写成果和结论。摘要应具有独立性,即不阅读研究报告,就能获得必要的信息。其撰写要求是重点突出,内容精练,观点明确,不能评述,不用第一人称,字数一般以200—500字为宜。其撰写格式可概括为"时代背景+现实问题+研究对象+研究方法+研究内容+研究过程(时间)+研究成果(成效)"。版式设计为"摘要"是四号黑体,后面不要冒号;摘要的内容字体为楷体。

4. 关键词

关键词也称主题词,是反映全文主题和最主要内容的有实质性意义的名词术语,即从报告中选取出来用以表示全文主题内容信息的词语,它必须是规范、科学的名词术语。其作用是便于资料文献的计算机储存和检索。

选取关键词的基本要求:第一,关键词是有实质意义的名词,不能是动词。第二,一般关键词的数量为3—8个。第三,关键词之间一般用分号隔开,注意不能用逗号和顿号。第四,按照概念大小或论述的先后顺序排列。第五,关键词的字体、字号不能与正文相同。

如何选取恰当的关键词?第一,从题目的隐含意义中找。第二,从各级标题中找。第三,从研究目的中找。第四,从正文内容中找。

(二)主体部分

一般来说,课题研究报告的主体部分是指导论、正文等。

1. 导论

导论是其正文的起始部分,它又称为序论、绪论、前言、引论、引言等。序论和摘要不一样。摘要要求把主要观点提示出来,便于读者一看就能掌握内容的要点。导论的撰写要简明扼要地阐述以下内容:研究问题的来源,研究的背景、目的和意义,研究的内容、方法、过程和阶段,以及研究中需要交代的问题,如研究范围和对象的界定等。序论可长可短,因题而异,通常几百字即可。

例如《"基于教学现场的初中语文课例研究"课题研究报告》的导论:

> 为了构建以课例研究为载体的校本教研文化,将教研组构建成一个卓有成效的语文教研共同体,从而在提升教师专业水平的同时促进教师专业化成长和教学改革的发展,2013年3月,由余俊老师领衔,信阳市五中语文教研组向河南省基础教育教学教研室申报了一项研究课题"基于教学现场的初中语文课例研究"。本课题于2013年6月在河南省基础教育教学教研室正式获准立项(课题编号:XBJY1306)。课题研究启动以来,课题组按照立项申报书设定的研究方案,结合本校语文教研组的实际情况和研究过程中遇到的实际问题,开展了卓有成效的研究工作,较好地完成了研究任务,取得了丰硕的研究成果。以下从研究概况、研究成果及社会影响、研究结论、研究中存在的问题四个方面对研究情况进行汇报。

2. 正文

课题研究报告的正文一般由研究概况、实际效果、研究结论、问题讨论四部分组成,其表现形式多样,可根据需要而确定。下面列举常见的结构格式。

(1) 研究概况

随着教育的发展和改革,"教师也是研究者"的理念为越来越多的人所接受。解决当前教育实际工作中的具体问题是教育科学研究的基本任务,对一线教师来说,更是研究的重点。

①课题的来源和意义

问题的提出在研究报告中至关重要。为什么研究这个问题(或为什么确定这个课题)? 主要背景是什么? 研究现状怎么样? 拟解决的关键性问题有哪些? 创新点是什么? 这一部分要对这些问题做出回答。可以说,课题立项是否有重要价值,通过问题的提出就可以判断出来。

问题的提出主要包括三大要点:一是背景,二是原因,三是基础。

背景包括理论背景、现实背景和实践背景。理论背景是相关研究也就是理论研究的相关信息,包括国内外的现状,目的是在已有研究成果的基础上进行创新性研究。现实背景是大范围的,即时代要求或教育教学形势需要。实践背景是小范围的,即自己学校或班级所面对的现实情况,也就是要进行这项研究的实际情况。

原因包括出于问题解决的需要,出于个人研究的兴趣,出于填补研究的空白,等等。

为了将"问题的提出"写好,将其写作要求概括为"谈形势、摆问题、说意义、话基础"四部分。

"谈形势"就是从宏观层面说时代背景、客观需要、形势要求。

"摆问题"就是把所面对的现实问题有条理地说出来,注意述说的逻辑性,问题之间不能交叉。问题要具体,要贴近本地、本校的实际,应当是实践中遇到的真实问题。这些问题也是本课题所要研究解决的问题。

"说意义"就是把课题研究的目的、重要性说清楚,说出课题研究的理论价值与实践意义。

"话基础"就是指研究现状分析。简单地说,研究现状分析要表述两个方面的内容:一是理论上的研究成果,指某些专家的主要观点是什么。对此,可以查阅相关的理论专著和学术论文。二是实践上的研究成果,指某地、某校、某人的教学经验或做法。对此,可以通过报刊、网络、实地考察等途径来解决。

这部分也可以单独作为一部分,即文献综述或研究基础。这部分主要是介绍该研究领域发表的每一项关键的发现;会对研究课题产生影响的其他研究领域的发现;评述前期研究所使用的方法;分析前人研究成果应用于实践取得了哪些成果;等等。

应当注意的是,对研究现状不能只罗列不分析,要有综述,即自己的归纳总结与分析判断,以此确定拟解决的关键性问题以及课题研究的创新点。

总之,问题的提出就是为什么要研究这个问题,注意这一部分内容的表述应开门见山,文字要简洁明了,字数不宜太多。让读者一看就知道提出的问题的价值。另外,开题论证与结题报告的"问题的提出"是有所区别的。开题论证重在写"问题"提出的价值,而结题报告重在表述研究现状分析。

②概念界定

核心概念的界定,即对课题的核心概念进行说明。采用归纳和演绎的方法,引用教育理论、课程标准,整合文献知识,以分段或标题陈述的形式确定概念及其内涵与外延,对课题中的研究对象、范畴抽取出本质属性分别给予概括,最终形成对整个研究课题名称的科学界定。

一般来说,我们经常把以下三种情况作为课题的核心概念。

A. 课题名称中的特定概念。比如"'我能行'教育评价策略与方法的研究",其中的"我能行"就是一个教育中的特定概念。

B. 课题名称中的关键词。比如"小学童话教学中提高阅读效率的策略研究",其中的"提高阅读效率"就是关键词组。

C. 课题名称中公众表述不清的词组。比如"小学科学以探查促进学生交流的实践研究",其中的"探查"是从外国引进的一个词组,公众不太容易理解。

(2) 研究目标和内容

课题研究目标是课题研究要解决的主要及具体问题,是研究的方向和根本所在。因此,研究目标是具体的,不能大而空,表述不能笼统。如课题"高中语文古典诗词的意境教学研究"确立的目标是解决高中古典诗词教学中教学效率低下、效果不理想的问题。尝试通过意境教学方式,引导师生双向互动,调动多种感觉,充分感受作品创造的意境,从而掌握知识,提高学习效率。在这样的目标指导下,作者首先阐释意境与意境教学的关系,论证实施意境教学的可行性。在此基础上指出古典诗词意境教学的重要价值和意义,进而提出古典诗词意境教学的方法。在目标的指导下,研究报告的各部分形成了一个完整的有机体。当然,在确定课题研究目标时,还要考虑课题本身的要求,以及课题组成员实际工作需要和研究水平。

研究内容是研究方案的主体,是课题研究目标的落脚点。研究内容要与课题相吻合,与目标相照应,具体回答研究什么问题、研究问题的哪些方面。要努力从课题的内涵和外延上去寻找,紧密围绕课题的界定去选择研究内容,把课题所提出的研究内容进一步细化为若干小问题。如课题"小学语文识字教学中文化渗透的策略研究"确立的目标是解决现实小学语文识字教学中只是注重汉字的工具性而缺少文化内涵,造成字的形、音、义割裂,小学生的文字功底不扎实的问题。作者围绕目标将报告分为五个部分:第一部分探讨识字教学中进行文化渗透的意义。着重探讨了汉字蕴含的丰富文化内涵,阐释在识字教学中进行文化渗透的重要意义。第二部分分析了小学识字教学的现状、原因。第三部分从汉字的构造特点、小学生的思维、心理特点、课标要求和教材变化等方面对识字教学中文化渗透的可行性进行分析。第四部分提出进行文化渗透的策略，小学低年级通过图字对照、动作演示、偏旁归纳等体会汉字文化，高年级则通过比较字的异同、以字串字、讲述故事等进行文化渗透。第五部分阐释进行文化渗透应以科学性、直观性、趣味性、循序渐进等为原则。从中可以看出，作者紧紧围绕研究目标，把研究的内容都细化成一个个小问题进行探讨、研究，使研究内容充实、具体。

(3) 研究方法

课题研究的方法多种多样，不同研究目的和类型的课题运用的研究方法也不尽相同。中小学课题研究常用的方法有文献研究法、教育观察法、教育调查法、个案研究法、教育叙事法等。教育实践是丰富而复杂的，教育研究是多元而深入的，选择研究方法时也应灵活而多向。

文献研究法：主要指收集、鉴别、整理文献，并通过对文献的研究形成对事实的科学认识的方法。

教育观察法：指研究者在比较自然的条件下通过感官或借助于一定的科学仪器，在一定时间、一定空间内进行的有目的、有计划的考察并描述教育现象的方法。

教育调查法：指在教育理论指导下，有目的、有计划地对部分研究对象进行访谈、问卷调查，了解其总体现状，进而分析其因果关系，揭示教育规律的一种研究方法。

个案研究法：指对某一个体、某一群体或某一组织在较长时间里连续进行调查，从而研究其行为发展变化的全过程。它通常采用观察、面谈、收集文件证据、描述统计、测验、问卷等方法。

教育叙事法：指研究者以叙事、讲故事的方式表达对教育的理解和解释。

总之，采用了什么研究方法，用这种方法研究了什么内容，达到了什么目标，取得了哪些阶段性成果或结论，都需要阐释清楚，不要简单罗列方法。

(4) 研究成果及社会影响

"课题研究成果"这个部分是整篇研究报告中最为重要的部分。一个研究报告写得好不好，是否能全面、准确地反映课题研究的基本情况，使课题研究成果具有推广价值和借鉴价值，就看这部分的具体内容写得如何。一般来说，这部分的文字内容所占的篇幅，要占整篇研究报告的一半左右。

"课题研究成果"这个部分内容的表述，要注意三个问题：

第一，研究成果应当包括理论成果和实践成果两个部分。

第二，研究成果的陈述不能过于简略。比如发表论文，就要提炼出论文的主要观点。

第三，有关课题的研究经验或研究体会不要在"研究成果"这个部分来陈述。

①课题研究的理论成果与实践成果

对中小学教师来说，课题研究的理论成果主要形式有研究总报告、研究论文(不一定要发表)、专著、译著、正式出版的著作、调查报告、实验报告、行动研究报告、经验总结报告、文献综述等含有一定理论成分的研究成果；实践成果主要形式有经典教育案例分析、典型教学课例(视频形式)、政策咨询报告、新的教学实践模式、教学改革实践方案、校本课程实施方案及其校本教材(一般是未出版)、正式出版的教材、教育叙事报告、教育故事分析、原创的在教学中使用的软件、原创的教学工具等。

我们在开展课题研究、课题实验的实践过程中，肯定还会有一些具体的实践效果，这些虽然不是课题研究成果，但是可以写在结题报告(或者课题研究总报告)的实践成效分析这一部分。这些课题研究实践效果通常包括以下几个层面：

A. 学生层面：成绩进步，兴趣提高，参赛获奖，由于课题研究开展使学生某方面能力提升，学生的作品等。

B. 教师层面：教学水平提高，科研能力提升，自身专业发展，各类获奖等。

C. 学校层面：成果得到推广，影响力扩大，形成办学特色，教学质量提高，成绩提升，升学率提高等。

这些都是课题研究所取得的实际效果，是我们开展课题研究所取得的成绩，但不是成果，也不能作为成果形式进行呈现和提交。

②课题研究的创新之处

课题研究就是奔着问题来的,为问题的解决而研究。如果只是重复别人的观点、方法,不能解决实际的教学实践中的问题,课题的研究就毫无意义。这就要求课题具有某些方面的新发现、新观点,在应用研究领域有新内容、新途径和新方法。力求表现出自己课题研究的个性及特色,突出课题在当前研究中的地位、优势及突破点,力求体现自身研究的价值、创新之处。

③课题研究的社会影响

课题研究源于教育实践,又指导教育实践。课题研究的社会影响主要从课题的研究能否发掘和填补教育理论体系中的空白、在教育理论和方法上能否提出不同的见解等方面加以阐释,从能否推动改变教师的教育观念、转变学生的学习方式、健全学生的人格等方面验证课题研究的价值和意义。具体表现在如何向外推广本课题的成果上,如举行一定层次、规模的讲座,在某些重要场所进行展示等。

(5) 研究过程

研究过程即课题研究的步骤,也就是课题研究在时间和顺序上的安排。一般划分为三个阶段:准备阶段、实施阶段、总结阶段。每一个阶段有明显的时间设定,从什么时间开始至什么时间结束都要有规定,要有详尽的研究内容安排、具体的目标落实,从而保证研究过程环环紧扣、有条不紊。

①准备阶段(××××年×月—××××年×月)

准备阶段是从选题和筹建课题组开始。课题申报前的准备主要有查阅、收集文献资料,了解国内外的研究现状,为课题研究做好理论上、思想上的准备,完善课题立项申报书,确定研究方向。

②实施阶段(××××年×月—××××年×月)

课题立项后就要组织课题组成员召开开题报告会,对课题组成员进行动员和分工。定期组织理论学习、交流论证、反思总结等研究性活动,开展专题研讨、专题讲座、专题报告等定向学术交流活动,坚持开展备课、观课、评课、考察、调研等教育实践活动。

③总结阶段(××××年×月—××××年×月)

收集、整理课题实施过程中所做的各种活动记录表、调查问卷统计数据及分析，课题组成员根据各自的分工撰写的研究论文或者教学案例等。由课题主持人负责总结课题研究过程中的收获与不足，并完善课题研究报告。

这部分内容应重点阐述各阶段的研究进展和实施情况、出现的新问题及取得的阶段性成果，清晰呈现研究的不断深入和有序扎实推进。

(6) 主要结论

课题研究结论是研究报告的精华部分。文字要简洁明快，措辞要慎重严谨，逻辑性要强。这部分的基本写法是理论阐述，要有论点、论据、论证，具体事例只能当论据使用，只能简单地写，不宜展开描述。这部分的关键是：不是具体事例的描述，而是从大量的典型事例中总结和提炼解决问题的经验，发现和概括某项教育的规律。

主要内容包括：研究解决了什么问题，还有哪些问题没有解决；研究结果说明了什么问题，是否实现了原来的假设；指出进一步研究的问题。

结论是整篇报告的概括和小结，是整篇报告的精髓，应准确、完整、明确、精练，要总结全文，深化主题，揭示规律，指明方向。在撰写本部分时既要考虑结论与导论部分相呼应，还要考虑与本论部分相联系，结论应是本论部分阐述的必然结果。

(7) 问题讨论

这部分是研究报告不可缺少的部分。课题研究从"问号"开始，经过一段研究可以画句号，但要提出新的"问号"来（即需要进一步解决的问题）。撰写这部分时，可以分成两个部分：先写对本课题研究工作的反思，明确指出不足之处；然后再提出该课题需要进一步研究的新问题，并对新问题做简要的分析和论证。

①研究局限

受时间和研究条件限制，课题研究难免有一定的局限性，课题成果也会有不足之处，预设的问题或许没有得到彻底澄清，这些都需要研究者进行后续研究，力求解决尚未解决的问题，如课题"高中语文文学作品比较阅读教学研究"，作者在最后的"结语"部分对在教学实践过程中比较阅读体现出的优越性进行总结，同时也对比较阅读在实施过程中存在的现实无法超越的困难——学生的消极怠学、教师的备课量大等进行反思，以期在以后的教学实践中不断地摸索改进,提高阅读教学的水平。

②研究设想

一个课题的结题并不意味着研究的终结,而是会催生更有价值和深度的问题。由于种种原因,课题研究中会有一些遗留问题不能一次全部解决,需要在今后的课题研究中进行更深入的研究。当然,在课题的研究过程中,研究者可能又发现了新的问题,有了更高更深层次的困惑,需要在今后的研究中着力解决。研究无止境,课题组需要重新确定主攻方向,为下一步的研究做好准备。这部分要写得简明扼要,是略写部分。

(三)附录部分

有些内容不适合在正文中出现,可用附录形式出现,如表格、视频、图片、音像等,注意归类,有序排列。课题研究的有些相关材料如果有参阅的价值,也可以收入附录部分。

这里重点谈谈参考文献。

参考文献是指在开展课题研究和撰写研究报告过程中所参考或引证的主要文献资料,常常在表述研究结果、论证研究结论中有举足轻重的地位,它对于读者了解研究过程,分析、评价研究结果,也是十分必要的。应注意文献的排序,选取有代表性的资料,兼顾文献资料类型。一般放在研究报告最后。参考资料的排列格式一般是:

主要责任者.题名:其他题名信息[文献类型/文献载体标识].其他责任者.版本项.出版地:出版者,出版年:引文页码[引用日期].获取和访问路径.数字对象唯一标识符.

如:裴娣娜.教育研究方法导论[M].合肥:安徽教育出版社,2013:15-18.

徐世贵,刘恒贺.教师怎样做小课题研究[M].重庆:西南师范大学出版社.2011:30-32.

需要注意的是,参考文献原则上应引用最近三年的,之前年份的经典文献也可以引用,但不可过多。同时,参考文献应尽量在一些质量较高的专业期刊上查找。

鲁迅先生说:"写作时不要十步九回头,写完后不要一去不回头。"经过以上的工作,一份研究报告就基本完成。此时,可以系统检查一下整篇研究报告的观点是否正确,事实是否确凿,结构是否严谨,并且对报告中的数据进行认真核对,文字进行推敲、润色,以使研究报告逐步趋于完善。

主要参考文献

[1]陈向明.质的研究方法与社会科学研究[M].北京:教育科学出版社,2000.

[2]李冲锋.教师如何做课题[M].上海:华东师范大学出版社,2013.

第十四问　如何推广课题研究成果？

在教育教学中遇到疑难问题,如果有可以借鉴的研究成果,解决问题就会事半功倍。在实践中,很多课题研究结题、评奖后就寂寂无声,只停留在研究报告中,没有得到进一步的推广与应用。课题研究成果的闲置和重复性的研究,造成了教育资源的浪费,影响了科研效益的发挥。因此,课题组在课题结题后,还需进一步加强课题研究成果的推广与应用,让更多的人了解、借鉴、应用课题研究成果,从中受益。

一、为什么要推广课题研究成果？

（一）课题研究成果推广的含义

"推广"即扩大事物使用的范围或起作用的范围。课题研究成果推广是指有组织、有计划、有步骤地将课题研究成果的思想、内容和方法等广泛传播,在一定范围内应用,使之为其他教育工作者所接受,并经理解、内化、改造而转化为教育效益的过程。

（二）课题研究成果推广的意义

教科研课题主要来源于教育教学实践,目的是解决教育教学中的主要困惑。课题研究成果的推广,可以使更多的人了解、学习、使用课题成果,进而使其得到进一步的转化、运用、提升。也就是说,课题研究成果的效益是需要将成果推广出去,在实践应用中检验的。课题研究成果推广,既是教育研究为教育发展服务的主要途径,又是推进教育改革的重要手段;既是教科研知识的普及过程,又是进一步丰富和发展成果的过程;既可较快地改变教育教学观念,改进教学方法，提高教学质量，又可促进教师专业发展和学生的成长，还可提高学校的社会影响力。

二、课题研究成果推广的现状

课题研究成果来源于教育实践，又高于教育实践，推广起来应该是不成问题的。但从课题研究成果推广的现状看，却存在着意识差、力量弱、力度小等问题。长期以来，中小学的教科研工作存在着重科研轻推广、重成果轻应用的状况，造成了科研与成果转化脱节的现象。认真分析，主要原因如下：

（一）质量不高

在课题研究中，出于职称评定和业绩奖励等需要，一些教师做课题研究时急功近利，对成果的价值和应用推广考虑较少，造成选题针对性不强，研究过程简单化，研究结论闭门造车、生搬硬套。这种不深入实际研究问题、与教育教学实践严重脱节的课题研究成果，本身或科学性不强，或应用性不强，难以向教育教学实践转化，更无推广的价值。

（二）重视不够

从教育决策的行为来看，领导的重视程度决定了政策、措施、方法等出台与推进的力度。教科研成果推广工作得不到应有的重视，有价值的成果也就被束之高阁，白白浪费了。

从课题研究者的意识来看，只有极少数有能力的研究者将成果撰写成论文发表或编写成论著出版，大多数研究者都以结题为结束，对于进行课题研究成果的进一步推广意识不强、积极性不高。

从教师推广应用的心理来看，在基础教育领域，高分和高升学率仍是广大教师的"硬"追求。相比而言，课题研究成果的推广是费时费力的"软"任务，与高分和高升学率挂钩的经济效益相比，教师明显缺乏进行成果推广的内驱力。

（三）条件不足

课题研究成果的推广需要一定的人力、物力、财力等做保障，推广时要做好论证分析、方案制定、筹措经费、建立推广组织、取得单位支持等工作。在实际推广中，由于缺乏推广组织、推广经费和单位的支持等，推广起来难度很大。

（四）策略不当

对于优秀的课题研究成果，行政领导重视，课题组的推广积极性也高，但由于策略不当，也影响了推广的效果。如有些成果以教育行政部门下发红头文件的形式进行推广，这种"一刀切"的现象，会因未考虑教育对象、教育环境和成果应用者的自身条件等因素而半途而废。即使在行政命令的外部强制推行下，广大教师在应用成果时，大多也只对结果感兴趣，而对课题研究的艰辛过程望而却步。再如有些成果在推广过程中缺少有效的沟通和指导，使成果应用者在推广时带有很大的盲目性，不知道究竟在推广什么或为什么要推广，或无法理解成果所蕴含的教育思想精髓，盲目模仿，不得要领，收效甚微。

三、课题研究成果推广的基本条件和基本原则

（一）基本条件

实践是检验课题研究成果的唯一标准，经得起实践检验的成熟的课题研究成果才有可能得到大力的推广应用。

1. 自身条件

（1）方向性

课题研究成果的方向性要正确，即对教育的改革与发展要有开拓创新意义。理论上有新观点、新假设、新认识等，实践上有新规划、新方法、新建议等。在区域范围内的同类研究中处于领先水平。

（2）科学性

课题研究有充分的理论依据或实践依据，研究方法运用科学合理。课题成果文字通顺、表达准确，方法科学、论证充分，结论正确、推理严谨，资料全面、方案适用。

（3）实效性

课题研究成果很好地解决了教育改革和实践中的问题。经过科学验证，有

稳定成效,有实用价值,有现实意义。课题研究成果有较强的针对性、操作性,可对教育部门决策产生积极影响,对教育和教学起到促进作用。

(4) 可行性

课题研究成果具有推广的价值,可操作、可复制、可借鉴,对推广范围、方法、措施、保障等进行论证具有可行性。通过制定推广方案,将成果转化为教育生产力,取得教育教学效益。

2. 外部条件

(1) 领导高度重视

《中共中央国务院关于深化教育改革,全面推进素质教育的决定》中指出:"国家和地方要奖励并推广符合素质教育要求的优秀教学成果。"这就是说,教科研成果的推广工作是各级政府尤其是教育行政部门的职责之一。一项课题研究成果的推广,大多都要得到各级教育行政部门(含学校)的认可和支持,特别是启动阶段,行政部门参与是必不可少的,如需要出台有关文件,部署相应的工作等。在推广过程中,还会出现许多问题,也需要行政部门决策解决。因此,成果推广要积极争取教育行政部门和当地政府的大力支持,以增强推广的力度,营造一个良好的推广环境。

(2) 配套资料完善

成果的成熟度、配套资料的系统性和可操作性,都直接影响成果的推广。要推广课题研究成果,就要让课题研究成果转化为可操作使用的产品。根据成果的类型不同,可以把成果转化为课程资料(如教材、教具、音频、视频等),或开发成系列讲座资料,或转化为教师培训教材等。

(3) 推广措施得当

教育教学实践中对于某项课题研究成果的推广,往往不限于成果本身,多数是连同课题研究的意识、方法和经验一起推而广之的。任何一项成果要在一定的范围进行推广,都应考虑具体的情况,对成果内容进行适当调整并制定出相应的推广方案。在推广过程中,还要根据实际情况,对成果进行修改或补充,切忌生搬硬套或"一刀切"。不同类型的课题研究成果,应采用不同的推广方式。

(4) 环境氛围良好

环境包含推广单位的内部环境和外部环境两个方面。良好的内部环境指推广单位的教科研氛围浓、教师热情高、设施配置全等；良好的外部环境指各级教育行政部门的重视与支持、学生家庭及社会的理解与配合、信息交流渠道的多样与畅通等。一个良好的推广环境就是成果推广的一片沃土。

（二）基本原则

1. 需要性原则

所谓需要性原则,是指推广的成果必须符合推广单位的发展方向和迫切需要。成果研究者要理性地选择推广单位,成果的应用者也要考虑是否具备相应的教育教学条件和师资队伍,是否与本校的办学目标、办学特色一致。只有真正需要、真正认同,才会形成对成果的共鸣,才会产生强大的内驱力,从而保证课题成果推广的顺利开展。

2. 指导性原则

所谓指导性原则,是指成果研究者对推广者有效开展教育教学改革实践进行指导。在成果推广过程中,为了促使成果推广者能领悟先进教育理念的精髓,熟练掌握科学的方法,研究者必须全程培训和指导成果推广者,与其一起研讨,帮助他们理解、内化、应用研究成果,不断提高理论修养,提升教育教学水平。

3. 操作性原则

所谓操作性原则,是指应当选择适合于自己应用的、可行的、可操作的课题研究成果。对于可直接应用的如教学软件、教育技术方法、录像录音资料等,可直接使用。对于不能直接应用的如调查报告、论文专著等,要转化成可操作的成果,再进行推广应用。

4. 创新性原则

所谓创新性原则,是指在推广应用时,要深刻领会课题研究成果的精髓,结合本地区、本单位和本身的实际情况,对推广的课题研究成果既要学习与继承,又要有所发展与创新,在推广的过程中不断形成自己的特色与风格。

四、课题研究成果推广的途径与策略

推广课题研究成果，就是通过一定的展示形式，让更多的人了解、掌握这些新的理论、途径、策略及方法，使之内化为教育教学行为，并运用和落实到教育教学实践中的活动。课题成果推广可进行由点到面的校内推广，也可进行社会层面的外部推广。那么，采取哪些方式来推广课题研究成果呢？这要根据课题研究成果的实际情况选择。下面列举一些推广途径与策略，以供参考。

（一）会议推广

1. 专题报告会

对于规模较大、成果显著、影响深远的教科研成果，可通过举行专题报告会进行推广。推广时，要有组织、有计划、有步骤地进行。这种会议可由相关部门组织，也可由学校组织。会议上介绍教科研成果的思想、操作方法和程序，应用中需注意的问题并提供有关的信息资料等。由于专题报告会主题明确、介绍详尽、现身说法、当场答疑，让大家多角度、多渠道地了解、学习，帮助大家从感性认识上升到理性认识，因此这种推广方式常被采用。

例如，由《教育时报》组织的"河南教育名片发展论坛"活动，是在"河南省教育名片校"评选的基础上，选出优秀学校，由学校组织进行该校教育教学成果的专题报告会。第一届由河南省实验小学举办，就省级名校如何起到实验作用及整体的发展规划做了探讨。第二届由洛阳市西工区凯旋路小学举办，就"心文化、心教育在学校的具体实施"进行了全方位解读。第三届由濮阳市油田第一小学举办，对"立德树人·自主教育"进行了研讨。

2. 培训研修会

教育科研部门经常组织的培训研修会、经验交流会、课题研讨会等也是成果推广的方式。这类会议专业性强，参与范围广，课题组要争取成果展示的机会。向与会者发放纸质的课题成果资料或者在会议上进行主题发言，都能起到良好的宣传作用，从而推广课题研究的成果。在学校组织的校本培训活动中进行课题成果推广活动，也常被使用。课题组可举行课题研讨课观摩、学生作品展示、课题研究经验交流等。

例如，近些年，河南省基础教育教学研究室每年组织一次"河南省基础教育教学科研课题管理教研员暨骨干教师培训研修会"，在研修会上进行优秀课题成果的推广交流。2016年课题培训研修会上，几位专家进行了本地区优秀成果的展示交流，如新乡市基础教研室宋伟富副主任进行了"基于教师专业发展的微型课研究"的成果交流，西峡县小学语文教研员方华瑞进行了"三疑三探"课堂教学成果的展示等。

再如，濮阳市油田第四小学在"家长学校"建设方面，通过十年的实践研究取得了丰硕成果。课题组通过研讨会、报告会等多渠道进行了研究成果的推广交流。2015年8月，在上海"全国推动家长学校建设常态研讨会"上进行经验交流，题目为"五年五本家长学习记录本——孩子送给家长的毕业礼物"。2016年7月，该课题组受邀为濮阳县"教育系统第二期培训班"作专题报告，由沙军华副校长带领的4人团队为1500多位教师作"办好家长学校　做好家校共育"的专题讲座，广受好评。

3. 成果展览会

课题组还应该积极争取参加上级部门组织的优秀成果展示活动，如通过博览会、展览会等的征集、遴选，参与区域内优秀成果集中展示交流。此类活动为参会者提供了与专家、学者、同行近距离交流、切磋学习的机会，能积累新的经验，提供新的思路。

例如，2018年11月12日—15日，北京师范大学中国经济改革研究基金会在珠海国际会展中心举办的第四届中国教育创新成果公益博览会(以下简称"教博会")，以"共建共享教育创新成果，汇聚中国教育创新智慧，服务中国教育创新实践，发出中国教育创新声音，提供中国教育创新方案，影响世界教育创新趋势"为宗旨，以"落实立德树人，指向核心素养，强化'互联网+'，深化教育领域供给侧结构性改革"为主题，设置了五大展馆与热点展区，邀请了诺贝尔奖获得者等国际、国内一流学者与一线教育工作者参加，30000平方米的展馆、1401项教育创新成果、12场特别活动、41场论坛、125场沙龙、600多个工作坊、25项SERVE奖的发布，以及近百家媒体的深度参与，吸引了超过2万名观众到现场参展、超过100万人在线观看，充分体现了本届教博会的宗旨。经河南省教育厅推荐和网上申报材料审核,39项优秀教育创新成果在教博会"河南展区"集体亮相,全省派出了由各省辖市、县(区)基础教研室、省校本教研实验校、省基础教育教学成果奖一等奖持有者等近200人组成的庞大队伍,积极开展了优秀校长、教师、教研员演讲和创新成果论坛、沙龙、工作坊等丰富多彩的活动。会后各位与会成员纷纷表示,通过此次教博会,饱览了当今中国教育创新丰硕成果,开阔了视野,明确了研究和发展方向,这些成果将为全省基础教育大发展带来新的契机。

(二) 现场推广

现场推广是以课题研究单位为现场,组织有关人员进行现场观摩来推广研究成果的一种形式,是课题研究成果推广的一种重要形式。现场可进行课题研究、课题管理经验交流和教学课例、课题研究资料、学校办学特色等方面的展示。

1. 课题规划和科研管理部门组织的推广

为发挥有价值课题研究成果的效益,行政部门会选择操作性强、成果显著、影响深远的课题成果进行区域范围的试点推广或全面推广。例如,河南省基础教育教学研究室组织的"河南省中小学多文本阅读实践研究"的成果推广。

2. 学科教研员结合学科教研活动的推广

各地市的学科教研员会根据地区学科特点组织优质课评选观摩、学科教学研讨会、典型经验交流会等教研活动。在这些活动中进行大会发言或优质课展示,也是课题研究成果推广的好途径。例如,濮阳市油田教育中心语文教研员韩素静老师,结合小学语文学科特点,组织了识字教学优质课评选活动,遴选出优秀教师进行了识字成果的展示,组织观摩研讨的教师进行识字教学反思交流,有力地推动了油田区域内识字教学质量的提高。

3. 学校办学特色展示的推广

学校组织课堂教学研究成果现场推广会,是一种直观、具体、形象的成果推广途径。现场推广会上,可以进行课题汇报课展示、科研成果资料展示,也可以组织经验交流等。通过现场观摩,可以具体地介绍操作的方法、过程和效果。观摩结束后,再组织讲评,进一步介绍指导思想、理论依据、总体思路等,使观摩者从感性认识上升到理性认识，对成果有一个完整的了解。例如，濮阳市油田教育中心在濮阳市油田第四小学组织的"导学案教学研究"现场会。会议首先由该校课题实验教师进行了研究课的展示，再由学校进行研究经验的交流介绍，之后与会专家与教师进行了广泛深入的交流研讨。这不仅对阶段性研究成果进行了推广，而且对课题的持续深化研究起到了促进作用。

（三）传媒推广

1. 网络平台传播

网络的优势在于快捷、便利、环保、经济，在课题研究成果的推广中，许多科研部门、学校、课题组利用它的优势，专设课题网站、课题博客、微博等，及时将本土的优秀成果发表到互联网上。例如，湖南省教育科研部门开发了湖南教育科学规划课题成果推广网，开辟了《最新动态》《成果推广文献》《最新专著简介》《最新论文》《成果公报》《研究报告》等栏目，已推介课题成果超过 200 项。湘乡教育科研部门利用湘乡教育网进行成果推广。河南省基础教育教学研究室网站设有《成果展台》专栏，进行成果推广。

QQ 群更是一种及时交流的平台。信息的通报、阶段性成果的推广、课题成果的相关链接等，都可以在这个平台上完成。例如，濮阳市油田教育中心建立了濮阳油田课题群、濮阳油田小语群等 QQ 群。实践证明，这是一个专业的、极具潜力的推介阶段性研究成果的平台。

微信社交平台一经推出，很受大家的青睐。利用这个平台，借助朋友圈、微信群、公众号、视频号、美篇等，可以快速发送语音、视频、图片和文字等，及时推广课题成果。如今，教科研部门、学校大都建立了专题的微信群，或注册了微信公众号，教师个人可以注册个人微信号，通过朋友圈来推广科研成果。例如，河南省基础教育教学研究室建立了"一路领我做科研"微信群，群内人数已达到上限 500 人，群里每天都可以阅读到与课题相关的信息资料。有的地区教研员将自己的课题成果公共平台信息进行链接，更快捷地推广了课题成果。

又如"项城课题"微信公众号，主旨是"手把手教您做课题"。通过微信公众平台，推送研究方法，展示研究成果，交流研究心得，发挥"用课题促进教研，用教研促进课堂，用课堂促进教育，用教育促进灵魂"的功能，起到了很好的辐射、引领作用。

2. 刊物、著作发表

将课题研究成果写成论文或结题报告,选择合适的报纸、期刊发表,是较为简便的成果推广方式。期刊可分为有正式刊号的一般期刊、核心期刊和非正式出版发行的内部期刊。一般在等级越高的报纸、期刊上发表,产生的影响越大。

著作发表是把课题成果以图书的形式进行出版发行。形式可以是专著、案例集、课程教材、研究报告等。书籍在社会的传播就是一种推广,同时课题组也可利用图书进行宣传推广。例如,濮阳市教研室的曹洪彪老师出版了"新概念快速作文应用实验研究"成果——《新概念快速作文教学案例创新设计》等系列专著,被学界认为是"第一套作文教学序列体系的开创"。该项成果的推广让更多语文教师会教、善教,让更多学生能写、会写,成果被广泛推广应用。

3. 电视、广播宣传

电视、广播具有覆盖面广、受众多、影响大的独特宣传优势,也是课题研究成果推广的渠道。可将课题相关的活动进行及时宣传,或将教科研成果以宣传片、专题报道的形式进行宣传,都可达到快速传播的目的。

课题研究成果的推广虽只是课题研究工作的一个环节,但它对教科研成果效益的发挥,对整个教科研工作的可持续发展起着重要的作用。因此,课题研究成果的推广需要我们的积极行动。只有在思想上重视这项工作,在实践中扎实抓好这项工作,在探索中不断完善这项工作,才能使课题研究成果的效益落到实处。

以下是"十二五"规划教育部重点课题"学生自主能力培养研究"成果推广情况。

课题负责人:濮阳市油田教育中心王明平

课题成果推广的途径:

1. 开发了在不同阶段培养学生自主能力的课程体系——"自主能力发展导航"系列课程23本,在全国各实验学校进行推广应用。

2. 2016年6月20日,《现代教育报》在"课改进行时"版以《自主教育,让学生随性成长》《自主教育,让学生站在正中央》为题进行了报道。

3. 自主能力培养成果得到广泛的推广应用。王明平多次应邀到外省市作自主能力培养专题报告，为省、市、县的校长、教师作专题报告，应邀到北京、重庆等地讲学260场，听众约达290000人次。自主能力培养理念和具体措施得到了一致认同，研究也得到了广大家长和社会各界的高度评价。中国教育电视台、《人民日报》、《中国教育报》、《中国教师报》、《教育时报》等媒体对其进行过报道。

4. 独创了"智慧自主""酷课"等教学模式，录制各学科共89节自主课堂录像课，选出390节教学设计。

5. 建设了自主学习网站。从探索影响学生成绩的本质出发，精心制作大量优质视频课程，帮助学生自主学习，发展学生自我管理能力，引导学生体验、实践、创新，促进学生知识、能力的协调发展。

主要参考文献

[1]李冲锋.教师如何做课题[M].上海:华东师范大学出版社,2013.

[2]田刚.论教育科学研究成果推广的实践方略[J].当代教育论坛(宏观教育研究),2009(9).

[3]易海华.教育科研成果推广应用的误区及对策思考[J].中国教育学刊,2007(4).

[4]李沫霖,易志勇.推广教育规划课题成果操作模式的研究与实践[J].湖南第一师范学院学报,2009(5).

[5]李三福.教育科研成果推广的价值取向[J].湖南师范大学教育科学学报,2010(2).

第十五问　如何选定课题评议专家、开展评议活动？

《现代汉语词典》(第7版)对"评议"的解释为"经过商讨而评定"。从词义上看,它包含两层含义:一是评价和判定;二是商议。是若干人商量后形成统一的意见和建议,对某事物进行评价和判定。课题评议则是指课题研究专家采用一定的评价标准,经过商讨对课题(研究项目)进行评价的活动。课题评议和课题评审二者既有联系又有区别。课题评议活动贯穿课题研究过程始终,不仅有课题组和课题管理部门参与,还需要有课题评议专家参与;课题评审主要是对课题质量和水平作出评判,仅体现在课题立项和结题鉴定两项工作中,是课题管理部门的工作范畴。

课题研究是一个长期的、复杂的过程,研究过程中研究者难免会受到各种因素的干扰,其观念和行为处于不断变化之中,课题研究方案需要在评议专家的指导下不断修改和完善,方能保证课题研究质量。

一、选定课题评议专家

(一)课题评议专家的作用

在课题研究过程中,课题评议专家在指导课题研究、把控研究方向和保证研究质量方面有着重要的作用。

1.指导课题研究

课题评议专家的指导体现在课题研究的整个过程。

课题研究之初,为了避免重复研究和无价值研究,首先要对课题进行论证。

对课题进行论证，实质上就是请课题评议专家对课题的可靠性、可行性进行分析和评价，从而确定这个课题有研究价值和必要性。

课题在获得立项之后，还需要做开题论证。在开题论证会上，课题组与课题评议专家要共同对课题的实施展开论证。课题组成员向专家提出需要解决的疑问，课题评议专家给予解决和指导。专家们的指导会给课题研究者以启发，从而促进课题研究方案的调整与完善。

在课题研究过程中，课题管理部门要对课题研究进行中期检查（中期检查是对已立项的研究课题的指导和督促），课题评议专家要针对研究进展情况，给予必要的指导、帮助和咨询，从而指导课题研究的后续实施。

课题结题鉴定前，课题评议专家可对研究成果进行预验收，挑毛病，找差距，提出批评改进建议，指导、帮助课题组提炼结论，整改完善结题材料，助力巩固成绩，提升研究品质。

2. 把控研究方向

专家评议是课题管理的一种工具，评议活动的目的不仅仅是评判课题研究的价值，也是对课题研究过程的一种引导，使之向着课题研究的主体目标方向发展。在实践中，课题评议专家常常会通过评议活动，向课题组发出引导性信号，对于在研究过程中偏离课题研究方向的现象进行及时有效的纠正，防止课题研究在方向上产生偏差。

3. 保证研究质量

在课题评议活动之前，评议专家会认真审阅课题研究资料，对课题研究给予必要的针对性的指导、帮助和咨询，在诊断和整体把握的基础上对课题研究提出一些合理化建议，课题组成员会根据专家意见和建议反思课题研究中存在的问题和不足，及时调整研究计划，保证课题质量。

（二）选定课题评议专家的主要依据

俗话说"隔行如隔山""内行看门道，外行看热闹"。要想不让课题评议活动形同虚设，真正发挥课题评议活动的功能，达成课题评议活动的目的，选定合适的课题评议专家就成了评议活动成功的关键所在。选定课题评议专家主要从以下几个方面找依据：

1. 知识水平与教育教学经验

较高的知识水平和丰富的教育教学经验是选定课题评议专家的重要依据。知识水平指的是拥有知识的多少,是衡量知识丰富程度的标准。知识水平又分为一般知识水平和专业知识水平。衡量一般知识水平的标准通常是学历,衡量专业知识水平的标准通常是职称。课题来源于教育教学实践,因此只有具有丰富教育教学经验的人,才能为课题研究提出基于实践的可行性意见和建议,保证课题的研究质量。

2. 教科研能力与主要建树

教科研能力,简而言之,就是指开展教科研活动的能力。中小学教育评议专家的教科研能力主要表现在发表的教育教学论文数量及质量、教科研课题数量及影响力、教科研成果的评价能力等方面。

(1) 教育教学论文数量及质量

教育教学论文是指用来进行教育教学研究和描述教育教学成果的文章,是个人教科研成果的主要反映,也是体现专家知识和科研水平的重要载体。教科研论文一般分为两类:一是在学术会议上宣读、交流的论文;二是在学术刊物上公开发表的论文。学术会议和刊物级别越高,论文的学术水平和价值就越高。教科研论文的数量及质量,体现了一个研究人员的教科研能力和个人专业素质。

(2) 教科研课题数量及影响力

教科研课题是针对教育领域中具有研究价值的特定问题而确定的,具有明确而集中的研究范围、研究目的和任务的研究问题。它是教科研的主要载体,承担课题的多少是个人教科研能力的重要标志。教科研课题根据级别分为国家级课题、省级课题、市级课题、县(区)级课题和校级课题。衡量课题评议专家的教科研能力不仅要看承担教科研课题的数量和级别,还要看课题研究的成果应用于教育教学实践的广泛度,以及在教育教学改革中的影响力。

(3) 教科研成果的评议能力

教科研成果的评议能力是指评议专家依据一定的标准,对研究工作的过程及效果进行评定,并对研究目标的实现作出价值判断的能力。学术水平高并不代表评议能力强,参与评议的数量与质量是选择评议专家的重要参考。评议的数量可以反映出专家的评议经验；评议的质量是指专家对课题研究项目的评议结果与最终的评议结果一致性程度的高低，它反映了专家评议的能力和水平。

3. 教育科研态度与合作精神

（1）教育科研态度

课题评议专家应该具有认真、严谨的教育科研态度。认真、严谨既是一种精神、一种作风，也是一种品质、一种责任，是对广大教育科研工作者的一项最根本的要求。评议专家在进行评议的过程中，是基于科研工作者"追求真理"的基础上展开的，也就是说，在评议活动中，要求评议专家对被评议的科研项目作出实事求是的评价，如果评议专家在评议过程中"失真"，也就是失去客观真实性，那么将导致评议活动失去应有的作用和意义。

（2）合作精神

合作是指互相配合做某事或共同完成某项任务。合作可以扬长避短，更充分、有效地使用各种资源，做到人尽其才、物尽其用。合作精神是一个人应具有的适应社会发展的核心素养。课题评议活动是团体行为，而非个人行为。因此，课题评议专家之间以及与课题研究者之间的团结合作精神尤其重要，它直接决定着课题评议活动的质量和效果。

4. 可行性原则与方便性原则

选定课题评议专家不仅要充分考虑专家的知识、能力、经验、专长，还要从课题研究的实际情况出发，选择符合实际需要的评议专家，同时还要考虑评议专家所处的地域，除课题管理部门对课题评议专家有特殊要求的以外，选择课题评议专家原则上以就近选择为主，既便于在时间上自由调控，又能节省课题研究经费。

（三）组建课题评议专家组

课题评议活动准备阶段的重要工作之一就是要聘请课题评议专家，组成课题评议专家组。课题评议专家组的组建主要考虑人数、资格、构成等因素。

课题评议专家的人数一般以 3—5 人为宜。人数太少，课题研究中的有些问题不容易被发现，难以保证课题研究质量；人数太多，会增加课题研究成本，影响课题经费的合理使用。

课题评议专家一般需要有高级职称,职称高低是专家学术水平和学术权威的重要指标。一般情况下,职称越高其学术水平和学术权威性越高,反之则越低。或者考虑其他要求,例如学科带头人、省市名师及骨干教师等。

课题评议专家组一般由优秀一线教师、教育(科研)管理人员和教学研究人员三部分构成。一线教师能够从教育教学实践的视角为课题提供实践性、可操作性的经验,开拓研究思路,保证课题研究的可行性;教育(科研)管理人员可以在人、财、物等方面对课题研究给予支持;教学研究人员能够为课题研究提供理论支持和具体指导,提升课题研究的层次。

此外,考虑到各学科的性质和特点,在选定课题评议专家时,原则上同学科的评议专家不能低于专家组人数的一半。

二、开展课题评议活动

从选题、立项、开题论证、中期评估,到结题鉴定,可以说,课题评议活动贯穿课题研究的整个过程。不同阶段的专家评议,其目的和侧重点是不同的。前期准备阶段(选题与立项申请、开题论证),是对课题研究的必要性和可行性进行评议;研究实施阶段(中期评估)进行的是课题研究可持续性评议,以便对整个研究活动进行检查和调整;结题鉴定阶段,着重对研究目标实现情况以及研究成果所达到的水平、课题取得的效果和影响进行评议。

课题评议活动的一般流程包含以下四个环节:

(一)向评议专家呈报课题资料

课题研究的各个阶段都会产生一定数量的课题资料,课题研究越深入,产生的课题资料也就会越多,如立项申报书、立项通知书、课题实施方案、开题报告书、中期检查报告书、调查报告、教学设计、研讨课实录、经验总结、研究论文等。这些课题资料不仅是课题成果的佐证材料、课题验收的重要依据,更是开展教科研工作的保证。在开展评议活动之前,课题组负责人要组织主要成员整理课题进展过程中产生的一系列课题资料,并把这些资料呈报给课题评议专家。

（二）课题组汇报课题研究情况

开展课题评议活动时，课题负责人需要向课题管理部门和评议专家汇报课题研究情况。课题研究阶段不同，汇报的内容也不同：①选题和立项申报及开题论证时从课题研究的价值、内容和操作方面汇报；②中期检查时从研究的进展、阶段性成果、存在的问题、今后的设想和经费的使用等方面汇报；③结题鉴定时从课题研究的价值、内容、方法、步骤、主要过程、成果、反思及设想等方面，即课题研究的整个过程进行汇报。通过听取课题组的汇报，评议专家会结合课题资料审阅情况对课题研究进展情况作出分析和判断。

（三）认真听取评议专家作评估

课题组汇报课题情况后，评议专家会针对课题研究的具体情况，从课题的必要性、科学性、可行性和创新性四个方面作出评价，并提出意见和建议。同时还要论证研究课题的设计是否周密，是否切实可行。在评议过程中，评议专家会结合课题资料的审阅情况和课题组汇报情况提出问题，课题组需要对评议专家的疑问或质疑作出解释性回应，以便评议专家充分了解课题研究的真实信息，全面把握课题研究情况，对课题作出准确的评价。

（四）修改完善课题实施方案

在经过充分的论证以后，评议专家会对所有的资料进行综合分析，形成统一的论证意见，课题组要在评议专家的指导下修改完善课题实施方案，针对存在的问题及时调整研究计划。

三、关注专家评议要点

在课题研究的不同阶段，精心选聘评议专家，开展评议活动，认真分析落实专家评议要点，可以使课题研究方向更加明确、思路更加清晰、措施更加得当、效果更加务实，可以保障课题研究的顺利进行，提升课题研究的整体质量。

（一）选题与立项报告专家评议要点

1. 选题专家评议要点

专家一般会从课题研究的必要性及可行性两个方面展开评议。

(1) 必要性

课题研究必须具有必要性，即有较高的价值，没有价值或价值很小的课题不值得花费时间、精力、财力去研究。

判断选题的价值主要看它是否具有重要性、时效性、代表性、创新性等。

①重要性。表现在所选课题对于问题的解决有帮助，很必要，甚至很迫切，不解决不行。

②时效性。表现在所选课题的研究成果能够帮助解决当下的实际问题，能够带来实际的效益。

③代表性。表现为所选课题不是个别的、孤立的现象或问题，可以帮助解决同类型或其他类似的问题。

④创新性。表现为所选课题运用了新的研究视角、研究方法、研究材料等，能够带来新的认识、新的成果。

(2) 可行性

选题评议时必须考虑课题研究的可行性。可行性是指(方案、计划等)所具备的可以实施的特性，包括客观、主观和研究时机三方面的条件。

①客观条件。包括必要的资料、设备、时间、经费、技术、人力、理论准备等。

②主观条件。指研究者本人拥有的知识、能力、经验、专长，所掌握的有关课题的材料以及对课题的兴趣。研究者要结合自身的条件寻找最佳契合点，选择发挥自己优势、特长的课题。

③研究时机。是指提出该研究课题的有关理论、研究工具及条件的发展成熟程度。提出过早，问题攻不下来；提出过晚，则变得毫无新意。

如果能够满足上面的一项或多项判断标准，那么这个课题就值得做。满足的标准越多，课题研究的价值越大。

2. 立项报告专家评议要点

对于立项报告，专家一般从课题的选题意义、研究基础、研究设计和研究条件四个方面展开评议。

(1) 选题意义

能解决实际问题,应用价值大。

(2) 研究基础

已有相关成果丰富,熟悉研究现状,所列参考文献具有代表性。

(3) 研究设计

目标明确,内容翔实,思路清晰,方法适切。

(4) 研究条件

人力、物力、财力足以支持课题研究的开展。

(二) 开题报告专家评议要点

对于开题报告,专家一般会从课题的必要性、创新性、科学性、可行性四个方面展开评议。

1. 必要性

必要性主要看课题选题是否来源于教育教学实践,是否能解决实际问题。

2. 创新性

创新性主要看选题是不是"独、特、新"。独,指他人没有,唯我有,即常说的"填补了空白"。特,指大家都有,但我有自己的特色。新,指在他人的基础上有所创新,观点新、技术新、方法新等。

3. 科学性

科学性主要看课题研究是否有教育科学理论指导,是否遵循教育规律,是否逻辑严密、条理清楚。

4. 可行性

可行性主要看课题设计方案是否做到研究目标明确、内容翔实、结构完整、思路清晰、切合实际。

例如课题"新课程理念下小学生数学学习评价方式的研究",其开题报告专家评议要点如下:

专家组听取了课题研究开题报告会,审阅了课题研究的有关前期准备资料,经过认真评议,形成以下论证意见:

第十五问　如何选定课题评议专家、开展评议活动？　　183

1. 选题具有研究价值，符合学生实际，更加关注学生的发展，有利于实施素质教育的新理念、新模式，能够更好地优化教学评价方式。课题的切入点小，针对性强，具有较强的现实意义，能够帮助教师提升自身的专业素养，促进教师的专业成长。

2. 该课题的研究目标比较明确，层次分明，有较强的可行性。能准确把握新课程理念，积极探索建立新课程小学生数学学习评价体系，充分发挥评价的导向和激励功能。课题定位了理论目标和实践目标，具有较高的学术价值。

3. 该课题研究内容具体，以学生为研究对象，以课堂为载体，进行实践、分析、整理、归纳、总结，能够透过现象看本质，一切从实际出发，准确把握课题的研究方向。建议对研究范围做更清晰的界定，适当细化和具体化。

4. 该课题研究方法得当。如本课题中的教育调查法，在科学方法论和教育理论的指导下，通过运用问卷、访谈等方法有目的、有计划地收集有关数学问题和教学现状的资料。建议在实际研究过程中适当补充研究方法，使研究方法更具科学性和规范性。

5. 课题研究计划全面，实施步骤比较清晰，分工明确，方案思路完整，计划全面，科学性较强，设计合理、完整，从实际出发，系统推进，符合教育改革的理念。建议为确保课题研究的落实，课题组定期召开课题研讨会，形成例会制度，并把课题研究和校本教研联系起来，列入学校的工作计划和日程安排。

6. 该课题研究成果和应用的预期基本合理。结合研究目标，要进行多元化、多角度的深入研究、探讨，研究成果不要仅限于研究论文，建议形成可以推广的教学策略和教学模式，应具有现实意义和理论意义。

专家组最后建议，课题组应进一步完善开题报告，组织开展课题相关理论研究探讨，按照分工开展课题研究，定期交流心得、总结成果，加强对过程性材料的归档和整理。

专家组一致同意本课题按开题报告进行研究。

从以上案例可以看出，专家在此阶段的评议中，充分关注到了前述几点评议要点，比如在第 5 点专家更多地关注了计划设计的合理性和分工实施的科学性，这将使我们进行课题研究更加具有针对性和指导意义。

（三）中期检查报告专家评议要点

对于中期检查报告，专家一般会从计划执行情况与进展、阶段性研究成果、存在的问题及下一步工作计划、经费使用情况四个方面展开评议。

1. 计划执行情况与进展

是否完成立项申报书中规定的项目计划。

2. 阶段性研究成果

是否已有阶段性研究成果得到公开认可，是否已完成计划任务或已有论文公开发表。

3. 存在问题及下一步工作计划

是否存在问题，下一步工作计划是否明确，可操作性如何，能否保证完成项目计划。

4. 经费使用情况

经费支出是否合理，是否按计划支出。例如课题"高中数学解题规范化的实际应用研究"，其中期检查报告专家评议要点如下：

> 专家组成员认真听取了课题中期汇报，审查了从立项至今的过程性材料，经专家组讨论，形成了以下论证意见：
>
> 1. 课题工作开展扎实、有效
>
> 专家组成员认真审阅了课题组的管理制度、课题组人员分工、师生调查问卷、课题研究计划，认为课题组在研究前做了大量的前期工作，为课题研究奠定了必要的基础。此外，专家组对课题研究的重要组成部分"数学加强练、周考、月考答题卷"进行了重点检查，发现学生的答题卷是认真完成的，真实地反映出学生数学答题现状，为课题研究提供了必要的素材。
>
> 2. 活动安排合理、稳步推进
>
> 课题组在研究之初，制订了详尽的研究计划，在不同的研究时期安排了不同的活动。这些活动目的明确、安排合理，由浅入深、层层推进，可以看出课题组成员煞费苦心。在执行上，课题组严格按照计划执行，不打折

扣,确保了课题研究的顺利进行。难能可贵的是,课题坚持实事求是,不盲从、不冒进,及时总结,及时修正,保证了课题研究的真实性和严肃性。

3. 课题研究注意检验成效

课题组在研究过程中,通过让学生撰写"规范答题反思日记",建立"数学规范答题成长档案",举办"高中数学规范答题大赛"和"假如我是老师"等活动来检验课题成效,以便调整下一步的研究计划。

4. 课题研究初具成效

专家组与课题组成员、数学教师代表、参加实验的学生进行了座谈,并翻阅了阶段性成果,发现课题研究在老师、学生的思想层面有很好的引导,并且学生的数学规范答题程度已有提高,专家组认为课题研究初具成效。

改进建议:

1. 建议课题组成员把学生在解数学题时常见的不规范情况分类汇总以后,及时反馈给课题组以外的老师,通过集体教研的形式共同分析出错原因,并制定纠错策略,真正做到服务于教学。

2. 为了保证课题研究的客观性,建议在课题研究的实施阶段及时找学生做好信息反馈工作,建议采用多种形式的评价方式,如错题本的定时检查、测试、问卷、观察、座谈等。

希望大家后期的研究工作继续努力,保持原先的旺盛精力,再接再厉,把课题研究坚持到胜利。

从以上案例可以看出,专家在此阶段的评议中高度肯定了课题组的工作,并针对实际情况提出了改进建议,这对我们进行课题研究具有重要的指导意义。

(四) 结题鉴定专家评议要点

对于结题鉴定,专家一般会从方向性、科学性、实效性和创新性四个方面展开评议。

1. 方向性

方向性是指课题研究要符合国家教育改革方向,和党的教育方针政策保持一致;符合基础教育发展要求,立足实际;符合课程改革和人才培养的基本理念。具体描述为：(1) 以立德树人为基本导向，面向全体学生，促进学生健康成长，减轻学生过重课业负担；(2) 符合基础教育发展的方向、政策和制度要求；(3) 围绕课改重点、难点问题进行实践探索，突出学生社会责任感、创新精神和实践能力的培养，强调学生生动、活泼、主动地发展。

2. 科学性

科学性是指研究问题的真实性，研究方法的适切性，论证的严密性，分析的深刻性，结论的可信度。具体描述为：(1) 研究问题明确，是教育教学中亟待解决的、有重要意义的问题；(2) 问题解决的思路清晰，研究的目标、内容、步骤等明确、科学且具有合理性；(3) 研究方法科学、合理，引用的数据、资料等有可靠来源；(4) 材料内容翔实，结构严谨，论证严密，结论可靠，行文规范。

3. 实效性

实效性是指研究成果对解决教育决策问题有重要的作用；对解决教育实践问题有创新性的指导意义，有广泛的应用与开发前景。具体描述为：(1) 研究成果对解决教育教学实际问题具有借鉴意义和实用价值；(2) 研究成果对教育教学实践具有较大的引领作用，操作性强，容易被普通的基础教育工作者群体接受；(3) 在获得研究成果过程中教育教学质量明显提高，学校面貌发生了积极变化，多数学生受益；(4) 在获得研究成果过程中研究者自身素质得到明显提高（如提高了思想认识、提高了教学能力等）；(5) 研究成果的实施或推广带来了教育体制的完善或教育教学管理中某些环节的改进，成果在一定区域内产生较大影响。

4. 创新性

创新性是指课题研究丰富和发展了某种教育理论或学说，形成了富有价值的教育成果，获取了大量的第一手资料和事例，取得了重要的有形的成果，成功运用新的研究方法或技术。具体描述为：(1) 选题有新意或选择了新的视角；(2) 方案设计具有显著的创新点，操作模式、方法及研究策略等有独到之处；(3) 实践中取得了突破性发展，认识深刻，提出了独到的见解；(4) 方法新颖、独特。

第十六问　如何扎实有效地开展课题研究？

通过课题研究来推进教育教学改革，转变教师的教育教学观念，提高教师的专业化水平，现已成为学校发展的一条有效途径。开展课题研究，一线教师具有无可比拟的优势，因为他们每天都从事教育教学实践活动。但一线教师开展课题研究往往缺少正确的态度和有效的方法，没有养成通过课题研究来解决教育教学中师生、家长共同关注的难题的习惯，导致出现了很多功利、浮夸及无效的做法。一线教师要想扎实有效地开展课题研究，需要强化课题研究意识，培养科研团队精神，并做到课题研究常态化、品质化、精准化。

一、强化课题研究意识

课题研究意识一方面体现在对平时教育教学中出现的问题尝试运用课题研究的方法予以解决，另一方面体现在依据课题研究方案组织和实施的教育教学活动中。

课题来源于教学实践，是为解决实践当中的问题而提出的，所以不管在申报课题之前，还是批准立项之后，都会设计解决问题的方法，安排研究解决问题的过程，并不断反思和总结、检验和校正。要做好这些事情，需要强化以下几方面的课题研究意识：

（一）树立使命感，养成课题研究习惯

做一名科研型教师是时代的要求，也是教师自身发展的需要。教师做课题就是在科学理论的指导下，寻求解决某一问题的具有典型意义和推广价值的基

本原则和具体方法，所以教师首先要做好角色定位，要有一种使命感。其次要贴近实际，真做实干。研究采取的措施要切实可行，提出的原则在实践中必须遵守，选用的方法在教学实践中真正运用。做到这两点，教师才能在工作中扎实做教科研，教科研也才能切实解决教育教学实践中的问题。最后由不会做到会做，由不愿做到自觉做。

（二）结合教育实践，增强课题研究的可行性和可操作性

教师的课题研究与教学实践紧密结合，来源于教学实践，落实于教学实践。具有科研兴趣和使命感的教师，只要处处留心，教育教学中的问题皆可成为课题。感触最深、有所体会的教学观点，可以通过科研来提升；感到困惑、疑虑最大的教学问题，可以通过科研来探明。

进行课题研究，我们会通过解决一个具体问题的过程收获有利于解决所有问题的思维习惯。投入其中，我们就会享受课题研究"收获"之时的愉悦。例如，某校一位教学水平较高的教师，曾在城乡接合部任教，他想申报一个课题。在立项申报时，他并不知道如何选择适合自己研究的课题。省辖市和区教研室的领导、专家了解到这位教师在留守儿童的道德教育方面很用心，采取了很多行之有效的措施，积累了不少成功的经验，就指导其将原预申报课题"如何提高小学生在课堂上的主体地位"更改为"农村小学留守儿童道德教育策略研究"，最终该课题不仅获得市级立项，而且在结题时其成果还被评为一等奖并加以推广。这位教师由此走上一条通过课题研究促进自身教育教学工作的良性发展之路。

（三）理论联系实际，提高课题研究的针对性和科学性

开展课题研究，首先要注重理论学习，在科学理论的指导下开展教学实践，有科学的理论作指导，有规范的学术流程作要求，可以保证科研行为的科学性和合理性。在这一基础上，教师结合自身教育教学实践，记录自己的平日所做、所思、所疑、所惑，收集素材，逐步形成"问题"进行研究，然后用"问题的解决"来指导自己的教育教学工作，让"问题的解决"贯穿整个教学始终。这也就是我们平常所说的"问题即课题"。这样的课题研究，是教师最容易上手、最直接、最

有效的自我教育、自我提升的研修方式；这样的课题研究，也是最有现实针对性的课题研究。

（四）勤于实践改进，在课题研究中提升自我

课题研究如何能够联系实践？可采取"多读书、勤动笔，多思考、勤实践"的方式，持之以恒地在教学过程中开展研究。灵感与机会总是偏爱有思想准备的人，教师应做教学实践中的有心人，对遇到的教育问题多留心、多注意、多观察、多思考、常总结，有所感悟时及时记录，从经验中发现课题研究的方向与目标，使经验上升为理论。通过不断的实践努力，课题研究一定会取得令人欣喜的成绩，并在很大程度上改变教师为评职称而做课题、为评奖而做课题、为评价而做课题的现象。

二、培养科研团队精神

课题研究需要在先进的教育理论指导下，对教育教学中存在的问题进行全面系统的思考、论证，然后提出并验证有效解决问题的策略方案，这是一件大事，是一个复杂的系统工程。因此，做课题不能单打独斗，必须组成团队，发扬团队精神，同心协力，各展所长，这样才能完成研究任务。团队精神包括以下几个方面：

（一）团队精神的灵魂：大局意识、协作精神、服务精神

1. 大局意识
"不谋万世者,不足谋一时；不谋全局者,不足谋一域"。大局意识就是要看得长远，不计较眼前得失，从而很好地把握课题的发展方向。

2. 协作精神
个体对共同行动及其行为规则的认知与情感，是合作行为产生的一个基本前提和重要基础。协作精神需要每位成员在课题研究过程中紧密配合、共同研讨、分享成果、分担责任。

3. 服务精神

服务精神就是要时时、事事为其他成员着想，为课题着想，有积极的工作态度和处处为他人服务的精神。

（二）团队精神的载体：课题组成员的任务责任

课题研究任务的分配要科学合理。主持人作为课题组的统领，主要负责撰写研究方案、分配任务、设计课题研究进程，并监督研究任务的落实情况。除此之外，主持人还可以承担课题研究中部分具体的研究任务，以及过程性资料收集、保管等工作。其他主要成员则按主持人要求，发挥自己特长，承担课题研究中诸如教学设计、课件制作、案例筛选及过程性资料收集、保管工作，保障研究中硬（软）件、网络等实验环境的正常运行。

确定了各自的任务和责任后，就要根据研究计划，定期开展研讨交流活动，对研究内容、进度、效度进行分析评价，讨论交流研究心得，检查研究进展情况，调整安排下一步工作。每个人的工作要有计划，并保证每周固定一个时间为课题组人员集中活动时间，学习研讨，交流反馈。

（三）团队精神的本质：集体研讨、协同作战、成果分享

1. 集体研讨

每个成员都应该把课题研究中的优点、不足、疑惑、难点等提出来，全组进行集体讨论、研究，为做高品质课题研究出谋划策。

2. 协同作战

将集体研讨中发现的问题一一列出，课题组全体成员协同作战逐一击破，将个人智慧转化为集体优势，保障课题研究的高品质，促进教学质量整体提高。

3. 分享成果

集体的智慧是无穷的，集体智慧的结晶更是喜人的，最终的教科研成果必定能让大家受益匪浅，大家要经常分享成功喜悦，推广阶段性成果。

在一个优秀的课题研究团队中，每个成员都必须有团队精神，自觉高效地完成分工任务，并主动交流经验、分享成果，实现合作共赢。

三、实现课题研究常态化

科学技术是第一生产力,教育科研的成果同样可以转化为教育教学工作的第一生产力。要实现这一目标,可从以下几个方面着手,实现课题研究常态化。

(一) 课题来源于教学实践

1. 研究学校教育难题

学校教育中的重点、难点、热点问题是一线教师首要关注的内容,都可作为教师课题研究的选题,以解决学校发展中的问题,推动学校可持续发展。例如,异性学生交往问题、学生上学带手机问题、个别学生上网成瘾问题等。

2. 研究课堂教学问题

教师教学实践中的重点、难点、热点问题也可作为课题来研究,为自己的教学工作顺利进行提供帮助,让课堂教学更有效。例如,课堂教学兼顾各个层次学生问题、课外作业分层布置问题等。

3. 研究教学生活困惑

日常教育教学管理中的困惑,如果运用科研的方法,以课题的方式通过反思经验,创造新思想,使用新方法,使教育教学工作更加高效,可以收到老调翻新、新而不浮的效果。例如,提升教师的幸福感、尊重教师的价值等问题,都是值得研究的。

(二) 课题成果作用于教学实践

1. 解决教学难题

教学中的难题包括教学中深度难度问题、效果进度问题、分层教学问题等,课堂讨论中议题设置、时间控制问题,课后习题量、难度问题等都可以通过课题研究来解决,提高教学质量。

2. 解决教师困惑

教师教学活动中总是存在很多困惑,例如如何落实新课程理念,教学过程如何组织实施,教学目标如何把握,教学内容如何取舍,课时与进度的矛盾,如何进行探究性学习，如何获取相匹配的教学资源，等等。通过课题研究解决这些问题后，可使教师全身心地投入教学。

3. 解决家长困惑

孩子成长路上家长的困惑也很多。例如，孩子很努力，成绩仍不见起色，怎么办？孩子进入小学，有哪些需要关注的信息？小学生到底该管还是该放？如何跟老师保持密切联系，实时沟通？孩子最近心情不好，又问不出原因，如何帮他们排解？通过课题研究解决家长困惑也是必需的。

4. 解决学生困惑

学生的困惑直接影响学生的成绩，例如身心健康的困惑、自我认知的困惑、学习上的困惑、交友的困惑等。解决学生的困惑才能使其健康快乐成长，早日成为国家栋梁之材。

（三）课题研究贯穿于日常教学生活

课题研究在具体的研究过程中，与学校的日常教学活动紧密相连。如果教师能主动变"要我研"为"我要研"，变"要我写"为"我要写"，不再仅仅是为了职称、利益、名声，而是作为自己教育价值的一种体现、自身能量的一种释放，就一定能在课题研究中提升教育教学品质。因为扎实有效的课题研究，必然会促进教师增强课题研究意识，进而解决教育教学中的实际问题。

如某校2014至2016两个学年，把课题研究与校本教研活动结合起来，实现了相互促进、共同进步的良好教科研发展态势。首先，根据课题研究的阶段和内容要求，在已有课堂评价量表的基础上，制定出更加合理的课堂评价量表，以课题组为单位进行磨课。每两周举行一次听、评课课题教研活动，在人人献课、人人听课的过程中，发现优秀课例，总结有效的教学策略并不断地检验、修正。其次，在课题组成员听课前安排专人承担专项观察任务。听课时，课题组成员按照各自分工，记录数据进行分析。听课结束后，组内先进行数据的统计、分析，总结有效策略，发现课堂盲点，摒弃低效行为，最终达成共识，修正教学策略。如此坚持两年，学校教研水平有了较大的提高。

四、实现课题研究品质化

实现课题研究品质化可从以下三个方面着手：

（一）提高选题品质，凸显现实意义

一是博采众惑，征集问题。发动每位教师，提出自己在教学及班级管理中的真实问题及困惑。

二是瞄准方向，筛选问题。组织学校教科研骨干，从众多的问题中筛选、归纳有研究价值的问题。

三是精准定位，提炼课题。对具有研究价值的教学问题和困惑，进行比较、分析、筛选、论证，提炼出有研究基础、有研究价值和意义的课题进行研究。

（二）提高过程品质，规范研究程序

"喜花、喜大、喜空"是许多人做课题的通病，这使得在操作时无从下手，因此研究过程中材料的收集、积累一定要避免"假、大、空"。材料包括开展活动的得失利弊分析、师生精彩的发言、研究者深刻的反思、细节中的亮点，这些东西是真实的、具体的、生动的，往往具有极强的感染力。有了这些真实的过程性材料的收集、整理和提炼，才会有高品质的成果。

（三）提高成果品质，提炼典型结论

研究结论一定要基于课题研究所依据的理论得出。比如某课题是在主体多元教育理论的指导下开展的，那么研究结论一定要能够证明主体多元理论是正确的、有用的。这好像是不言而喻的，但实际上却难以做到，一些研究报告逻辑混乱、漏洞百出，或自相矛盾，贻笑大方。

另外，研究结论一定要在原有理论的基础上有所突破、创新和发展。课题研究不可能一蹴而就，它是一个艰苦又漫长的过程，哪怕是想要取得一点儿理论上的突破或者实践上的创新，都需要我们冥思苦想、埋头苦干，只有"厚积"才能"薄发"。实践证明，能够结合教育教学的实际需要，采用专业的研究方式，通

过改进教师的教学行为,最终推动本校或区域教育教学平稳、较快发展,这样的课题研究才会有高品质的成果。

五、实现课题研究精准化

细节决定成败。一个课题只有做好了研究过程的每个细节,才能将研究预期的构想变为科学的结论,产生现实指导意义。课题研究精准化就是要落实到课题研究的各个环节,确保各个环节高效、有序开展。为此,课题研究应关注以下几个方面的细节:

(一)研究方案要细致

1. 分解研究目标,抓准切入点

研究目标是指通过该课题的研究和实践要达到什么样的目的或目标。比如通过本课题的研究和实践,要探索某种教育规律,形成某种理论成果和实践成果等。研究目标一般和预期研究成果互相对应。写研究目标和内容的目的是使课题研究方向更加明确,研究内容更加具体,研究任务更加清晰。研究目标和内容要写实,而且应是在本课题研究中经过努力可以达到的目标和可以完成的任务。

2. 明确研究思路,确定研究方法

写研究方法的目的,是要说明在进行该课题研究中将采用哪些方法。例如,应用性课题一般采用行动研究法、调查研究法、经验总结法、比较研究法等。

3. 发散理论思维,提出研究假设

研究假设是研究者将研究问题中的概念转变为能通过观察来计量的变数思考时预测的研究结果。研究假设形成的基本步骤:提出问题,寻求理论支撑,初步形成假设,理论性陈述,形成基本观点,提炼假设的核心。研究假设形成的基本条件:一要以科学观察和经验归纳为基础;二要以科学的思想方法为指导,通过类比、归纳、演绎等方法,做出合乎逻辑的某种命题;三要研究者有丰富的知识、经验。

4. 根据实际情况，完善研究设计

课题研究设计不是研究的终结，而仅是开始，不可能做到尽善尽美。故一切设计都只能是逐步完善的，要随着研究的进展而更改，包括预期之外的新发现、新设想，我们应当允许研究者在研究过程中根据发展的需要对原有方案进行调整。我们既要反对无计划的盲目行为，也要反对消极地、僵化地按计划方案一走到底，应根据课题类型和其他实际情况，搞好研究设计并不断完善。

（二）研究方法要适当

落实研究方法是课题研究实施过程中的一个非常重要的任务。

在选择研究方法时，要考虑研究方法与研究内容之间是否匹配，只有研究方法与研究内容匹配才能够在课题研究中把研究方法真正落到实处，才能够获得有用的资料和高质量的研究成果。

不同的研究内容要使用不同的研究方法。如果想了解自然状态下的教育现象，最好用观察法；如果想通过施加影响，使研究对象发生变化，最好用实验研究法；如果想了解某人或某些人的想法，最好用访谈法和问卷法；如果想改变自己的教育行为，最好用行动研究法；如果想了解事物发展历史，最好用文献研究法。

内容决定方法，方法也制约内容，只有方法得当，才能使方法得到最好的发挥，才能把内容研究得更好更透。

（三）研究实施要精确

课题研究的实施有两个目的：获得研究资料和对研究资料进行分析判断。对研究资料的收集、整理、分析（处理）、得出结论是课题研究实施过程的四个主要环节。

1. 收集资料

研究资料有两种基本类型：一类是通过检索、记录而得到的文献资料，另一类是通过问卷调查、实验、观察等获得的数据资料。

根据研究阶段可大致将研究资料分为基础性资料、过程性资料及成果性资料。

基础性资料是指反映课题基本情况的资料,如申报材料(申报表、立项通知书、开题报告、研究方案等)、调研材料(问卷、检测数据、调查资料等)、文献资料(文献目录、文献原文等)。

过程性资料是研究过程中产生的各类资料,如阶段材料(阶段计划、阶段总结、中期检查报告等)、记录材料(听课记录、观察记录、教学反思、实验记录等)、统计材料(问卷数据、文献数据、实验数据等)、音像资料(课堂实录、观察录像、活动照片、访谈录音等)、实物作品(学生作业、学生试卷、教师教案、制作的教具、学具等)。这些资料,特别是研究过程中的原始数据与资料,重在随时随地地收集、积累与整理。

成果性资料是将研究中所取得的对教育问题的认识转变为具有一定形式的信息材料,如各阶段产生的成果(调查报告、经验总结、论文、专著等)、教学成果(教案、课件、课例、录像等)、获奖材料(证书、作品等)、发表作品(获奖论文、学术论文、专著等)。这些资料对终端成果的形成具有直接意义。

课题研究资料如实地记载了一个课题从策划、立项、研究到最后结题的全过程,这些资料要随时随地进行收集,只有这样才能使课题研究内容充实、科学严谨。

2. 整理资料

整理资料是指把收集到的文献资料和采集到的数据资料及时进行加工整理,一般要经过核对、分类、选定等步骤,使获得的资料整齐有序,以便于随时取用和下一步研究工作的顺利进行。

具体讲,核对就是对获取的资料,从资料来源、资料的完整性和准确性等角度进行核对,看看是否可信、准确、完整,以保证研究资料的可靠。

分类是根据研究需要把获得的资料分门别类地加以整理。

选定是确定资料对研究的有用程度,在分类的基础上,挑选富有代表性或典型性的资料,淘汰错误的、价值不高的资料。

3. 分析处理研究资料

研究资料整理以后,就要对研究资料进行分析和研究。分析的主要目的是从占有的资料中获取带有规律性的东西,对占有的研究资料进行"去粗取精,去伪存真,由此及彼,由表及里"的深入思考和技术加工,完成课题设计中提出的研究任务。

要注意的是，必须根据研究资料性质的不同，如是文献资料还是数据资料，来进行分析和处理。要把定性分析和定量分析结合起来进行。

对于文献资料，主要用逻辑方法进行分析研究，包括比较、归类、类比、抽象、概括、分析、综合、归纳、推理、想象和假设等方式。采用哪种或哪几种逻辑方法，要根据研究目的和文献资料的特点灵活选择。

对于数据资料的处理，主要采用统计分析方法，对经过整理的数据资料进行分析研究，并把分析的结果用数据、图表表现出来。处理数据资料涉及统计学的知识，常用统计描述、统计推断、统计分析等统计分析方法。经过对所获数据的数学处理，得到科学的结论。

4. 得出研究资料

主要任务是把文献资料分析研究和数据资料处理的结果，本着客观、科学、严谨的态度，用概括性较强的语言简练地表述出来，得出研究的结论。所得的结论可以是基本判断，可以是原则，也可以是原理。这是研究成果的集中体现，也是研究任务完成的具体表现。

（四）研究成果要规范

1. 成果呈现从日常开始

课题研究实施前的准备工作、实施中的控制工作、实施过程的测评工作、研究成果的总结工作等都需要定期检查、评估及鉴定。

2. 成果的呈现形式平时就应准备

案例、教育叙事、研究报告、教科研论文、专著等成果形式，平时就应规范书写，及时分类归档，结题时才能从容应对。

总之，教科研是教师自由飞翔于教育天空中的翅膀。干教育必须从事教科研，教科研是先进的生产力。做教科研必须突出特色，特色是教科研的生命。扎实做教科研，才能享受教科研成果带来的幸福感和成就感。

主要参考文献

[1] 姚文俊,刘可钦. 我要成为最佳的我[M]. 北京:北京师范大学出版社,2000.

[2] 赵验军. 我在发现中成长[M]. 郑州:大象出版社,2014.

[3] 李冲锋. 教师如何做课题[M]. 上海:华东师范大学出版社,2013.

[4] 梁惠燕. 中小学教育科研的 N 个问题[M]. 广州:广东高等教育出版社,2014.

[5] 徐建放,管锡基. 教师科研有问必答[M]. 北京:教育科学出版社,2005.

第十七问　立项课题重要内容变更的程序和要求有哪些？

课题立项后,常常因为各种原因需要对课题原计划进行修改甚至重新规划,这种修改和变化叫作变更。一项课题从申请立项到顺利结题,研究周期一般为1—2年。在如此漫长的研究周期内,突发状况的出现可能会导致课题组成员无法承担课题分配的任务,课题的名称和研究内容不符合课题的研究方向,各种无法掌控的因素使得课题研究经费不到位、拖延研究任务和时间等。这样,已经批准立项的课题就需要提出相应的变更申请。立项课题变更的内容、程序和要求都有哪些呢？

一、立项课题变更的内容

总的来讲,立项课题变更的内容包括课题组人员变更、课题内容变更、课题延期及其他相关内容变更。

（一）课题组成员变更

1. 课题主持人变更

课题一经立项,课题主持人就应该保持稳定,原则上不得随意变更。但在课题研究的过程中,课题主持人可能会由于各种原因无法继续承担课题研究工作。这些原因包括课题主持人工作调动、身体健康状况不佳、意外事故、因病因故去世等。一般来说,如果课题主持人工作调动后仍然从事相同的工作岗位,并且本人有意愿继续承担研究任务可以不申请变更,维持原状。若课题主持人调离本单位并且此课题无法在新的单位继续实施,如调离教育系统,转换从事学科学段,或因病因故去世,方可申请更换课题主持人。课题主持人变更须经原课题主持人和课题组成员全体同意(因病因故去世的除外)。新的课题主持人可由课题组推选本课题组其他成员担任,或者由所在单位根据需要指定课题主持人。

变更课题主持人须满足下列条件:

①须有原课题主持人放弃主持该课题的亲笔声明(因病因故去世的除外),由原课题主持人所在单位加盖公章。

②须在课题立项通知书发出后,结题时限到来前三个月内,提出变更申请。已结题的课题不得变更。

③新课题主持人须资格完备,符合相应的职称要求,主持或参与完成过相应级别的课题研究工作。

④须报请市级、省级课题主管部门同意并签字盖章后,变更方能生效。

2. 课题组成员变更

课题一经立项,课题组成员就应该保持稳定,原则上不得随意变更。课题组主要参与研究人员因工作调动、外出学习、身体健康状况等原因无法继续参与研究的,可以变更参与人员、调整课题组成员顺序和分工。申请课题组成员变更须课题主持人和原参与人签字同意(因病因故去世的除外)。

(1) 更换成员

课题组某个成员调离本单位或遭遇严重疾病、意外事故等不可抗拒原因,造成无法胜任课题研究工作,根据课题研究的任务分配,可以申请课题组外有意愿承担课题研究任务的人员加入此课题组继续课题研究。课题组须取得该成员放弃参与该课题的亲笔声明(因病因故去世的除外),并经课题组其他成员集体通过后方可更换他人。

由于课题主持人调离原单位并带走课题引起的成员更换,须办理相应的课题转出手续,取得原课题组成员放弃该课题的亲笔声明后,方可把课题组成员更换成调入学校的教师。

(2) 添加成员

课题在批准立项后,研究过程中发现原课题研究任务分配不恰当、不合理,因为缺少人手而无法正常开展课题研究工作,或发现该课题研究可以在更广泛的范围内展开,经课题主持人和其他课题组成员同意后,可以吸收本单位或其他单位的有意愿参与课题研究的人员加入,提出添加成员变更申请。

(3) **成员移位**

课题在批准立项后,研究过程中发现原课题研究任务分配不恰当、不合理,主要参与人员的排列顺序与其承担的课题研究任务分工不一致,不利于课题研究的推进,经课题主持人和其他课题组成员同意后,可提出参与人员顺序变更。

上述变更须满足下列条件:

①须在课题立项通知书发出后半年内提出变更申请。若在接到课题立项通知书半年后至一年以内发生人员变更,须申请延期一年结项方可变更课题组成员。若超过一年,原则上不得更换课题组成员。

②须报请立项课题管理单位同意并签字盖章后,变更方能生效。

③变更人数(包括增、减、调整顺序)不超过总人数的二分之一(主持人调离原单位带走课题的除外)。

④须提供原课题参与人放弃参与该课题的亲笔声明(因病因故去世的除外)和调动证明或医院证明(复印件)。

⑤新增加人员应具备课题研究的相应资格。

3. 课题管理单位变更

课题管理单位变更原则上只批复因课题主持人工作调动进行的变更、课题管理单位名称的改变及课题管理单位撤销或合并于其他单位而引起的变更。

课题主持人调离原单位,原单位同意其带走课题,应办理相应的课题转出手续,转入单位应具备课题研究的相应条件,并提交课题转入申请。须有调出、调入单位加盖公章确认(因课题管理单位变更同时引起的课题组成员变更参照课题组成员变更条件执行)。如果课题主持人工作调动,但是原单位仍然承担课题研究的调查和推动、支付课题研究的经费,那么课题管理单位就不允许变更。

课题管理单位变更须满足下列条件:

①须提供课题主持人的工作调动证明或原课题管理单位名称改变、撤销的相关证明。

②须提供原课题管理单位同意该课题转出的证明和该课题转入单位的

申请。

③须在课题立项通知书发出后半年内提出变更申请。若在接到课题立项通知书半年后至一年以内发生变更,须申请延期一年结项方可变更。若超过一年,原则上不再更换课题管理单位。

④须立项主管部门同意并签字盖章后,变更方能生效。

因课题管理单位变更引起的课题组成员变更,参照课题组成员变更条件执行。

（二）课题内容变更

一经批准立项,课题名称和研究内容原则上不允许变更。因客观原因确需变更的,须在课题开题的过程中经过专家分析论证,由课题主持人提出书面变更申请,申请中须说明变更原因、变更前后的情况及变更对于课题的影响。

1. 课题名称变更

课题一经立项,原则上不得变更课题名称,确需更改的,须经过专家论证,保留课题的核心概念,不能改变原课题名称的关键词。课题主持人需要就立项课题研究的价值、核心概念、研究目标、研究内容、研究的重点和难点、研究的创新点等进行论述,请专家针对此课题进行评估论证。专家在听取开题报告,进行课题评估论证过程中如果发现课题名称确实与研究内容和研究方向有偏差,需要变更课题名称,可以由课题组提出更改课题名称的申请。申请变更课题名称须附专家论证,新的课题名称不能改变原课题名称的关键词。申请变更的时间应放在开题报告之后一个月内,若在一个月后中期报告之前提出申请,则须延期一年结项方可变更。

例如,鹤壁市淇滨区嵩山小学的课题"构建博雅教育体系 培养小学生人文素养的研究"在进行开题报告时,时任省基础教研室科研办主任杨伟东指出,"博雅教育"是西方的传统教育方式,在此之前已经有大量的研究,故"博雅教育"不属于嵩山小学首创,"构建"一词就欠恰当,课题名称改为"实施博雅教育 提高小学生人文素养的行动研究"更合适。

2. 研究内容变更

原则上不得更改课题研究内容,若在课题研究工作中发现研究内容确实与

第十七问　立项课题重要内容变更的程序和要求有哪些？

课题名称不符，需要更改研究目标、研究对象的，经过专家分析论证，在开题报告之后提出申请。变更课题研究内容必须在核心概念不发生变化的前提下进行。

下面是一个申请研究内容变更的实例：

"同心实验小学生命教育校本课程的开发与实施研究"就相关研究项目提出变更：

在课题研究推进过程中，我们已经明确地认识、感受到了我们所从事的实际研究工作与预设的五项研究目标之间有着较大的差距。通过专家评议和课题组成员讨论分析，我们一致认为，我们的研究目标要做必要的修改。

①原来预设的第一项研究目标是"提升学生对生命过程、生命教育、生命内涵、生命价值的认识水平"，现在应修改为"有效提高不同年龄段学生对生命过程、生命教育、生命价值的认识水平"。这是因为，小学阶段低、高年级学生的年龄、认知水平差异较大，为了保证这一目标的落实，有必要加一个限制成分"有效提高不同年龄段"。另外，由于整个小学生的认识水平有限，所以"提升学生对生命内涵的认识水平"要求拔得高了。修改后，这一目标的要求有所降低，但更为具体更具有可操作性。

②原来预设的第三项研究目标是"研究探索出适合我校生命教育校本课程实施的有效途径和策略，不断优化我校德育工作模式"，现在应修改为"研究、探索适合我校生命教育实施的有效途径和策略，不断优化我校生命教育模式"。这是因为，在我们推进研究工作的过程中，感到生命教育是一项系统性、综合性工作，只靠校本课程的开发与实施，是远远达不到有效提高不同年龄段学生对生命过程、生命教育、生命价值的认识水平这一目标的，而且校本课程开发实施后，发现多数老师在教学时，除教学过程的实践性强一些以外，与其他课程的教学途径、教学策略并没有太大的差异。因此如果我们把过多的精力放在探求我校生命教育校本课程实施的有效途径和策略上，一是有点小题大做了，二是也探求不出什么太有价值的途径和策略来。所以我们的研究工作应当是一个宽泛的行动研究，要探究的也应当是整个生命教育的途径和策略。

③原来预设的第五项研究目标是"在开展生命教育活动过程中,进一步完善学校的育人功能,使整个学校充满生命活力,提升学校的办学品位",现在应修改为"在开展生命教育活动过程中,进一步完善学校的育人功能,使整个学校充满生命活力"。这是因为,原来我们把课题研究的功能扩大化了。课题研究本身就是一项功利性不太强的学术工作,单纯的一项课题研究,是不能担负起"提升学校的办学品位"这一重任的。

同时我们申请对原课题实施方案中预设的研究对象做出修正和变更。

原课题实施方案中对研究对象的表述是"实验小学全体小学生均为本课题研究对象,只是根据学生的年龄和认知特点,将不同年级的学生分为三个研究学段(学前、一、二年级为第一研究学段;三、四年级为第二研究学段;五、六年级为第三研究学段)"。现在由于考虑到学前班孩子年龄小,认知程度差,所以在课题实施过程中,没有将学前班的孩子纳入研究对象中。

另外,在我们开发生命教育校本教材的过程中,感觉如果将研究对象分为三个研究学段的话,会给教学计划的制订、教材的编写、评价工作的实施带来诸多不便,于是经研究决定,将原课题实施方案中对研究对象的表述变更为"实验小学义务教育阶段的全体小学生均为本课题研究对象,根据学生的年龄和认知特点,将不同年级的学生分为两个研究学段(一、二、三年级为第一研究学段;四、五、六年级为第二研究学段)"。

3. 成果形式变更

课题在申请结题时的成果形式一般为研究报告、论文或专著。项目研究计划安排与课题最终成果预设都只是预先的设定,课题的阶段性成果,如研究综述、研究论文、教育案例、教学课例、经验总结等可能会因为研究过程中的实际情况发生改变,这样,课题的最终成果形式就可能发生变化。所以课题的最终成果形式可以根据专家论证和研究过程中的实际情况申请变更。

(三) 课题延期及其他相关内容变更

1. 课题延期

由于自然条件或其他因素导致课题无法按时结题的,可以提出延期申请。一个立项课题到达研究的时限,仍不具备结项条件,如没有按照要求发表相关论文成果;由于研究任务繁重没有完成预期的研究成果;没有按照课题计划完成研究任务;课题管理单位不能及时拨付课题经费,导致课题研究停滞;没有收到相关的要求结项的文件,错过了正常的申报结项时间;等等,可申请课题延期,但需要写出课题研究任务完成情况,下一步的实施计划及确切的课题完成时间。延期申请只能提出一次,且延期时间为一年。

2. 课题中止撤项

由于各种原因不具备结项条件或无法完成原计划的课题,或由于项目负责人已经调离,项目组其他成员不能完成课题,可申请撤项。没有履行撤项手续的课题主持人三年内不能申请新的课题立项。

3. 课题经费调整

课题经费指在课题研究过程中发生的与研究活动直接相关的费用,包括资料费、数据采集费、差旅费、小型会议费、劳务费、印刷费等。课题负责人接到立项通知书后,按批准的资助金额编制课题预算,课题经费由课题负责人所在单位统一管理,一般不能转拨其他单位。课题负责人应严格执行批准后的课题预算,一般不能调整。确因课题研究需要进行调整的,必须做出课题经费调整的变更申请,申请时须附课题经费使用情况明细表和剩余资金使用计划。

二、立项课题变更的程序及要求

若一项已经批准立项的课题需要进行变更,就需要按照课题变更的程序和要求进行。那么,课题变更的程序和要求有哪些呢?

(一)课题变更的一般程序

立项课题的变更程序一般为申请→审核→公示→变更。

1. 课题变更申请

(1) 课题组提交书面申请

课题组要根据变更的内容提出书面申请,格式如下:

×××（课题变更项目）变更申请书

×××（变更课题管理单位）：

"×××"（课题名称）_____（国家、省、市）级课题，于××××年××月××日由×××（课题管理单位）批准立项，研究周期×年。课题所在单位：×××；主持人：×××；主要参与人员：×××、×××、×××、×××、×××。

正文（包括变更事由、专家评估意见、课题开展情况、取得的阶段性成果等）

特此申请

变更后课题组信息：

课题名称：×××

所在单位：×××

主持人：×××

参与人员：×××　×××　×××　×××　×××

单位公章

单位负责人签字：×××

××××年××月××日

（2）填写课题变更审批表

课题组要根据立项课题所对应的管理单位，登录该单位网站下载《立项课题重要事项变更申请审批表》，按要求认真填写，用 A4 纸打印，一式三份。

（3）提供相应的证明材料

根据变更内容不同，提供相应的调动手续、相关人员医院证明、经费使用情况、变更人员信息（职称、研究方向、从事领域、主持参与课题研究情况、近五年取得的科研成果）等相关材料，一式三份附在申请表后。

（4）签署变更承诺书

为避免当事人不了解"政策"被"糊涂"变更或根本不知道被变更，或者口头知会变更后出现反悔的情况发生，在课题组提出申请后，应召开课题组会议，取得课题组所有成员同意，并签署变更承诺书。

变更承诺书格式如下：

第十七问　立项课题重要内容变更的程序和要求有哪些？

课题主持人(成员、管理单位等)变更承诺书

我郑重承诺：

1. 同意课题组关于课题主持人(成员、管理单位等)的变更。

2. 保证提交的证明材料真实、完整、准确。

3. 课题组变更程序规范，不存在弄虚作假的情况。

我保证变更承诺书的真实性，若有不实，愿承担一切后果。

承诺人：1.

　　　　2.

　　　　3.

　　　　4.

　　　　5.

　　　　6.

×××课题组
××××年××月××日

以上变更申请按照审批表、申请书、承诺书、相关证明材料的顺序装订，一式三份。

2. 主持人所在单位审核

原课题主持人亲笔签字后递交变更申请至原工作单位，单位审核无误后由负责人签字并加盖单位公章，报市、县级课题管理部门审批。

3. 报市、县级课题管理部门审批

省辖市、省直管县课题管理负责人对变更申请进行审核，无误后亲笔签字并加盖单位公章，报省级课题管理部门审批。

4. 报省级课题管理部门审批

省级课题管理部门受理申请后，对各项内容进行审核，无误后由课题管理负责人亲笔签署意见，加盖公章，并留一份《立项课题重要事项变更申请审批表》存档，退回另外两份。申请表由市、县级课题管理部门存档一份，返回课题组一份，课题申报结项时，需要在过程性材料中立项通知书后附上审批过的《立项课题重要事项变更申请审批表》复印件。

5. 变更公示

市、县级课题管理部门需要在收到省级课题管理部门返还的《立项课题重要事项变更申请审批表》后对其进行公示,公示无异议后存档备案。

(二) 课题变更的注意事项

1. 课题变更的理由要充分真实

变更课题重要事项的理由说明要真实、合理、充分,一切以评职称为目的急功近利的变更都是不合理、不合规的。

2. 课题变更程序要规范严谨

课题变更申请的程序要规范严谨。变更申请审批表和变更申请报告材料的书写要规范;课题组成员变更承诺书、相关人员病历、经费使用情况明细表等与变更有关的各类事项说明或证明材料要附后;变更申请要逐级审批,不能越级上报,省、市级课题主管部门一般不受理个人申报;课题重要事项变更申请审批通过后要及时公示。所有未经审批直接对立项课题进行重要事项变更的结项申请将不准予结项。

3. 课题变更要把握好时间节点

立项课题的变更申请需要把握好时间节点。课题组人员变更和课题内容变更应该放在课题开题之后,中期检查报告之前;延期申请、中止撤项、经费调整和其他课题变更申请可以放在课题原计划结项时间之前一年以内。

三、立项课题重要内容变更审批表及申请报告范本

(一) 课题变更申请审批表

河南省基础教育教学研究项目重要事项变更申请审批表

原课题名称			立项编号	
原课题主持人		原工作单位		
原学科分类		原主要成员		

第十七问　立项课题重要内容变更的程序和要求有哪些？　　　　209

（续表）

原结项时限		原成果形式			
变更事项:	☐变更课题组主要成员		☐延期一年		☐改变课题名称
	☐变更课题管理单位		☐研究内容有重大调整		
	☐改变成果形式		☐申请中止撤项		☐其他

变更理由与结果：

　　1. 变更主要成员，其中变更前两名的，继任者须提交以下证明材料：其主持或参与完成县区及以上课题的结项证书及相关专家鉴定意见的复印件，每页须加盖本人所在单位公章。

　　2. 申请延期，须写明课题以往延期情况、课题进展情况、已发表的阶段性成果。

　　3. 变更其他事项，须写明理由与最终结果。

　　以上为指导语，正式填写时须删去！

变更后的情况	主持人		所在单位		手机号	
	主要成员					
	其他事项					

原课题主持人(签字)：

　　　　　　　　　　　　　　　　　　　　　　　　　　　　　　　年　月　日

课题主持人所在单位意见	所在省辖市、直管县基础教研室意见
如变更课题管理单位，须由调出单位及调入单位签章。 　　　　　　签　章 　　　　年　月　日	签　章 　　　　年　月　日
河南省基础教育教学研究室科研管理办公室意见	
签　章 　　　　　　　　　　　　　　　　　　　　　年　月　日	

　　重要提示：1. 本表须上交一式三份，由所在省辖市、直管县基础教研室汇总上报。

　　　　　　2. 在本课题规定结项时限当年 4 月 30 日前按程序报批，逾期不予受理。

　　　　　　3. 变更内容多确实需要加页，请打印在此页背面。

2022 年 3 月制

（二）课题变更申请报告范本

课题主持人变更申请书

河南省基础教育教学研究室科研办：

"鹤壁乡土地理课程资源的开发与应用研究"　省　（国、省、市）级课题，于2014年6月由河南省基础教育教学研究室课题办批准立项，课题编号JCJYC141206033，研究周期2年。课题所在单位：鹤壁市淇滨区湘江中学；主持人：王秀琴；主要参与人员：付蕾蕾、任爱枝、胡卫娟、程玉昌。

2014年9月接到立项通知书后，我们及时召开了课题开题报告会，开题会上，我市课题专家韩瑞煜指出，"鹤壁乡土地理课程资源的开发与应用研究"这一课题力求解决使用湘教版地理义务教育教科书中河南本土地理的不足，着眼联系乡土地理知识，实现统编教材与乡土地理内容的互补整合，使初级中学地理教学抽象的地理内容更加直观、具体，对于形成学生的地理思维，更好地实现初级中学地理教学任务和目标无疑有着较为重大的意义。但这一课题又是立足于市级区域进行的实践研究，所以在研究中要注意避免拘于一域，要尽可能地多视角、深入地挖掘课题资源。

开题后，我们积极地投入到课题的研究与实践中，收集了相关的理论资料，开展了一系列的访问、调查与分析，并初步完成了《鹤壁乡土地理调查考察报告》，对乡土地理校本课程的编写也进行了初步的定位。但诚如韩瑞煜老师在开题报告会上所言，随着"鹤壁乡土地理课程资源的开发与应用研究"这一课题研究的深入，我们发现，受参与本课题研究的老师所处区域单一的影响，以及师资水平等方面因素的制约，本课题的研究很难达到预期的研究效果。为了使课题研究能切实解决教育教学中实际存在的问题，并能更深入地开展研究，我们课题组经过讨论商议，决定更改课题有关事宜，特邀请市基础教育教学研究室的地理教研员杨自起老师参与我们的课题研究并担任主持人。杨自起老师的加入将更大程度调动鹤壁市的地理教学力量，使本课题的研究深入到全市的每个区域，更好地完成课题研究任务。

特此申请。望批准！

第十七问 立项课题重要内容变更的程序和要求有哪些？

变更后课题组信息：
课题名称：鹤壁乡土地理课程资源的开发与应用研究
所在单位：鹤壁市基础教育教学研究室
主持人：杨自起
参与人员：王秀琴 付蕾蕾 任爱枝 胡卫娟 程玉昌

单位公章
单位负责人签字：×××
2014 年 10 月 11 日

第十八问 如何将创新意识贯穿到课题研究全过程？

习近平同志说："创新始终是推动一个国家、一个民族向前发展的重要力量。"抓创新就是抓发展，谋创新就是谋未来。当今时代是一个"创客"的时代，是一个"大众创业，万众创新"的时代。创新，已经成为时代发展的新动力，成为时代风尚的风向标。

教育科研，尤其是基础教育领域里的课题研究，更需要树立以创新为特质的研究作风，并把它作为引领教师专业发展的风向标。

那么，如何将创新意识体现在课题研究过程中呢？这就需要搞清楚三个问题：

一、"创新"是什么？

《现代汉语词典》（第7版）对"创新"的解释为：①抛开旧的，创造新的。②指创造性；新意。

详细一点可以这样概括，创新是指以用现有的思维模式提出有别于常规或常人思路的见解为导向，利用现有的知识和物质，在特定的环境中，本着理想化需要或为满足社会需求，而改进或创造新的事物、方法、元素、路径、环境，并能获得一定有益效果的行为。

创新常常表现为一种以"新思维、新发明和新描述"为特征的概念化过程，它是人类特有的认识能力和实践能力，是人类主观能动性的高级表现，是推动民族进步和社会发展的不竭动力。具体来说，它有以下三个方面的特征：

（一）创新的本质是"创造"

创造就是"从无到有"，就是突破。突破，即突破旧的思维定式，打造出新的东西。

创造的价值就在于它的首创性。从托勒密的"地心说"到哥白尼的"日心说"，是一种颠覆和突破；从俄国十月革命的"工人起义占领中心城市"到中国革命的"农村包围城市"，是一种创新；从杜威的"教育即生活"到陶行知的"生活即教育"，也是一种颠覆和突破。这些颠覆和突破，都有着与旧有理论和实践截然不同的主张和途径。这种根本性的、颠覆性的突破就是创造。

教师在做课题研究的时候，要尽可能多地形成这种首创性的新思路、新方法、新技术、新手段。

（二）创新的特征是"出新"

真正的创造是极为珍贵而稀有的，因为历史的发展并不都是靠着180°的大转弯而实现的。现实生活中，创新更多地表现为推陈出新，表现为"从有到有""从较好到更好"。如同一则广告词："没有最好，只有更好。"出新就是改良，就是完善，就是改革，就是站在既有经验或成就的基础上更进一步。

创新活动的核心是"新"，它或者是产品的结构、性能和外部特征的变革，或者是造型设计、表现形式和手段的创造，或者是内容的丰富和完善。

教育领域也不外乎此。从卡尔·威特的"天才教育法"到 M. S. 斯特娜的"自然教育法"、蒙台梭利的"特殊教育法"，再到铃木镇一的"才能教育法"、多湖辉的"实践教育法"、周弘的"赏识教育法"，从中可以看出儿童教育思想与实践的发展与流变、改良与完善。

我们的课题研究，更多地表现为这种对既有理论、既有经验或者既有成果的再验证上，以使其能与自己的教育教学工作相适应，更好地服务并推动基础教育事业向前发展。

（三）创新的生命在"引领"

所谓"引领"，在于寻找并指出正确的发展方向。不能够明示或暗示事物发展正确方向的"出新"谈不上"创新",有可能是搞怪。比如有一个日本人尝试把跑步的方法由双脚跑步法改为"四肢跑步法",即爬行法,引来一时轰动。爬行,作为一种健身方法是可以的,但若真引为将来人类跑步的趋势,则既不是创新,更算不上科学。

教育改革也是如此。曾有人建议重拾八股文,以加强作文训练的科学性。对此声讨者有之,声援者亦有之。其实,声讨也好,声援也罢,问题的关键在于首先得看倡议者对"八股文"的定义是什么,若是直接把历史上八股文的那一套做派完全拿过来,就是逆流而动了;若仅只是借"八股"之名,行章法训练之实,那就另当别论了。

所以,做教育也好,搞科研也好,有没有价值,有没有意义,关键要看这项工作是否代表了中国先进文化的前进方向,是否体现了"在实践创造中实现文化创造,在历史进步中实现文化进步"。这才是创新的生命之所在。

二、现实状况如何?

因为课题研究的参与者绝大多数是一线教师,他们往往有强烈需求,但又存在着能力短板,所以他们的课题研究常常带有明显的岗位特征和职业局限,表现为如下四个方面的误区:

(一)重表象,轻本质

一线教师每天都能见到形形色色的、生动鲜活的教育现象,因此他们的优势是素材丰富,劣势是素材过于丰富。这在课题研究中往往表现为"眼中有问题,心中无问题",即在研究对象上往往不能精准对焦,对问题的提炼和研究目标的定位往往只停留在表面,呈现出"重表象,轻本质"的弊病。这大体有两种表现:

1. 选题精度不够

好的教科研课题应该是从生活中来到生活中去,从问题中来到问题中去;应该能够很好地折射出时代背景,在时代背景下概括出问题的实质,指出问题产生的真正原因。这样的课题研究才能对解决现实问题起到推动作用。

第十八问　如何将创新意识贯穿到课题研究全过程？　　215

比如有人找的选题为"留守儿童教育问题"。留守儿童现象产生的根本原因是我国经济的不发达，以及经济发展的不平衡。区域内留守儿童数量的多少与经济发达程度成反比：经济越发达，外出务工的人员越少，留守儿童数量就越少；经济越不发达，外出务工的人员就越多，留守儿童数量就越多。区域间"异地留守儿童"现象又与经济发达程度有一定的正相关。留守儿童又是一个特殊的社会群体，他们年龄小，自制能力差，所以在他们身上不可避免地会出现较多的问题。监护人年龄偏大，对留守儿童的照顾力不从心；家庭教育缺失；学校教育措施不到位；社会对留守儿童关注不够；等等。这些都是造成留守儿童教育问题的因素。

针对这一问题，究竟应该如何廓清研究对象和研究内容呢？是研究经济发展策略还是研究体制改革？是研究"心理矫正"问题还是研究"家庭教育"问题？深究产生这一现象的原因，必然绕不开"三农"问题和城镇化建设这些社会问题。因此留守儿童教育问题，表象是心理、行为矫正问题，实质是一个社会问题、系统问题，但如果直接从社会学层面来探讨"留守儿童的教育问题"，显然有些宏观，且力有未逮。对一线教师来说，针对这一难题的解决，研究如何加强家庭教育和家校合作更为现实可行。

2. 目标定位不清

"重表象，轻本质"还可表现为目标定位不清，对研究指向言之模糊。如课题"高中语文新课标课堂有效教学的研究"，研究者设了四个目标，其中两个为：

①研究高中语文新课标课堂教学中"教"的方法

传统教学模式以启发为主，大大限制了学生学习的主动性。采用新的教学方法，针对学生的现状，代之以"以学生为主体、教师为主导"的新的教学方法，并辅之以学生的亲身实践来进行课堂有效的教学。

②研究高中语文新课标课堂教学中"学"的效果

针对学生学习语文积极性不高这一现状，为了让学生切实掌握课堂内容，激发学生学习兴趣，做到快乐学习，达到课堂有效教学的效果。

何谓"目标"？目标就是目的和标准，即你要达到什么，达到的标准和标志是什么。前述两点基本上都称不上"目标"。

第一条谈"教的方法"，只有方法——主体主导，没有过程、手段和标准；第二条谈"学的效果",只是笼统的"有效",如何"激发学生学习兴趣",如何"快乐学习"均不甚了了。

这样的课题研究就属于对问题剖析过浅,没有追究到问题本质。问题意识不清,必然找不到解决问题的真办法。

(二)重描述,轻逻辑

大多数一线教师因日常教学任务繁重,无暇或无心读书,导致理论积淀不深厚,表现在研究报告的陈述上往往有"重描述,轻逻辑"的毛病,即重过程描述,轻逻辑推演。重过程描述,是因为不恰当地把措施、活动、方案等作为研究成果的主要内容,其实这些应该以成果附件的形式出现才更合理;轻逻辑推演,是因为没有找出这些措施、活动、方案等之间的逻辑关联,只有过程、事件,没有角度,没有层次,没有结论或者结论不清晰。

如课题"民族教育中学生心理疏导实践研究",研究报告在述及课题研究阶段时是这样表述的(引文有删节):

第一季度:

活动1.阅读经典。拓展了视野,在很大程度上消除了学生内心的急躁、空虚等情绪,接受祖国光辉灿烂的文化。

活动2.系列读书报告会。与学生一起分享阅读感受。

活动3.心理疏导实践与教学方法指导相结合的汇报课系列活动。

活动4.中学生田径运动会。

活动5.特邀讲座。强调老师要协同家长,密切关注学生心理动向,采取必要措施调整学生心理状态。

第二季度、第三季度、第四季度也是如此的活动罗列。在之后的"成果价值"一节中,研究报告是这样总结的:

第一季度:结合语文学科教学特点,首先针对学生学习文言文过程中产生的焦虑、厌学等不良情绪,甚至听不懂、无从下手的情况,让学生多阅读中国古典文学作品,扩大阅读视野,给学生精神鼓励,注入新的学习动力;充分利用中学生田径运动会运动员的拼搏斗志、健康快乐精神,对学生进行心理疏导;特邀讲座从不同角度和侧面阐述了高三学生所面临的特殊关键时期，根据自身实践举例说明学生容易出现的心理问题和异常举动。

由引文可见，该研究报告中的各项活动，逻辑定位模糊，目的无层次、无区分度，缺少针对性，看似研究活动丰富，其实是驳杂而无序。究其原因，是研究者没能从丰富生动的教育实践中跳出来，没有对研究对象和现实问题做深入的逻辑分析，没有找出现象与现象之间、活动与活动之间的逻辑关联，被研究素材牵着鼻子走了。

（三）重总结，轻架构

因为一线教师实践经验丰富而理论基础薄弱，所以在最终成果的类型和呈现形式上，往往会出现"多经验总结，少理论架构"的倾向。

上文的"重过程描述，轻逻辑推演"，主要是指对研究过程只做平面的描述，没有或很少对实践活动与研究目的做深入剖析与关联。本节的"多经验总结，少理论架构"，则是指对研究活动与研究成果的分析只停留在经验总结的层面，没能提升到理论层次，削弱了成果的科学性和应用性，多体现为工作总结类，如制度、措施、方案、成效等。

中小学教师做课题研究不必像大学教授、科研专家一样引经据典、高屋建瓴，或提出开创性、建设性的理论。我们的课题研究，基本上都是在前人既有的理论观点、实践经验、行动成果基础之上所做的验证性、应用性研究。依据前文对"创新"的定义，课题研究的价值就在于对好的实践、经验做出总结，并使之有理论架构或理论归依，以便于引领或推广。

生活中却常见相反的例子。比如，研究"阅读能力的培养"，不管是中学还是小学，不管是语文还是英语，大多从教学实际出发（这是应该的），运用行动研究的方法，罗列高效阅读的措施、方法、成果甚至书目等。但在五花八门的高效阅读方法中，我们很难找到实验个体成功的内在原因，很难找到与方法论、控制论、心理或策略等之间的关系，让借鉴者知其然难知其所以然。

类似的毛病在"高效课堂"类的研究中也很常见：多集中在模式总结、环节优化上，多停留于行动控制层面，而没有进入教学策略和心理监控层面，让人感觉缺乏理论支撑和操作动机。

（四）重解决，轻推广

我们研究现实问题，不管是有效的活动方案、制度措施，还是创新性的理论策略、成果形式，最终目的都是要更有效地解决现实问题。但相似的条件和环境会产生很多相似的问题，如，其解决方案是否相同，一个课题的研究成果是否应该具有一定的普遍性等。此类问题有些研究者很少顾及。所以，不少课题研究存在着"重解决,轻推广"的问题,即在社会效果上,重视具体问题的解决,轻视经验的提升推广；重视个体(样本)的有效性,忽略群体的普遍适应性,探讨的往往是一人一得、一课一得、一法一得或者一校一得。这样，容易在成果转化上显得眼光不远，应用不广，创新不足。

比如课题"单词呈现方式对词汇记忆效果影响的研究"，实施步骤清晰，实验结论精当。其研究结论如下：

①英语词汇教学中，不同的呈现方式会产生不同的词汇学习效果；②集中呈现词汇、综合操练的方式对词汇学习效果优于分散呈现词汇、单独操练的效果；③呈现过程中发音规律的学习对词汇学习效果显现出明显的优势。

课题组给出的教学建议如下：

①利用语音知识、拼读规则记忆单词；②遵从时间效应，集中呈现，不断复习；③注重语言的综合运用。

该课题的不足之处在于实验设计不当："选择的受试者共 40 名，为某小学三至六年级学生，每个年级 10 名。"研究样本过少，并且在整个实验过程中也看不到这些有效结论在其他学校或地方被验证的记录，在很大程度上影响了研究结论的科学性和严肃性，削弱了研究成果推广的可行性和应用价值。

三、如何落实创新？

如何在课题研究的各个环节中体现创新意识，做到"人无我有，人有我优"，不只"出新"，更要"引领"呢？从一线教师课题研究的实践层面看，在前、中、后三个阶段应各有不同。

（一）立项阶段

教师做课题研究，首先面对的是选题。选题肯定要选自己熟悉的、擅长的，要选自己有积累、有思考、有困惑的；同时又要避免老生常谈、烫剩饭。那就要做到两点：选题创新、目标创新。

1. 选题创新

选题创新即选题的立意要新，主要体现在以下三个方面：

(1) **关注时代所需：热点问题**

好的研究选题应该能够把握时代发展的新趋势、新特点、新常态，能够应运而生、应时而生，找准热点。

比如 20 世纪 80 年代末 90 年代初，随着计算机技术的普及，对计算机辅助教学(CAI)的研究盛极一时。发展至今，已经走到了信息技术与学科教学深度融合的阶段了。研究者的目光也应该随着时代发展而变化。

对于学生学习力的研究，也大体走过了智力因素、非智力因素、自主学习、合作学习等阶段，现在更多的人在关注创新精神、实践能力乃至核心素养的培养。

(2) **关注时代所急：焦点问题**

好的研究选题，要能够跟得上时代发展的节拍，不仅能够反映热点问题，还要能够反映焦点问题，能够急时代所急，反映新问题、新状况。比如留守儿童与家庭教育问题，校园暴力与青少年成长问题等，都是社会不能承受之痛，都是亟待解决的现实问题。

(3) **关注时代所想：远点问题**

好的研究选题还应该能够反映出时代发展的新方向，能够引领教育实践向前探索的步伐。比如随着互联网技术的飞速发展和我国"宽带中国"政策的实施，"翻转课堂"这一新型课堂教学模式迅速走红；近两年，随着"互联网+"概念的兴起和新冠肺炎疫情的影响，"线上线下课程"又与"翻转课堂"比翼齐飞，深刻地改变着我们的教和学。随着科技的进步，一些自然科学研究领域里的新方法、新手段也被移植到教育领域里来了，比如大数据理论等。新的方法、新的视角，更能体现出课题研究者的高瞻远瞩。

抓住热点问题,可以体现时代所需;抓住焦点问题,可以体现时代所急;抓住远点问题,可以把握时代所想。做到其中一点,就是有创意的选题。

2. 目标创新

目标创新即研究目标的设定要新颖,可从三个方面入手:

(1) 角度要小

目标不能贪大图全,而要以小见大,"立片言以居要"。小,才容易言之有物;居要,才可能牵一发而动全身。

如课题"小学一、二年级数学学业质量综合测评方式的研究",研究目标为:

①制定小学一、二年级数学学科学业质量综合测评运作流程;

②形成小学一、二年级数学学科学业质量综合测评具体操作方法;

③帮助教师掌握表现性评价的方法和工具,形成能力,提高教学质量。

只谈一、二年级,只谈综合测评运作流程和操作方法,不枝不蔓,简明扼要,中心突出,任务明确。

反之,如课题"小学数学教学中学生创造性思维能力的研究",其目标设定如下:

①小学生创造性思维的理论基础研究。我们拟从哲学、脑科学、教育学、心理学等方面探求小学生创造性思维培养的理论依据。

②小学数学课堂教学与创造性思维之间的关系研究。我们拟对以下几对关系进行研究:数学的"典型性"与思维的"敏锐性",数学的"多样性"与思维的"广阔性",数学的"质疑性"与思维的"独特性",数学的"多向性"与思维的"发散性",数学的"严谨性"与思维的"缜密性"。

③小学生数学创造性思维培养的现状研究。

④小学生数学创造性思维培养的课程资源整合研究。

⑤小学生数学创造性思维培养的途径研究。我们初步认为培养小学生数学创造性思维的途径有想象法、猜想法、迁移法、质疑法、实践活动法等。

这种目标设定,如珠穆朗玛峰一样令人不可逾越,研究者给自己定下的是不可能完成的任务。单就第二条而论,五对关系在短短的一两年时间里该如何深入研究呢?要不要进行数据收集、案例分析?要不要做模型分析?如何评价研究完成的质量？这些显然只能泛泛而谈，难以深入。

(2) 定位要准

目标定位是否准确具体也关乎目标的创新与价值。

如前述课题"高中语文新课标课堂有效教学的研究"，其研究目标①和②，都只有方法或效果，而没有具体的过程、手段和检测标准，就给人一种面目模糊、无从下手之感。

与之不同的如课题"教育信息化背景下有效教学策略研究"，其研究目标为：

①以学校现有的电子白板教学系统为依托，以教育信息化背景下的课例研究为突破口，归纳提炼出信息化背景下学习情境创设的设计策略。

②以每周的听评课活动为主要途径，以跨学校、跨学段的教研共同体为基础，逐步发现并形成独具特色的教育信息化背景下多元化教学模式策略。

③以义务教育学业质量监测数据分析为重要参考，以校级教育教学质量监控为基本数据支持，探索运用信息化手段、教育信息化平台实施多元化教学评价的技术策略。

目标①在一定条件下突出以"课例研究"为突破口，目标②也设定了途径、基础和目的，目标③突出了教学评价手段的创新。总之，该课题在研究目标设定上，手段、方式、对象、目的、效果一清二楚、简明到位，体现出了较强的可操作性和较高的可预期性。

(3) 指向要明

好的研究目标，还要有明确的针对性和限定性，即指向要明确，针对性要强。只有把目标指向交代清楚，研究任务的分配与实施才会科学合理。

如课题"以情境创设促进高中化学课堂有效教学的研究"，其研究目标如下：

①总体目标：初步建构符合新课程理念的高中化学课堂有效情境创设的课堂教学特色。

②学生目标：通过创设课堂情境教学，增强学生收集和处理信息的能力、获取新知识的能力、分析和解决问题的能力以及交流与合作的能力，使

学生得到全面、和谐、可持续发展。

③教师目标:强化科研意识,培养创新精神,促进教师的专业化成长,实现由经验型教师向研究型教师的有效转变。

首先,把研究目标区分出三个维度:总体的、学生的、教师的。其次,前两个维度都明确了任务:总体目标是形成教学特色,学生目标是增强诸多能力。这样,课题实施阶段就有了明确的方向。遗憾的是教师目标稍显笼统。

(二)实施阶段

在经过选题立标、设计研究方案并通过立项评审之后,就进入了实施阶段。此阶段应从三个方面考虑如何做出新意。

1. 方法创新

方法是指方式、手段、途径、工具等。方法的创新是随着思想和技术的创新而出现的。没有生物遗传技术的发展,就没有法医 DNA 检验技术的新突破;没有 SyncML(信息同步标准协议)就没有 QQ、微信等即时通信工具。若能够及时吸收新的思想、技术发展成果,就有可能让我们的课题研究工作面貌一新。比如云平台技术、大数据理论等,已经带动了一些跨地域、跨领域的联动研究。

方法的创新,并不全是门类上的增多,还得确保方法带来的结果真实、科学、可信。只要结果是可信而科学的,这种方法就是必要的,就是有价值的。比如:整理文献,就要搞清研究现状;重视数据分析,又要避免唯数据论;个案研究,就要总结出一般规律;等等。

2. 过程创新

实施过程是课题研究的主要环节,过程的设计和实施,决定着最终成果的价值。描述实施过程时,不能是流水账,应体现其科学性、合理性和逻辑性,而科学性、合理性都体现在逻辑性上。如前述课题"民族教育中学生心理疏导实践研究",只是按季度把活动罗列在一起,而不去寻找各项活动之间的逻辑联系,这种事例是没有多少分量的。

好的例子如课题"小学语文有效阅读教学策略研究",研究者对过程和内容是这样梳理的:先把研究对象分为三个阶段,即低年级、中年级、高年级;再确定每个阶段的教学重点,即低年级重在打基础和培养兴趣,中年级重在创意阅读评价模式,高年级重在专题教学;最后还对重难点环节(低年级段)做了任务细分,分为课内、课外两部分。如此一来,整个实验过程丝丝入扣,互为补充,全面严谨地论证了主要观点。

3. 管理创新

就学校而言,应该有相应的教科研管理制度,有专门机构、专业人员从事管理工作。那么,从课题组的角度来说,如何搞好管理创新呢?

首先要做好课题组的团队建设。思想上,成员要有共同的问题意识,相近的解决思路;能力上,成员要各有特色,各有专长;实施上,相互之间要有分工,有合作,有激励。

其次要重视过程的反馈校正。实施之初要有方案,有部署;实施中间要有检查,有小结,开好每一次课题会议,注意计划的实施进度;实验结束要有总结,有提升,有推广,有反思。

有人说:成功就是复杂的事情简单做,简单的事情重复做,重复的事情认真做。所以,何谓管理创新?把日常工作做到位,是管理;把平凡工作做得不平凡,就是创新。

(三) 结题阶段

课题结题阶段,尤须注意成果创新和转化创新。

1. 成果创新

成果创新这里主要指成果形式的创新。因为"成果形式单一"的问题在现实中非常严重,特别是文本类型单一。课题研究的成果类型一般包括研究报告、调查报告、实验报告、论文、专著、课例、课件、教具、数据库等,其中研究报告是主要形式,其他报告类及论文类呈现率也相对高一些。另外几种成果类型不受关注,可能是对研究目的、本质任务和开展方式理解过窄所致。就2015年郑州市立项上报可查的129项课题而言,研究报告类占比63.6%,论文类占比45.7%(两类有10%的交叉,另杂有4.65%的其他类成果形式),真正纯粹的非报告、论文类成果只有一件。

辩证唯物主义认为,内容决定形式,形式是内容的表现。何谓内容?指构成事物的一切内在要素的总和。何谓形式?指事物内在要素的结构或表现方式。有什么样的内容,有什么样的现实需求,有什么样的研究目标,就需要有与之相适应的成果形式,而不仅仅是研究报告。

研究报告与研究成果既有联系又有区别。研究报告主要是对研究起因、研究过程做概述,对研究结果做分析评价,是对研究的动态描述。研究成果则体现了研究行为的价值和意义,它可以呈现为具体的事物,也可以表现为对研究目的的分析和论断。很多情况下研究报告就是研究的最终成果(现实中大多数人也是如此认为),但并不全都如此。比如要开发一种校本教材:经过分析调研,确立了编写原则和初稿,经过几轮使用验证,收集到了反馈数据,调整了编写体例,最终形成了一套教材。将整个过程表述出来,就是研究报告,但研究的最终成果却是那一套教材。

2. 转化创新

前文说过,课题研究不应局限于"一人一得、一课一得、一法一得或者一校一得",而应想办法把科研成果推广到更广阔的领域里去。成果只有流动起来才能发挥更大的、更积极的作用。那如何推动成果转化创新呢?

首先,在成果的落地形态上创新。成果要想真正落地生根,发挥作用,就要做到以下三点:

①将研究行为工作化。一些教师搞教科研积极性不高的主要原因是,认为既占用工作时间,影响绩效考评,也不容易带来实际利益。现实生活中,部分教师评完了职称也就跟课题说再见了。若是能够把课题研究与自身工作结合在一起,将研究行为工作化,课题研究就有了持久的生命力。

②将研究过程常态化。教师疏远教科研,除了上述原因,还跟教科研本身太"高大上"有关系。真正的课题研究,确实需要严谨的态度,扎实的实践,明确的规范。而这,往往能吓跑一大批人。但如果揭去课题研究"高大上"的面纱,还原它"提出问题—分析问题—解决问题"的逻辑本质,就会发现,课题研究其实就是我们日常的工作。现在提倡微课题、小课题,其实都是在引导将研究过程常态化。

③将研究成果应用化。我们呼吁做真课题,不做假课题。假课题是为课题而课题;真课题是从问题中来,到问题中去。只有把研究过程放到工作中去,把研究所得应用到实际中去,研究才有真生命,成果才是真成果。

其次,在成果的转化模式上创新。成果的转化主要体现在成果的应用上,一般有三种方式:

①纵深转化:指围绕研究对象,在原有研究方向上,在现有研究成果基础上,做纵深拓展,打通上下游,将研究成果体系化。

②衍生转化:指依托研究成果,围绕与研究对象相关联的事物和关系,将研究目光向周边辐射,以形成新的研究课题。

③跨界转化:将研究成果向邻近学科或领域跨界移植,通过"学科嫁接",以独特视角或手段产生独特的问题解决方案;也体现在空间上向邻近学校、邻近地域复制,以得到新的实验样本,支持、改进或完善实验。

综上所述,我们从创新的含义出发,从课题研究在现实中存在的问题出发,按照课题研究的一般流程,着重探讨了如何把这些常规工作做得有新意,做得与众不同。

主要参考文献

[1]裴娣娜.教育研究方法导论[M].合肥:安徽教育出版社,1995.

[2]王泽龙.教研文体撰写探究[M].北京:高等教育出版社,2014.

[3]高宏群,张文娟.转型时期中小学教师教科研之路[M].郑州:郑州大学出版社,2014.

附 录

2022 年河南省基础教育教学研究项目选题指南

重要提示：本选题指南是基于我省基础教育教学发展与改革的任务，以及总计 27 个学科分类教育教学研究的现状与趋势提出的，给出了一定的研究领域或研究主题，不是课题的选题名称，需要研究者对其细化、分解、校本化处理。因此，各地教育、教研工作者在筹备申报立项的过程中，可以参考但不必拘泥于这些题目，应从自己所处的地域、学段和学科的实际出发，基于教育教学工作中发现的真实问题，自行拟定申报立项的课题名称，选定科学性、针对性、创新性、可操作性都比较强，且在一定范围内具有普适性和推广应用价值的具体研究课题。力戒那些不科学、脱离实际、空洞无物、大而无当的研究选题。

1. 中学语文
1) 中学语文落实立德树人根本任务研究
2) 中学语文教师专业素养提升研究

3)"双减"背景下中学语文课堂教学质量提升研究

4)基于语文学科核心素养的教学评价研究

5)"双减"背景下中学语文作业设计与评价研究

6)高中语文新教材学习任务群教学实践研究

7)适应高考改革的高中语文课堂教学研究

8)中学语文教学难点问题(写作或活动探究等)研究

9)中学语文整本书阅读教学实践研究

10)中学语文知识和能力体系研究

2. 小学语文

1)小学语文阅读教学研究

2)小学语文习作教学研究

3)小学语文口语交际教学研究

4)小学语文拼音教学研究

5)小学语文识字、写字教学研究

6)小学语文综合性学习研究

7)小学语文教学评价方式研究

8)小学语文教师专业成长研究

9)小学语文教学中渗透优秀传统文化教育的研究

10)小学语文课程资源的开发利用研究

11)小学语文教学中构建良好师生关系研究

12)"双减"背景下优化小学语文作业设计研究

13)统编教材单元整体教学的实践研究

14)提高小学生阅读能力的对策研究

15)小学生入学适应教育研究

16)小学语文校本教研的内容及方式研究

17)现代信息化教育与小学语文教学融合的研究

3. 中学数学

1) 基于2022年版新课标的中学数学教学策略研究

2) 中学数学课堂教学问题的诊断与分析

3) 中学数学教师专业发展的途径与策略研究

4) 中学数学课堂教学评价的实践研究

5) 中学生数学学习评价的实践研究

6) 基于学生数学思维发展的教学策略研究

7) 发展学生数学核心素养的方法与途径研究

8) 中学数学建模(探究)活动的实践研究

9) 中学数学研究性学习的理论与实践研究

10) 促进学生"深度学习"的方法与策略研究

11) 中学数学单元主题教学的实践研究

12) 促进学生"数学活动经验"积累的实践研究

13) 中学数学发展学生"四能"的教学实践研究

14) 中学数学教学中渗透数学文化教育的实践研究

15) 中学数学教学与信息技术深度融合的实践研究

16) 中学数学教学资源的开发与利用研究

17) 改进教研方式的途径与策略研究

18) 初高中数学衔接教学实验研究

19) 中学数学学科核心素养的考查方式方法研究

20) 高中数学育人方式改革的探索与实践研究

21) 基于数学课堂教学基本要求的教学思考与实践

22) 基于数学课程标准的中考命题研究

23) 基于数学课程标准的学业水平考试命题研究

24) "双减"背景下的中学数学作业设计实践研究

25) 中学数学项目化学习策略研究

4. 小学数学

1) 小学数学义务教育教科书使用研究

2) 小学数学课堂教学方式(学习方式、评价方式)研究

3) 培养小学生数学核心素养的实践研究

4) 小学数学育人方式变革的探索与研究

5) 小学数学教师专业成长的理论与实践研究

6) 小学数学课程资源开发与利用研究

7) 小学数学校本教研的方法与途径研究

8) 小学数学渗透数学文化教育的实践研究

9) 小学数学教学与现代教育技术融合的实践研究

10) 小学数学主题式学习(项目化学习、深度学习)研究

11) 小学数学典型课例研究

12) 小学数学培育学生"四基"的教学研究

13) 小学生数学思维发展的教学研究

14) 小学数学综合与实践内容的教学研究

15) 幼小(小初)数学教学衔接的实验研究

16) 小学数学作业设计的实践研究

5. 英语

1) "双减"背景下优化英语作业设计的实践研究

2) "双减"背景下差异化英语作业设计的实践与研究

3) "双减"背景下英语课堂"减负提质"策略的实践研究

4) "双减"背景下提高英语课堂教学有效性的实践研究

5) "双减"背景下英语学业评价的探索与实践研究

6) 基于英语学习活动观的课堂教学实践研究

7) 以语篇教学培养学生思辨能力的研究

8) 读写结合提升学生写作能力的研究

9) 信息技术助力英语课堂教学的实践研究

10) 依托语篇教学促进学生语言能力的实践研究

11) 依托语篇教学提升学生思维品质的实践研究

12) 依托语篇教学培养学生文化意识的实践研究

13) 在英语教学中促进学生学习能力形成的研究
14) 学生英语阅读素养测评的实践研究
15) 英语课堂教学中培养学生问题意识的实践研究
16) 以语篇教学培养学生自主阅读习惯的研究
17) 学科核心素养下英语文本解读与处理的实践研究
18) 在英语教学中促进学生讲好中国故事能力提升的研究
19) 高中英语育人方式改革的探索与实践研究
20) "双新"背景下高中英语课堂教学变革的实践研究

6. 物理

1) 物理学科核心素养分析与培养研究
2) 指向核心素养的物理单元教学设计研究
3) 指向深度学习的物理教学策略研究
4) 基于核心素养的课堂教学目标的构建及实施研究
5) 基于核心素养的物理教学评价研究
6) 基于核心素养的物理学业评价研究
7) 基于核心素养的物理学习方式研究
8) 立德树人背景下物理课程育人价值研究
9) 中学物理科学探究教学实施研究
10) 物理教学中模型构建的研究与实践
11) 基于能力及核心素养的中、高考试题分析及教学策略研究
12) 基于核心素养的物理试题命制与评价策略研究
13) 中学物理科学方法教育研究
14) 中学物理实验创新研究
15) 中学物理教师专业素养的提升研究
16) 以校本教研、名师工作室促进物理教学质量提高的研究
17) 中学物理课程资源的开发与实施研究
18) 初、高中物理衔接教学研究
19) 中学物理渗透 STSE 教育研究

20) 现代教育技术与物理教学整合的研究

21) 基于增效减负的中学物理优秀作业设计实施方案研究

22) 基于教学内容的实践性作业与项目研究

7. 化学

1) 中学化学学科落实立德树人根本任务的理论与实践研究

2) 基于化学学科理解能力培养的课堂教学改革研究

3) 新课程背景下中学化学课程育人价值研究

4) 普通高中化学课程标准的研究与实践

5) 高中化学不同版本新教材的对比研究

6) 基于化学学科核心素养的高中化学学业要求研究

7) 义务教育化学课堂教学基本要求的实施策略研究

8) 义务教育化学学科落实"双减"的活动设计研究

9) 中学化学实施大单元整体教学的实践研究

10) 基于高阶思维的中学化学课堂教学策略研究

11) 基于学科大概念的中学化学教学研究

12) 基于真实情境的中学化学课堂教学研究

13) 新时代背景下的化学作业设计与实践研究

14) 基于化学核心素养的高中化学学业评价研究

15) 化学数字化(微型化)实验教学案例及应用效果评价研究

16) 中学化学实验教学改革与学生探究能力培养的研究

17) 信息技术与中学化学教学深度融合的研究

18) 中学化学课程教学资源的开发与利用研究

19) 中学化学教研方式的改革与创新研究

20) 新课程背景下化学教师专业发展途径和策略的研究

21) 农村学校实施化学新课程的困难与对策研究

8. 生物学

1) 立德树人背景下中学生物学课程的育人价值研究

2）发展学生生物学学科核心素养的方法与途径研究
3）义务教育阶段生物学课堂教学基本要求的实施策略研究
4）义务教育阶段生物学学科落实"双减"政策的活动设计研究
5）基于生物学核心素养的教学活动设计与实践研究
6）基于真实情境的中学生物学课堂教学研究
7）普通高中生物学课程标准与教材分析的实践研究
8）中学生发展生命观念的理论与实践研究
9）中学生物学实施大单元整体教学的实践研究
10）初高中生物学教学衔接问题的研究
11）农村中学实施生物学新课程的困难及对策研究
12）生物学实验教学创新的实践研究
13）生物学实验与学生探究能力培养的策略研究
14）信息技术与中学生物学教学深度融合的研究
15）基于生物学核心素养的学业质量评价研究
16）初中生物学学业评价与课程标准的一致性研究
17）新时代背景下的生物学作业设计与实践研究
18）基于核心素养发展的生物学试题命制研究
19）新高考生物学试题特点与教学策略研究
20）普通高中生物学学业水平考试相关问题研究
21）中学生物学教师专业发展途径与方法的研究
22）中学生物学教学与现实生活相联系的实践研究

9. 政治

1）大中小学思政课一体化建设实践研究
2）思想政治（道德与法治）新修订课程标准解读与实施研究
3）初中道德与法治（高中思想政治）教材使用有效性研究
4）初中道德与法治（高中思想政治）课程资源开发研究
5）初中道德与法治（高中思想政治）课程实施问题与对策研究
6）初中道德与法治（高中思想政治）教学方式（学习方式）转变研究

7）初中道德与法治(高中思想政治)学业水平考试试题命制研究

8）初中道德与法治(高中思想政治)课堂教学评价实效性研究

9）初中道德与法治(高中思想政治)教学典型课例研究

10）中学思政课教师发展案例研究

11）中学思政课培育学生核心素养(正确的价值观念、必备品格、关键能力)的行动研究

12）中学思政课培育学生政治认同(家国情怀、道德修养、法治意识、文化修养、科学精神、公共参与)素养的行动研究

13）基于情境、问题导向的中学思政课参与式(启发式、探究式、体验式、项目式、议题式等)课堂教学实践研究

14）中学思政课教学促进学生深度学习的实践研究

15）中学思政课校本教研改进策略研究

16）中华优秀传统文化融入中学思政课程的实效性研究

17）新高考思想政治试题特点与教学策略研究

18）中学时事政策教育实效性研究

19）中学法治教育实效性研究

20）中学思政课提高劳动教育(安全教育、美育)的实效性研究

21）国家课程的动态化、校本化开发与实施研究

10. 小学道德与法治

1）小学道德与法治教学中培育和践行社会主义核心价值观的研究

2）小学道德与法治教学中良好行为习惯养成教育研究

3）小学道德与法治教学中培养法治意识和法治精神的实践研究

4）小学道德与法治课践行中华优秀传统文化的实践研究

5）小学道德与法治课培养规则意识的实践研究

6）小学道德与法治课培养诚信观念的实践研究

7）小学道德与法治课堂教学中师生对话策略研究

8）小学道德与法治课程教学实效性研究

9）小学道德与法治课程教研策略研究

10) 小学道德与法治课教学与学校德育活动有效整合的研究

11) 小学道德与法治学科兼职教师教学策略与实践研究

12) 农村小学道德与法治课教学实践研究

13) 小学道德与法治教学儿童自我成长主题课例研究

14) 小学道德与法治教学家庭生活主题课例研究

15) 小学道德与法治教学学校生活主题课例研究

16) 小学道德与法治教学社会生活主题课例研究

17) 小学道德与法治教学中实施班本化教学实践研究

11. 历史

1) "双减"背景下的初中历史学科作业设计研究

2) 基于学科课堂教学基本要求的初中历史课堂教学行动研究

3) 义务教育历史课程标准(2022年版)的解读与实践研究

4) 统编高中历史新课程教材的使用策略研究

5) 基于学科核心素养的高中历史教学策略研究

6) 统编高/初中历史教学优秀典型课例研究

7) 基于育人方式改革的普通高中历史校本课程开发与实践研究

8) 中学历史学科的跨学科项目学习实践研究

9) 中学历史研学课程的开发与实践研究

10) 乡村中学历史课堂教学的实践与策略研究

11) 新课程高考历史试题的特点及复习教学策略研究

12) 中学生史料阅读能力提升的策略研究

13) 中学历史教师专业素养和能力的发展研究

14) 学科核心素养背景下高中历史青年教师发展现状与成长策略研究

15) 中学历史教学中落实立德树人根本任务的策略(案例)研究

12. 地理

1) 2017年版高中地理课程标准的变化分析研究

2) 基于2017年版高中地理课程标准的教学思考与实践

3) 基于地理核心素养的单元教学实践研究

4) 中学地理核心素养视域下的主题教学实践研究

5) 基于核心素养的地理核心概念教学实践研究

6) 基于地理课程标准的高中学业水平考试命题研究

7) 中学地理情境教学实践研究

8) 基于地理核心素养的深度学习策略研究

9) 主题教研活动在地理学科中的实践探索研究

10) 地理主题教研活动中系列教研工具的开发研究

11) 基于地理学科核心素养的学业质量评价与水平划分的实践研究

12) 地理学科核心素养及指标体系的实践研究

13) 中学地理区域认知素养培养策略研究

14) 地理实践力素养培养途径的研究

15) 地理综合思维素养培养的实践研究

16) 人地协调观素养培养的实践研究

17) 中学地理作业设计的实践研究

18) 初中地理学业评价与内容标准的一致性研究

19) 立德树人背景下地理课程的育人价值研究

20) 项目式学习在中学地理教学中的应用研究

21) 基于核心素养的地理教师专业发展研究

22) 问题式教学在地理课实践中的应用研究

23) 信息技术与地理教学深度融合的实践研究

24) 校内外地理课程资源开发的实践研究

25) 基于远程互动平台的地理教研活动实践研究

26) "双减"背景下的初中地理作业设计实践研究

27) "双减"背景下地理课堂提质增效方案研究

28) 促进深度学习的地理大单元教学设计实践研究

29) 基于核心素养培养的高中地理实验设计研究

30) 基于地理核心素养的教学目标设计研究

13. 体育与健康

1）体育教学内容的改革实践研究

2）体育教学中促进学生体能发展的实验研究

3）学生健身运动处方的研究

4）发挥中考体育杠杆作用提升初中体育教学质量的研究

5）"打造'四有'体育课堂，发展学生核心素养"研究

6）大课间体育活动研究

7）校园体育文化研究

8）校园足球研究

9）体育教学中教学资源的改革实践研究

10）体育教学中学法与教法的改革实践研究

11）高中体育与健康教学计划的研究

12）高中体育与健康选项教学研究

13）高中体育与健康班内选项教学研究

14）高中体育与健康教学评价方式与方法的研究

15）高中体育与健康教学方式与教学策略的研究

16）中小学体育教学焦点问题研究

17）中小学体育教师专业发展策略研究

18）培育学生体育学科核心素养策略研究

19）基于学科核心素养的体育深度学习教学改进研究

14. 音乐

1）农村小学(初中)音乐课堂教学现状及对策研究

2）小学(初中)音乐课教学评价标准的研究

3）小学(初中)音乐欣赏课教学方法的研究

4）小学(初中)音乐唱歌课教学方法的研究

5）高中音乐新课程必修模块教学实践研究

6）高中音乐新课程必修模块教学方式与教学策略的研究

7）高中音乐新课程必修模块教学评价方式的研究

8)高中音乐新课程选修模块教学实践研究

9)高中音乐新课程选修模块教学方式与教学策略研究

10)高中音乐新课程选修模块教学评价方式的研究

11)高中音乐新课程选择性必修模块教学实践研究

12)高中音乐新课程选择性必修模块教学方法的研究

13)高中音乐新课程选择性必修模块教学评价的研究

14)确保河南省普通高中新课程音乐教学顺利实施的调查研究

15)民族民间艺术课程资源融入音乐课堂教学的实践研究

16)中小学生戏曲进课堂的教学实践研究

17)非物质文化遗产进入中小学音乐课堂教学的实践研究

18)小学生音乐素质测评实践研究

19)初中(高中)学生音乐素质测评实践研究

20)基于学科核心素养的中小学音乐课堂教学研究

15. 美术

1)中小学美术(书法)课型与教学模式的研究

2)中小学美术校本课程开发与实施策略的研究

3)中小学美术社团活动开发与实施策略研究

4)核心素养引领下的美术特色课程开发研究

5)中小学美术教育教学评价机制的研究

6)中小学美术教育改革和发展规律、特点以及发展态势的研究

7)基于学科核心素养的中小学美术教育课堂教学研究

8)中小学美术教育教学案例分析研究

9)在中小学开展民族传统文化艺术教育的研究

10)利用现代教育技术手段提高美术教育教学质量效益的研究

11)充分利用本土美术资源上好美术课的研究

12)充分利用本土书法资源上好书法课的研究

13)普通高中美术教育问题与对策研究

14)美术(书法)课程实施策略研究

15) 合理利用信息资源优化美术课堂教学的研究

16) 中小学生美术课堂学习方法研究

17) 充分利用社会艺术资源提高学生艺术素养的研究

18) 中小学书法社团活动开发与实施策略研究

19) 农村(山区)美术课堂教学现状及对策研究

20) 中外(东西方)美术课程比较研究

21) 中小学美术(书法)落实立德树人根本任务的理论与实践研究

22) 中小学美术(书法)课程中学生创新思维品质培养研究

23) "互联网+"美术(书法)视域中的课堂形态实践研究

16. 幼儿教育、特殊教育

1) 幼儿园(特殊教育学校)文化建设研究

2) 幼儿园(特殊教育学校)校本课程开发与实施研究

3) 新课标背景下特殊教育教学改革与实践研究

4) 基于幼儿全面发展的课程建设均衡化研究

5) 幼儿园课程生活化、游戏化、园本化研究

6) 幼儿园课程资源的开发与有效利用研究

7) 幼儿(特殊儿童)学习与发展的案例研究

8) 学前融合教育研究

9) 幼儿园初任教师、转岗教师专业成长研究

10) 学前教育教研指导责任区建设研究

11) 幼儿教育教研工作创新方式的实践研究

12) 幼儿园劳动教育研究

13) 幼儿园与小学科学衔接的研究

14) 自主游戏中教师观察与解读幼儿行为的研究

15) 幼儿游戏(区域活动)中教师支持策略的研究

16) 幼儿科学领域(或社会、艺术领域等)的学习与教育策略研究

17) 幼儿园一日生活中师幼互动策略研究

18) 幼儿园一日生活保育工作研究

19) 幼儿园一日生活中幼儿自主能力培养的研究
20) 基于幼儿发展关键经验的环境创设研究
21) 幼儿园食育实践研究(包括幼儿园食育环境创设、食育课程体系建设、食品安全管理及幼儿健康管理等)
22) 民办普惠幼儿园教育教学与教研工作研究
23) 示范幼儿园与薄弱地区幼儿园结对帮扶研究
24) 留守幼儿心理健康教育的途径与方法研究
25) 农村留守幼儿家长工作研究
26) 幼儿园保教质量评估研究

17. 心理健康教育

1) 中小学心理健康教育精品课程建设研究
2) 中小学心理健康校本课程研发与实践研究
3) 心理健康教育在各学科教学中的渗透研究
4) 音乐、舞蹈、体育融合的导入课方式研究
5) 心理学原理在班级建设和管理中的应用研究
6) 情景剧在提升课堂教学中的实践研究
7) 中小学校园心理危机预防与干预研究
8) 心理故事在辅导学生心理问题中的实践研究
9) 学校心理委员队伍建设和培养的实践研究
10) 心理漫画在辅导学生心理行为问题中的应用研究
11) 中小学心理健康教育线上课程资源建设与应用研究
12) 中小学生性教育内容研究
13) 预防校园欺凌的实践研究
14) 心理辅导理论与技术在家长学校中的应用研究
15) 心理辅导技术在和谐亲子关系中的应用研究

18. 综合实践活动

1) 综合实践活动课程管理与实施策略研究

2）学校安全教育管理与教学实施策略研究

3）综合实践活动成果评价方式研究

4）学生社团活动规范管理与实施研究

5）高中研究性学习课程资源开发研究

6）综合实践活动课程指导方法研究

7）中小学研学旅行实施策略研究

8）研究性学习与学科教学整合的研究

19. 通用技术

1）通用技术课程实施策略研究

2）通用技术课程师资建设研究

3）通用技术课程评价研究

4）通用技术教育教学模式研究

5）通用技术教室装备研究

6）通用技术课程的政策保障机制研究

7）中学生通用技术设计与创新教育研究

20. 中学信息技术

1）中学生信息素养发展研究

2）中学生计算思维培养研究

3）中学生数字化学习能力培养研究

4）中学信息技术学科落实立德树人根本任务的理论与实践研究

5）基于新课标的中学信息技术教学策略研究

6）基于新课标的高中信息技术教材对比研究

7）中学信息技术项目式教学的理论与实践研究

8）程序设计教学研究

9）开源硬件教学研究

10）人工智能教学研究

11）基于学科核心素养的教学评价研究

12) 中学信息技术创新课堂（内容设计、活动案例、教学策略、考试评价等）研究
13) 初、高中信息技术衔接教学研究
14) 提高中学信息技术课堂教学质量的理论与实践研究
15) 中学信息技术特色社团活动课研究(信息学奥赛、机器人、创客教育等)
16) 中学信息技术作业设计研究
17) 中学信息技术学业考试与评价研究
18) 中学信息技术课程教学资源开发与应用研究
19) 初中信息科技课程前瞻性研究(课程建设、教材开发、教学实施、考试评价等)
20) 中学信息技术教师专业发展途径与策略研究

21. 现代教育技术

1) 中小学现代教育技术建设与应用研究
2) 中小学教师信息技术应用能力提升研究
3) 中小学教育信息化领导力研究
4) 中小学数字教学资源建设与应用研究
5) 智慧校园建设与应用研究
6) 基于现代教育技术的学生学习模式研究
7) 基于现代教育技术的教师教学模式研究
8) 现代教育技术与课程融合研究
9) 现代教育技术教师专业发展途径与策略研究
10) 线上线下混合教学模式研究
11) 基于大数据分析的学生核心素养提升研究
12) 基于大数据分析的教师专业能力提升研究
13) 基于现代教育技术的作业设计研究
14) 基于现代教育技术的学科核心素养培养研究
15) 基于现代教育技术的课程实施能力研究
16) 基于现代教育技术的课堂教学设计研究

17）基于现代教育技术的教学评价研究

18）基于现代教育技术的教育管理能力提升研究

19）基于现代教育技术的教与学创新研究

20）现代教育技术环境下教学改革研究

22. 小学科学

1）在小学科学课程中落实学科核心素养的策略研究

2）基于真实情境开展小学科学单元教学的实践研究

3）以科学实践提升学生思维品质的策略研究

4）在××领域中落实河南省小学科学课堂教学基本要求的行动研究

5）基于义务教育科学课程标准（2022年版）的教学设计研究

6）小学科学教学与现代教育技术融合的实践研究

7）"双减"背景下小学科学课堂教学实践研究

8）小学科学学科作业设计研究

9）基于课程视角的小学科学实践性作业设计研究

10）小学科学教师专业素养成长研究

23. 小学信息技术

1）小学信息技术教师专业素养提升的理论与实践研究

2）小学信息技术高效教学研究

3）小学信息技术学科评价研究

4）小学信息技术学科核心素养培育研究

5）小学信息技术与其他学科教学深度融合研究

6）小学信息技术教学中学生创新精神和实践能力培养的研究

7）农村小学信息技术学科现状分析与对策研究

8）网络环境下小学生信息素养和能力培养的研究

9）小学信息技术学科课程建设研究

10）小学编程教育研究

24. 中小学劳动教育、绿色证书

1）中小学劳动教育促进学校落实"双减"政策的实践研究

2）高质量开展中小学劳动教育课堂教学研究

3）中小学劳动教育课程化研究

4）中小学劳动教育综合化育人研究

5）中小学劳动教育评价体系构建研究

6）中小学劳动教育保障机制研究

7）中小学劳动教育教师专业发展研究

8）区域（校本）特色劳动教育课程创新与实施研究

9）实践基地与学校融合的劳动教育路径与策略研究

10）中小学劳动教育课程资源开发和利用研究

11）农村初中绿色证书教育实习基地建设研究

12）绿色证书教育实习（实验）课教学方法的研究

13）农村初中绿色证书教育课程评价研究

14）基于新型农民培养的农村初中绿色证书教育改革研究

15）农村初中绿色证书教育为"三农"服务的策略与路径研究

25. 综合类

1）基础教育改革相关的新思想、新观点、新理论、新方法研究

2）"五育并举"教育体系的区域构建研究

3）基于新课标的地方课程（学校课程）研究

4）以课程与教学改革为中心的学校高质量发展研究

5）技术支持下的教学组织形态研究

6）高质量跨学科（跨学段）课程教学的理论与实践研究

7）新时代校本教研制度的发展、构建与实施研究

8）区域教研（联片教研、网络教研）实践研究

9）教研共同体（优秀教研组、名师工作室）建设研究

10）县域普通高中振兴策略研究

11）乡村振兴背景下的城乡教育一体化发展研究

12) 中小学教育教学评价改革的实践研究

13) 中小学生综合素质评价研究

14) 以发展素质教育为导向的科学评价体系构建研究

15) 落实新课标推进以学生为主体的课堂教学方式变革研究

16) 中小学(幼儿园)教师全面育人能力提升研究

17) 乡村教师素养提升行动研究

18) 优秀传统文化进校园的创新研究

19) 基础教育综合改革实验与重大教学成果推广研究

20) 未来教育(智慧校园、智慧课堂、5G课堂)的建设研究

21) "双减""双新"专题研究

①义务教育阶段基础性作业设计与实施研究

②减轻学生过重作业负担有效途径研究

③学校课后服务质量提升研究

④高中新教材实施策略研究

⑤高中新课标的教学与考试落实机制优化研究

⑥国家新课程方案实施策略研究

⑦国家新旧课程方案的对比研究

⑧课堂教学提质增效的策略研究

⑨项目式(探究式、启发式、参与式)教学方式实验研究

⑩"双减"(高考改革)政策下学校教育生态优化研究

26. 德育

1) 中小学生理想信念教育实践研究

2) 中小学生社会主义核心价值观教育实践研究

3) 中小学生新时代爱国主义精神教育实践研究

4) 中小学生中华优秀传统文化教育实践研究

5) 中小学生品德修养教育实践研究

6) 中小学生生态文明教育实践研究

7) 中小学留守儿童(事实孤儿、困境儿童)教育实践研究

8）中小学少先队活动落实"五育并举"的实践研究

9）中小学生志愿服务实践研究

10）中小学文化育人实效性研究

11）中小学活动育人实效性研究

12）中小学家校共育实效性研究

13）中小学班主任工作的实效性研究

14）中小学团队活动的实效性研究

15）中小学心理健康教育的实效性研究

16）中小学拓宽德育实施途径的实践研究

27. 中小学书法教育

1）中小学书法教育现状调查及实施对策研究

2）中小学书法课程资源开发与实施策略研究

3）提高中小学书法教师专业素养的理论与实践研究

4）提高中小学书法课堂教学质量的理论与实践研究

5）现代信息技术在中小学书法教学中的应用研究

6）中小学书法教学评价方式与方法研究

7）中小学书法教学方式与教学策略研究

8）中小学生书写习惯与学习兴趣的培养研究

9）中小学生书写能力与审美能力的培养研究

10）中小学书法社团活动开发与实施策略研究

11）书法教育在提升学生道德素质方面的培养研究

12）书法教育在增强学生身心素质方面的培养研究

河南省基础教育教学研究项目管理办法
（试行）

第一章 总 则

第一条 为适应基础教育课程改革的要求，调动全省普通中小学教师、管理人员和教研人员的科研积极性，培养研究型的教育工作者队伍，促进全省基础教育教学质量的全面提高，特制定本办法。

第二条 河南省基础教育教学研究项目的设立与研究，以科学发展观为指导，坚持理论联系实际，鼓励探索和创新，倡导科学、严谨、勤奋、务实的学术风气，为推进基础教育课程改革、提高基础教育教学质量服务，为重大教育决策服务。

第二章 组 织

第三条 河南省基础教育教学研究项目的立项、结项鉴定和优秀成果奖评审等管理工作，由省教育厅组织实施。河南省基础教育教学研究室（以下简称"省基础教研室"）及各省辖市、省直管试点县、重点扩权县（市）基础教育教研机构具体负责项目的过程管理和组织协调工作。

第四条 省教育厅聘请有关专家组成评审委员会，下设各学科评审专家小组，学科评审专家小组由具有相关学术背景的教研员、一线优秀教师和高校专家组成。其职责为评审申报立项课题，参与中期检查和指导，做好成果结项鉴定与推广工作。

第三章 立 项

第五条 立项条件

1. 全省中小学、幼儿园以及各级基础教育教研机构中具有中级及以上职称的教师、教研员和管理者均可提出申请。项目申请人须具有独立进行科学研究的能力,并对所申报的项目有一定的研究基础和前期准备。项目实行主持人负责制。每个项目主持人限1人,每个人只能申报主持一项课题。之前承担的省基础教育教学研究项目必须按规定结项,未结项者不得申报立项。已经列入教育部、省教育厅及其他单位立项课题的不得重复申报。

2. 项目组主要成员限5人以内(不包括主持人),应由改革意识和专业能力强、经验丰富的教师或教研员组成。同一人最多可同时参加两个项目组的研究。

3. 申报的课题应符合河南省基础教育教学研究项目选题指南规定的领域。选题指南由省基础教研室负责发布。

4. 申报的课题应具备下列基本条件:具有一定的理论意义和实践意义,有一定的研究基础,论证充分,研究方法科学可行,研究计划周密,经费预算合理,预期成果形式明确。

第六条 立项程序

1. 项目主持人填写《河南省基础教育教学研究项目立项申报书》,提交打印件一式三份、电子稿一份。

2. 在各单位择优推荐的基础上,报送省辖市、省直管试点县、重点扩权县(市)基础教育教研机构审核、汇总,于每年5—6月份集中上报到省基础教研室。省基础教研室不受理其他单位或个人申报。

3. 省基础教研室对已受理的申报立项课题进行资格审查,通过审查的课题交学科评审专家小组按适当比例择优立项,最后由省基础教研室报请省教育厅审定并发文公布,于当年9月份下达立项通知。

4. 项目研究的期限一般为1—2年。

第四章　管　理

第七条　河南省基础教育教学研究项目实行项目主持人负责制。项目主持人接到立项批准通知后,应尽快确定具体的课题实施方案,在三个月内组织开题,深入论证,完善研究方案,达成研究共识,明确任务分工,并及时将开题报告上报省基础教研室。

第八条 项目组须按照开题报告的计划推进研究,及时提交中期报告和最终成果。省基础教研室各有关学科与各省辖市、省直管试点县、重点扩权县(市)基础教育教研机构应组织对各自学科或本地的立项课题进行检查和指导,强化过程管理。

第九条 凡有下列情况之一者,须由项目主持人填写《河南省基础教育教学研究项目内容变更审批表》,经所在单位和所在省辖市、省直管试点县、重点扩权县(市)基础教育教研机构同意盖章,报省基础教研室审批、教育厅备案:

1. 变更项目主持人及主要参与者。

2. 改变项目名称或学科分类。

3. 改变成果形式。

4. 对研究内容作重大调整。

5. 项目主持人变更单位。

6. 项目完成时间延期或提前半年以上。

7. 因故中止或撤销项目。

对未经批准而擅自进行上述变更的项目,将不予结项。

第十条 省教育厅采取措施支持各级基础教育教研机构和学校开展基础教育教学研究项目的研究工作,包括:

1. 提供立项报告、研究报告、调研报告等方面的咨询和指导。

2. 定期召开基础教育教学研究课题培训暨选题发布会,不定期举办教研骨干培训班,根据课题类别的需要举办单项或综合培训与研讨会,根据区域需求或学校研究项目的实际提供培训服务。

3. 编选具有针对性的课题研究学习辅导资料,满足基层课题研究者的资料、信息需求。

第五章 结 项

第十一条 结项要求

1. 研究期限届满,应及时结项。

2. 最终成果可以是研究报告或调查报告,也可以是论文、专著等。最终成果必须与项目主持人立项申报时填写的"最终成果形式"相符。

3. 一般理论性研究,鼓励在学术刊物上发表论文,重点项目至少在 CN 刊物上发表 2 篇以上。教学和管理实践性研究项目除了研究报告(或论文),同时还须提供与成果直接相关的过程性材料。

4. 项目组提供的结项鉴定材料,应包括研究成果主件和必要的附件(如开题报告、阶段性成果、密切相关的过程性研究资料如项目立项申报书和立项通知书的复印件等)。

第十二条 凡有下列情形之一者,不予结项或撤销项目:

1. 研究成果有严重政治问题。

2. 剽窃他人成果,弄虚作假。

3. 研究成果学术质量低下。

4. 与批准的课题设计严重不符。

5. 获准延期,但到期仍不能完成研究任务。

第十三条 结项程序

1. 研究任务完成后,项目组应对研究工作全过程进行认真总结,撰写研究报告,形成最终成果,提交完整的课题成果材料。包括最终成果、课题结项鉴定书(均须打印件一式三份、电子稿一份)和必要的过程性材料一套。

2. 课题结项鉴定书须经项目主持人工作单位和省辖市、省直管试点县、重点扩权县(市)基础教育教研机构审核并加盖教育局公章,再汇总报送省基础教研室。

3. 省基础教研室每年 5—6 月份受理研究项目的结项鉴定申请,在学科专家认真评审的基础上,确定结项鉴定结果,上报省教育厅备案审批,省教育厅于当年 9—10 月份发文公布鉴定结果并颁发结项证书。

第十四条 鉴定专家

1. 一般采用聘请同行专家鉴定方式。根据研究性质须进行会议鉴定的,由学科专家小组提出建议,报请省教育厅批准。

2. 学科课题鉴定专家一般为 5—7 人。鉴定专家由省基础教研室遴选,报请省教育厅确定。项目组成员不能担任本课题的鉴定专家。

3. 学科鉴定专家小组对照项目立项申报书、开题报告中预期达到的目标，实事求是地对成果提出客观、公正、全面的鉴定意见。

第六章　成果评奖与推广

第十五条　成果评奖

1. 省教育厅每 3 年组织一次河南省基础教育教学研究优秀成果奖评选，参评对象为经省教育厅批准立项和结项的课题成果，以 3 个年度申报立项课题总和为基数，一等奖 5%，二等奖 10%，三等奖 20%，严格按照比例确定各等次获奖数量。优秀成果亦可推荐参加全省和国家有关部门组织的评选活动。

2. 对获得河南省基础教育教学研究优秀成果奖的人员，省教育厅发文公布并颁发优秀成果奖励证书。

第十六条　成果推广

1. 省教育厅适时举办全省综合性教研成果报告会、成果展示等活动。

2. 省教育厅对优秀成果结集出版，利用有关刊物宣传推广教育教学研究优秀成果。

3. 省基础教研室及各级基础教育教研机构在教研活动中对优秀研究成果进行推广应用。

第七章　经　费

第十七条　经费原则上由课题组自筹。对于专项重点课题或上级下达课题，省教育厅将视情况给予一定资助。

第十八条　省教育厅资助经费应在下列范围内支出：

1. 图书资料费。

2. 差旅费。

3. 文印费。

4. 小型会议费。

5. 其他与课题有关的支出。

第十九条 根据课题类别不同,课题立项、结项时按规定收取一定的成果鉴定费用,用于立项、结项和成果奖评审,中期检查,材料整理,证书印制等。

第二十条 本办法自印发之日起施行。

[注:此办法为2013年3月26日印发的《河南省教育厅关于组织2013年度河南省基础教育教学研究项目立项申报工作的通知》(教基研〔2013〕248号)附件3]

后　记

历时一年多，《基础教育教学课题研究十八问（方法篇）》终于即将付梓了。在河南省基础教育教学研究室邵水潮主任、李海龙副主任等领导的关心和指导下，本着为一线教师服务的初衷，本书较全面地概括了基础教育课题研究中遇到的问题，并尽量使每一个问题都贴近教育教学实际。初期编者们经过多次推敲和讨论，共提炼出了30多个问题，然后经过整合、压缩、修改，最终确定了现在的18问。

在本书的编写过程中，为了让读者清晰地理解什么是课题，怎么做课题，编者从一个没有做过课题研究的一线教师的角度出发进行编写；为了保证书稿的正确性与应有的理论高度，后又请河南省基础教育教学研究室办公室主任、特级教师申宣成博士进行审读。我们竭尽全力，只为把书做好做精。

本书的编者有一线教师、地市教研员、地市骨干教师和学科带头人，他们的日常工作都很忙，但作为课题研究的带头人，他们勇挑重担，在时间紧、任务重的情况下，即使遇到一些特殊情况，例如试题命制、高考评卷等，也从未耽误书稿的编写工作。初稿完成后，发觉有不尽如人意之处，他们又挑灯夜战，几易其稿，精益求精。最后，本书核心编者团队与主编一起进行统稿、修改，直至2017年1月终于完成定稿。

本书是河南省基础教育教学课题研究精英集体智慧的结晶，希望它的面世能带动、引领更多的一线教师敢于从事课题研究，能够做好课题研究，既为个人的专业成长，也为我国基础教育的改革发展做一些实事。

本书的出版得到了大象出版社董中山社长等领导的大力支持，刘慧静主任和张涛编辑对本书精心审读、编辑，付出了大量辛劳，在此深表感谢！

编者

2017年6月